山西大学教务处本科生科研训练项目资助

李 鹏 郜明钰 韩 笑
焦亚楠 黄玉莹 石 涛 ◎ 著

清代道光年间
山西粮价与市场

GRAINS PRICE AND MARKET
IN SHANXI PROVINCE DURING THE YEARS
OF EMPEROR DAOGUANG OF QING DYNASTY

社会科学文献出版社
SOCIAL SCIENCES ACADEMIC PRESS (CHINA)

.

序

    山西大学经济与管理学院的石涛教授是我读博士时的师兄，尽管博士毕业之后我们走向不同岗位和研究领域，但石涛师兄对我的指导仍让我受益颇深。石涛师兄在教学科研方面颇有建树，他在经济史领域的学术成果十分丰富，对于一些问题常常会有自己独到的见解和思路，在众多国家级、省级学术刊物上发表论文40余篇，主持或参加多项国家科研项目，专著文章也多次获奖。并且带出很多高水平的学生，比如他的学生李志芳、马国英、卫宇等都对中国经济史的研究颇为独到。

    最近听闻他带着几个本科生，运用清代粮价数据写了一部关于清代山西省粮食价格与市场的学术专著，这让我颇感惊讶。因为本科阶段要对经济史这个领域有兴趣，并且肯下功夫去做出一些成果是很难能可贵的，于是我向石涛师兄索要了这部书的书稿。

    粮食价格一直以来都是经济史研究的一大课题，目前学术界对于粮价的研究主要集中于粮食价格自身的波动情况、粮食价格波动的影响因素（例如自然灾害、人口、政策、货币购买力等），以及通过粮价波动研究市场整合情况等几个方面。我本以为这部书也不外乎这几个方面，但是阅读了这部书稿之后我发现这部书突破了传统分析市场整合的计算方式，而是采用交易成本作为分析的核心。不仅通过建立适当的数理模型，对粮食价格波动的同步性和滞后性有较为精深的研究，还得出了市场相关性与交易费用之间的关系，甚至初步计算出了进行省内贸易所耗费的交易费用与运输费用，并且试图结合交易费用与贸易条件两方面的内容对市场整合进行探讨。尽管作者在量化和模型构建上仍存在一定问题，但其创新精神应得到鼓励和提倡。另外，本书还通过引入环境变量以期从根本上解释和衡量各地粮食的不同供需情况，将粮食规律性的上涨以及下降的时期结合粮食自然生长的成熟期进行分析，发现了各个地区粮食生产以及商人从中投机倒卖的规律。并且作者们还大胆地将理论成果与地理信息系统结合，将山西省的市场整合关系体现在二维地图上，这对于直观地观察山西省粮食流通路径有一定意义。

此外，尽管本书的出发点是对两府之间的商品交流进行研究，并且经过一定的延展发展到涉及山西全省的粮食价格与市场相关问题的研究，但作者仍然希望从另一个角度出发对内陆省份的粮食贸易情况进行解读。从传统意义上来讲，山西省作为处于"河山之固"的内地省份，省内的粮食贸易应该并不发达。虽然我们并不否认晋商汇通天下，这使得山西与外界有一定联系，但粮食流通仍受限于交通等条件。实际上从本书对此的研究中可以看出，山西省粮食贸易在清代依然活跃，这在一定程度上打破了以往对于内陆省份的传统认知，我认为对此问题应该给予一定的关注。

更为有趣的是，本书选取的时间段是清朝的道光帝统治下的30年，这当中就包含了作为中国近代史开端的1840年，横跨了古代和近代。研究此前和此后的粮食价格变动的差异，寻找变异性特征，对考察当时中国社会受战争冲击的剧烈程度更具意义。

当然本书也存在一些不足，例如在粮价波动的影响因素分析中，未能完全考虑供给、需求层面的影响因素；对于交易费用的测算也不够精确，在数据上可能会存在一定误差；对于粮食流通形式的考察，仅仅考虑商业形式的粮食流通，未考虑赋税形式的粮食流通，这一块还有所欠缺。但作为刚刚接触经济史的本科生，且在本科学业繁重的阶段，五位在石涛师兄的指导下能写出这样一部著作依然可喜可贺。

李军于中国农业大学经济管理学院

2016 年 11 月 2 日

摘　要

　　根据粮食价格波动对灾害发生进行预测至迟在北宋时期已经出现，《苏轼文集》中多处记载了他通过粮食价格判断灾害发生的奏折。清朝汲取历代经验，约在康熙年间开始要求各地官员按月上报粮食价格。粮食市场经过长时间的发展是不是已经基本可以依靠自身的价值规律对商品价格进行自动调节，还是依旧受制于集权政府的管控，抑或是掌握在其他社会团体的手中，这取决于市场和外部因素的力量对比。在这场市场和外部因素的力量对比中，粮价贯穿始终。素有经济"晴雨表"之称的粮价一方面受市场的作用，进而通过粮价反推出市场本身的特征；另一方面外部因素影响粮价，粮价波动程度的高低很好地反映了外部力量的强弱。

　　清代的国内粮食贸易多通过农村集市、中心镇集、地区性集散点，以及某些有大区域影响甚至全国影响的粮食市场多级途径进行。随着全国性商业市场逐步形成以及地域性商帮的兴起，粮食的贩运不再局限于狭小的地域内，流通半径和流量都大幅增加。因此若要在这样区域联系并不十分紧密的传统时期，衡量市场依靠价值规律调节价格的程度，考察用于检测区域内价格变动同步性的市场整合度似乎是一个很好的选择。

　　市场整合度的判断取决于交易费用和贸易条件。清代的交易费用包括运输费用、搜索费用等，受限于史料，往往难以直接量化。本书试图借助量化数理模型模拟估测清代山西省内太原府和汾州府府间贸易的交易费用，考虑是否可以通过比较府间价差与交易费用的大小初步判定两地进行这种简单贸易时不同种粮食的贸易壁垒或者说贸易阻力大小，并且试图引入环境变量，从另一个角度分析造成这种差异性的原因，还就如何排除假性市场整合的情形做了一定程度的探讨。

　　贸易市场的发展是人类在生产和商业流通中逐渐形成和完善的。由于它影响着不同地区之间的商品流动，所以逐渐成为贸易中不可缺少的一个重要内容。尤其是市场发展趋于完善的清代，在对跨区域贸易问题的研究中对于贸易条件的探讨就显得更为必要。贸易条件分为贸易量与贸易方向，清代贸易频繁，不会存在完全贸易壁垒，那么可以通过对贸易量和贸易方向的判定得出清代山西省内主要的粮食贸易站点（包括生产中心、转运中心和消费中心），并且不同种粮食之间的贸易具有一定差别。本书依旧试图通过引入环境变量解释这种差别，并且找出每种粮食可能的贸易运输路线。这或许可以对研究区域制度的形成提供参考。

对于外部因素，从大方面来说有自然环境和社会环境，即外生的环境变量，具体来说有自然灾害、人为战争以及政府政策等因素。那么这些外部环境变量对于粮价势必会有一定的影响。在明确基本环境情况后，我们可以运用学过的计量经济学知识，将衡量指标量化来探究其对粮价的影响，或者通过具体数据得到粮价与因素的变化趋势。

山西素有"十年九灾"之称，尤其在道光中期灾害频发。其对农作物种植影响颇大，且古代弥补影响的措施一定程度上有所欠缺。一旦发生灾害，农民可能颗粒无收，那么这一年粮食势必减产，相应供给有所减少，在需求保持不变的前提下，粮食价格也会随之产生一定的变化。

1840年英国用鸦片和大炮打开中国的大门，一系列不平等条约随之签订，中国近代史也由此拉开序幕。也正是这一年的国门洞开，才让西方思潮得以进入中国，稳定且原始的小农经济结构才得以有可能被打破，延续几千年的中央封建集权制度也因此受到挑战，或改良或改革。社会大环境的改变，也促使此前此后的粮价因此存在一定的差异性特征。

清朝已经形成一套完整的粮价奏报体系，且有完备的仓储体系，尽管在清朝末期仓储作用很小，但政府对于粮食的重视和极强的操控力由此可见一斑。因此政府对于粮价的影响不可忽视。但道光朝已经处于清朝中后期，政府对于粮价的影响虽仍然存在，但操控力远没有那么强大。

我们以那个特殊的年代为基点，沿溯展开整个清代道光年间，追随前人的足迹，对史料、古籍或近现代著作做了一定的分析整理，加以自己的想法，以期对当时山西乃至中国的社会图景，尤其是粮食方面有一清晰的简单勾画，特著此书。本书主要分为粮价描述、粮价影响因素分析以及粮食贸易三部分：一是立足数据对粮价变动做基本描述，结合史料分析各年度人均耕地以及人均仓储变动情况，对比粮价变动趋势得到彼此之间的联系；二是结合道光时期山西地区的自然环境、社会环境以及贸易运输等对山西省内府州之间的贸易情况进行了多角度的分析；三是以太原府与汾州府为例，计算两个相邻府州之间粮食贸易的交易成本，据此分析市场整合程度。

目　录

绪　论

一　缘起

"民以食为天"，粮食是人类最基本的生存资料，人类对粮食的需求与生俱来。粮食是烹饪食品中各种植物种子的总称，也可概括称为"谷物"。粮食作物包含的营养物质极为丰富，主要为蛋白质、维生素、膳食纤维、脂肪等，是维持生命的物质基础。人体营养最主要、最重要的来源就是粮食。

粮食是人类社会赖以生存的物质基础，其自然属性和经济价值，以及在使用上的经常性和普遍性，决定了它区别于其他一般商品，占有特殊重要的位置。粮食问题乃国计民生之大事，历来是经济史研究的重点问题之一。纵观中国上下五千年的历史，粮食一直是历代王朝维护江山社稷的头等大事。

"为政之要，首在足食"，农业是国民经济的基础，而粮食是农业的基础，因此粮食是一种具有战略意义的关系国计民生和社会稳定的特殊商品，是实现人的生存权的基本保障，是国家经济发展的基础。百姓一旦温饱问题没有解决，生存权得不到保障，就会揭竿起义，进而动摇甚至推翻王朝的统治。《管子·治国》中曾有"民事农则田垦，田垦则粟多，粟多则国富，国富者兵强，兵强者战胜，战胜者地广。是以先王知众民、强兵、广地、强国之必生于粟也"的论述。而司马迁则在《史记·郦生陆贾列传》中写到，"王者以民人为天，而民人以食为天"。因此无论古今，粮食的地位是不言而喻的，这可能就是我国历代统治者重农抑商的一个重要原因。

在市场经济中，价格反映商品的基本供求关系。"五谷者，万民命，国之重宝"，粮食是中国传统社会最大宗的商品，对市场物价起着举足轻重的作用。粮食价格是商品价格体系的核心，如果粮食供不应求，价格就会上涨，并波及其他商品的价格。因此粮食价格是市场基础价格，粮价稳定，百价稳定。

伴随着封建私有制的产生，特别是商鞅"废井田，开阡陌"以后，各类官营、私营的粮食贸易日渐活跃起来，粮食价格受其自身所具有的一些规律的支配和众多社会因素的制约而上下波动，这一点是毋庸置疑的。战国时期，铁农具的广泛使用和牛耕的进一步推广使农业生产力有了巨大提高，粮食产量远高于春秋前，粮食贸易极为活跃，粮食价格也相对稳定、低廉，并且出现了较为完备的粮食价格理论。秦始皇统一后，残暴的统治使全国陷入不断的灾荒和战争之中，导致物价腾贵，奸商趁机囤积居奇、哄抬粮价。汉代为了维护社会稳定推行了一系列休养生息的政策，鼓励发展农业。唐朝政治清明，库廪充实，市场稳定，粮食价格稳中有降，但却仍然没有对于粮价的明确规定。宋代开始确立了明确的官营粮食价格的法规，同时政府会根据各地的年成丰歉情况，采取一定的措施平抑粮价。特别是宋室南迁之后，北方先进的生产技术和生产工具与南方得天独厚的自然地理条件相结合，使得农业生产力有了长足的进步。入明之后，商品经济不断发展，多种农副产品流入市场，贸易十分活跃，商业发展迅速，粮价平稳。而清朝则凭借其特有的完善的粮价奏报体系敏锐地了解粮价的波动情况，发展合理的市场机制，市场对粮价波动的作用最为明显。①

与一般商品一样，在粮食价格的众多影响因素中，粮食的供给和需求是最重要的两个方面。但粮价所不同的是，它不但是粮食总供需关系作用的结果，同时它更是衡量市场经济发展的指标。因此，粮食价格的波动不仅仅是一种复杂的经济现象，而且具有关系国计民生和社会稳定的重要政治意义，通过粮价的变动我们可以纵向感知历史的动荡和变迁。在以农业为主的传统社会，粮价不但可以反映市场的粮食供需和货币流通情况，而且在很大程度上反映了其他物价的变动，引发通货膨胀等一系列社会现象。从这种意义上说，即使是在粮食供应总体正常的情况下，由粮价上涨所引发的结构性通货膨胀也会给社会上的弱势群体带来巨大的生活压力。一旦某个社会群体无法获得足够的粮食，社会的稳定必然受到威胁。

---

① 李江：《中国古代粮价概况》，《价格月刊》1990年第11期。

　　具体到清代，首先，农业在清代国民经济中的基础地位突出表现在粮食的生产上，政府对粮食价格以及粮食市场的关注达到了前所未有的高度，因而研究清代的粮价问题具有一定的典型性。清朝是我国最后一个封建王朝，汲取了历代封建统治的经验，清政府为了了解全国各地粮食供需状况，规定各级政府需要定期向上级报告辖区内的雨雪量、收成预计及实收分数、各种主要粮食市价、人口以及仓储数额，① 逐步建立了一套自下而上、层层上报的粮价奏报制度，并且自康熙以来一直延续到 1911 年清王朝灭亡：康熙朝后期为初成期，最早由一些地方大员不定期地向中央奏报当地某个时间段的粮价；乾隆朝为成熟期，乾隆初年清高宗从奏报的内容、程序和格式上对当地的粮价奏报做了统一的规定。

　　但是，清朝的粮食政策主要侧重于增加粮食生产上以应对因自然灾害等突发原因造成的大范围饥荒。因此，虽然清政府对粮食价格比以往任何时期都要关注，却没有形成系统性地应对粮价变动的专门政策体系，甚至有时候对粮食价格不做干涉。② 可是尽管如此，在经济结构简单的传统社会中，政府行为对粮价产生的影响也是不容忽视的。清政府调控粮食的主要手段是常平仓制度，在丰年政府通过高价收购粮食避免"谷贱伤农"，而饥荒之年则低价大量抛售沉积的谷物来赈济贫农。

　　同时，受上述制度的影响，清代山西省的粮食市场也有了一定的发展，县城集镇的粮食交换主要依靠私营粮商，通过集散市场，沟通城乡有无。较大型的城乡居民用粮借助粮商贸迁有无，因此贸易行为也可以影响粮食价格的形成。

　　其次，清代独特、完备而严密的文书档案制度使得各类方志和粮价档案大量出现，为我们的研究提供了许多重要的宝贵史料。这些档案当时分别存于内阁大库、皇史宬、副本库、宫中各级衙署中。③ 例如现珍藏在中国第一历史档案馆已经整理的雨雪粮价类档案有宫中档、军机处录副等数万件。如军机处录副类，道光十九年（1839）至光绪二十五年（1899）就有

---

①　朱琳：《回顾与思考：清代粮价问题研究综述》，《农业考古》2013 年第 4 期。
②　〔日〕岸本美绪：《清代中国的物价与经济波动》，刘迪瑞译，社会科学文献出版社，2010，第 283 页。
③　秦国经：《清代档案的特点和整理原则》，《档案学通讯》1982 年第 5 期。

一万六千余件。① 而粮价表与资料册的数据来源，则是由各省布政使司基于各州县报告制作而成的清册，清册与各督抚上报的粮价奏折相比，"在提供了更为详细的各州县信息的同时，也可以说是史料批判的基础数据"②。

最后，清代距今较近并且经济发展情况相对稳定，相比于此前诸朝代，其社会状况更接近于现今。从这个角度而言，研究清代粮食市场规律可为现今政府制定政策提供一定的经验和借鉴。但是，一方面，我们采用的粮价数据来自北平社会调查所的汤象龙等学者，他们对故宫档案中的道光至宣统年间的粮价清单进行抄录，共约 2.5 万件。这份抄档现藏于中国社会科学院经济研究所图书馆，并以《清代道光至宣统间粮价表》为名于2009 年出版。③ 受制于此，我们对于清代粮价的研究更倾向于研究道光至宣统时期。另一方面，由于道光二十年（1840）发生的鸦片战争使得道光后期以及之后的各个时期国内的白银大量外流，银钱比波动相当剧烈，货币情况变得极不稳定，严重影响到了国内的经济财政状况和社会生活。马士在其《中华帝国对外关系史》中说光绪二十九年（1903）每关平一两白银只能换一千二百文铜钱。④ 我们选用的粮价数据是以银作为货币单位的，因此光绪及之后时期的粮价计量或许存在失真的可能性。因此我们选择较为稳定的道光时期作为本书的研究时期，对于还原市场经济发展的真实情况，对于了解清代的政治、经济、社会各方面均有一定的典型性，对当今政府制定合理的宏观调控政策更有意义。

但是，鸦片战争对中国的影响速度还要更快。鸦片战争对农业的破坏在道光末年就已经显现出来——小农业与家庭手工业"耕"与"织"从此分离，这使得粮食作物商品化程度越来越高，传统的自然经济首先在沿海逐渐解体，并且逐渐向全国扩散。全国各地一方面引进价值远高于粮食作物的西方经济作物鸦片而导致粮食产量下降，另一方面鸦片使中国人深陷其中不能自拔，荒废主业，从事农业生产的人数不断下降。这为我们的研究增加了新的复杂性，为了避免鸦片战争对市场行为的干扰，我们选择山

① 陈金陵：《清朝的粮价奏报与其盛衰》，《中国社会经济史研究》1985 年第 3 期。
② 〔日〕岸本美绪：《清代中国的物价与经济波动》，第 476 页。
③ 徐教：《清代道光至宣统间粮价表的现代意义》，《中国图书评论》2010 年第 5 期。
④ 马士：《中华帝国对外关系史》第二卷，商务印书馆，1963。

西省作为研究的落脚点。

山西作为全国典型的内陆省份，是处在河山之固的一个相对封闭的地域。山西省行政区位于黄河中游东岸、华北平原西面的黄土高原上，其轮廓略呈东北斜向西南的平行四边形。省境四周山环水绕，与邻省（区）的自然界限分明。东以太行山为界，与河北为邻；西、南隔黄河与陕西、河南相望；北以外长城为界与内蒙古毗连。虽然鸦片战争后，中国处于战乱时期，外国列强不断挑起各种事端，但是由于地形的封闭特点，山西在整个清代处于相对稳定的状态，粮食市场受外界因素影响较小，市场行为仍然处于自发状态，有利于降低我们对粮价波动和市场规律进行科学研究的难度。鉴于自身地形复杂，同时还是京师的护卫，清政府一直重视这个地方的安定。其在清代的粮价波动情况和市场规律，能为处于稳定环境中的当今社会制定宏观经济政策提供更好的参考和借鉴。

二　国内外研究动态

研究清代粮食价格的目的主要在于了解清代人民的经济生活方式，并且揭示经济发展的过程与规律，从而为今天的经济发展与决策提供参考。通过对粮食价格的分析以及研究，我们可以了解清代各种因素对于粮食供求的影响情况以及市场的运行状况。多种因素影响粮食的供给与需求，而粮食价格的波动又可以反映出市场的运行状况。因而关于粮食价格的研究一般主要从两个角度进行，即影响粮价波动的因素和市场的运行情况。

经济史的研究中存在众多的研究方向，数量经济史有着非常重要的地位。西方经济学注重从量化的角度对经济现象进行分析与解释，美国与西欧的经济史研究中，主要的经济指标可以追溯到三四百年之前，但是中国经济史量化研究中的数据相对匮乏一些。[①] 清代自康熙始，逐渐形成了一套完整的粮食价格奏报制度。这个奏报制度将全国各个地区每月的粮食价格汇总到朝廷，以供政府做出决策。现今相关的奏折等史料仍保存在中国第一历史档案馆中。这些粮食价格数据是研究清代经济史极其珍贵的资料。众多学者通过研究粮食价格数据在数量经济史方面做出了重要学术

---

① 颜色：《对于中国历史 GDP 核算和数量经济史问题研究的一点想法》，《中国经济史研究》2011 年第 3 期。

贡献。

三　粮价数据的研究现状

粮食价格的数据整理是相关研究的基础。从 20 世纪 30 年代开始，汤象龙等众多学者着手整理清代史料中的经济资料，将道光至光绪年间的粮价数据整理成表格并按省份装订。这些数据有着非常高的学术价值。中国社会科学院经济研究所的封越健、王砚峰等学者自 2004 年开始对这些数据进行核对、整理并进行增补，之后将其完善为《清代道光至宣统间粮价表》[①]，并于 2009 年出版。而另一套令人瞩目的数据是 20 世纪台湾学者王业键对台北故宫博物院与中国第一历史档案馆进行整理并建立的"清代粮价资料库"。这两套粮价资料对于推进数量经济史的发展做出了很大的贡献，本文使用的数据源自《清代道光至宣统间粮价表》。两套粮价资料各有所长，罗畅比较并分析了两套数据各自的特点，并分别验证了两套数据的可靠性。[②]

除了上述两套重要的粮价数据之外，还有很多学者对粮价数据以及其他相关数据进行了整理分析。除了对粮食价格的研究与整理，还包括众多其他的商品价格，数据的来源也不仅仅局限于官方的史料，也包括民间的资料。柳诒徵结合多个数据整理了江苏各个地区 1600 年来的米价。[③] 新中国成立前后也有众多关于粮食价格的研究著作，如应奎的《近六十年之中国米价》[④]、寄萍的《古今米价史略》[⑤] 等，均对中国的粮食价格进行了统计与研究。《中国历代粮食价格问题通考》[⑥] 根据文献资料以及史料对历朝历代的粮食价格进行了统计与整理。除了粮食价格外，还有一些学者从粮价展开研究，分析各个时期的物价水平。盛俊根据《钦定物料价值》完成了清代乾隆时期江苏省物价统计，[⑦] Endymion Wilkinson 的 *Studies in Chinese*

---

① 中国社会科学院经济研究所编《清代道光至宣统间粮价表》，广西师范大学出版社，2009。
② 罗畅：《两套清代粮价数据资料的比较与使用》，《近代史研究》2012 年第 5 期。
③ 柳诒徵：《江苏各地千六百年之米价》，《柳诒徵史学论文续集》，上海古籍出版社，1991。
④ 应奎：《近六十年之中国米价》，《钱业月报》1922 年 3 月。
⑤ 寄萍：《古今米价史略》，《江苏省立第二农业学校月刊》1921 年第 1 期。
⑥ 黄冕堂：《中国历代粮食价格问题通考》，《文史哲》2002 年第 2 期。
⑦ 盛俊：《清乾隆朝江苏省物价工资统计》，《学林》1937 年第 2 期。

*Price History*① 运用《陕西布政使司造报陕省各属市估银粮价值清册》记载了众多商品 22 个月的价格。谭文熙的《中国物价史》② 论述了西周至民国时期物价的发展变动史，对于清朝的论述主要集中在江南地区。除了官方的文献资料外，民间也留存了很多有宝贵学术价值的资料。如吴麟与严中平等学者通过河北宁津县大柳镇商店旧账本，分析了道光时期的粮食价格与这个地区的零售物价及银钱比指数。③ 田仲一成通过分析浙江《萧山来氏家谱》中出售祭田的价格推算出收获时期的粮价。④《林则徐全集》中也有林则徐关于道光年间的粮价记录。除了对价格数据进行统计以及分析的研究之外，部分学者对于数据的可靠性进行了验证，并整理出了验证的方法。马立博通过分析粮食价格的重复率，依次检验粮价数据的可靠性与真实性。⑤ 这些文献检验了数据的可靠性，为以粮价为基础的研究奠定了基础。

四　粮价奏报制度与粮价波动

清代的粮价数据源于地方向中央的奏报。清代的奏报制度始于康熙年间。时年苏州织造李煦向康熙皇帝上奏了苏州的粮食价格情况，皇帝对这样的奏折给予了很大的肯定。之后经过数次变更，形成了当时的粮食价格奏报制度。为我们今天进行量化研究提供了非常宝贵的经济学资料。陈金陵的《清朝的粮价奏报与其盛衰》⑥、王道瑞的《清代粮价奏报制度的确立及其作用》⑦ 等论文对奏报制度的变更历程进行了较为全面的论述。在专著方面，Wilkinson 的 *The Nature of Chinese Grain Price Quotations*⑧ 以及陈春声的

---

①　Endymion Wilkinson, *Studies in Chinese Price History*, NewYork：Garland PublishingInc, 1980.

②　谭文熙：《中国物价史》，湖北人民出版社，1994。

③　严中平：《近代经济史统计资料选辑》，科学出版社，1955。

④　田仲一成：《关于清代浙东宗族组织形态中宗祠戏剧的功能》，《洋史研究》1986 年第 4 期。

⑤　Robert Marks., *Food Supply, Market Structure and Rice Price in Eighteenth Century South China：The QianLong Wave*. (draft, 1990).

⑥　陈金陵：《清朝的粮价奏报与其盛衰》，《中国社会经济史研究》1985 年第 3 期。

⑦　王道瑞：《清代粮价奏报制度的确立及其作用》，《历史档案》1987 年第 4 期。

⑧　Wilkinson, *The Nature of Chinese Grain Price Quotations, 1600 - 1900*, Transactions of the International Conference of Orientalistsin, Japan 14, 1969.

《清代的粮价奏报制度》① 也对清代的奏报制度进行了详细的论述。

众多中外学者对粮价波动的趋势以及周期进行了深入的分析与研究。彭信威的《中国货币史》② 中指出清代粮价的变动趋势为清初粮价开始呈现上涨，直到道光时期结束才出现轻微的回落。岸本美绪认为道光时期江浙地区的粮食价格已经出现了下降的情况，③ 卢锋等分析了过去三个半世纪的粮价，通过整理与分析发现，道光之后的粮食价格一路走高。④ 全汉昇、王业键在《清雍正年间（1723 - 1735）的米价》中结合《朱批谕旨》对全国中南部的省份进行了较为全面的分析。⑤ 除了对粮食价格进行分析，也有学者对当时的物价进行了研究，如王业键也结合粮价数据分析了清代中国三百年来的物价波动趋势，⑥ 岸本美绪重点分析了清代前期江南地区的物价波动情况。⑦

通过分析粮价波动的趋势，可以寻找到粮价波动的周期，也可以对粮价波动的原因进行分析。岸本美绪借助文集、笔记以及地方志对江南地区的粮价波动周期进行了研究与分析。⑧ 彭凯翔通过观察多组粮价的数据发现粮价的波动周期为 4 年，并且从长期来看，存在 20 - 30 年的长周期。⑨ 王业键等学者通过严格的计量方法对苏州的粮食价格数据进行了计量分析，并且验证了粮食价格波动的周期为 4 年左右，而长周期在 26 年是最为显著的。⑩ 国外学者 C. W. J. Granger 等利用粮价进行谱分析发现 13 年也是粮食价格波动的长周期。⑪ 全汉昇等通过分析雍正时期的粮食价格数据发

---

① 陈春声：《清代的粮价奏报制度》，载《市场机制与社会变迁——18 世纪广东米价分析》（附录一），中国人民大学出版社，2010。

② 彭信威：《中国货币史》，群联出版社，1954。

③ 〔日〕岸本美绪：《清代物价史研究现状》，《中国近代史研究》1987 年第 2 期。

④ 卢锋、彭凯翔：《我国长期米价研究（1644 - 2000)》，《经济学》（季刊）2005 年第 1 期。

⑤ 全汉昇、王业键：《清雍正年间（1723 - 1735）的米价》，载《中央研究院历史语言研究所集刊》1959 年第 30 期。

⑥ Yeh-Chien Wang, "Secular Trends of Rice Prices in the Yangzi Delta, 1638 - 1935", *Chinese History in Economic Perspective*, University of California Press, 1992.

⑦ 〔日〕岸本美绪：《清代前期江南的物价动向》，《东洋史研究》1979 年第 37 卷第 4 期。

⑧ 〔日〕岸本美绪：《清代中国的物价与经济波动》，社会科学文献出版社，2010。

⑨ 彭凯翔：《清代以来的粮价——历史学的解释与再解释》，上海人民出版社，2006。

⑩ 王业键、陈仁义、胡翠华：《十八世纪苏州米价的时间数列分析》，《经济论文》1999 年第 4 期。

⑪ C. W. J. Granger, A. O. Hughes, *Journal of the Royal Statistical Society*, 1971, 134 (3): 413 - 428.

现当时的米价存在明显的季节性波动周期。[①]

道光时期，全国的粮食价格呈现上涨的趋势，而南方的粮价则开始回落。粮食价格也出现明显的 4 年波动短周期，以及 26 年的长周期。

五 粮价波动因素分析

粮食价格受到多方面因素的影响，多种因素对于不同时间、空间的粮食影响又是各不相同的。对各种因素的具体分析对于我们更加深入地分析粮食价格波动有着非常重要的意义，根据分析结果可以制定更加有针对性的政策，以维持市场的稳定以及粮食价格的平稳。

清代粮食价格整体呈现上涨的趋势，仅在几个较短的时期粮食价格出现回落。从供给与需求的角度进行分析，清代的人口不断增加，在道光时期达到了 4.5 亿人的顶峰，[②] 所以导致国内粮食价格不断上涨。王业键等在《清代中国气候变迁、自然灾害与粮价的初步考察》[③] 中整理了长江地区三百年来的粮食价格数据，认为人口以及货币量是粮价上涨的主要原因，并且通过分析发现气候的周期性波动与粮价的相关性较差，所以气候对于粮价的影响不如水利等因素。蒋建平在《清代前期米谷贸易的宏观考察》[④] 中也认为人口增多是粮食价格上升的主要原因，货币的存量则对价格的波动起到了推动的作用。林满红依据萧山粮价的时间序列数据分析认为，乾隆时期的粮价上涨是由于人口的增长率高于货币的增长率，以及人口的增长率高于粮食的生产增长率。[⑤] 邹大凡等以上海的粳米价格为基础，分析了人口、银钱比以及粮食生产对于粮食价格的影响。[⑥] 人口波动在影响粮价的同时，粮食价格也会对生育率有所影响，Feeney G. 等在著作中

① 全汉昇、王业键：《清中叶以前江浙米价的变动趋势》，《中研院历史语言研究所集刊》外编第四种，1960。

② 罗畅：《道光萧条刍议——以粮价数据为中心》，《古今农业》2012 年第 1 期。

③ 王业键、黄莹珏：《清代中国气候变迁、自然灾害与粮价的初步考察》，《中国经济史研究》1999 年第 1 期。

④ 蒋建平：《清代前期米谷贸易的宏观考察》，《烟台大学学报》（哲学社会科学版）1988 年第 3 期。

⑤ 林满红：《与岸本教授论清乾隆年间的经济》，《中央研究院近代史研究所集刊》1997 年第 28 期，1997。

⑥ 邹大凡、吴智伟、徐雯惠：《近百年来旧中国粮食价格的变动趋势》，《学术月刊》1965 年第 9 期。

以日本为例，讨论了粮价与生育的关系。① 常建华通过对各省督抚的奏折进行汇总，分析粮食价格上涨的原因，政府在了解到民间粮食贸易的具体情况之后调整仓储政策，从而逐渐稳定了粮食价格。② 这反映了政府强大的调控能力以及仓储对于粮价的影响程度。龚胜生对两湖地区不同时间、不同地区的粮食价格波动进行了详细的分析，针对年内、年度的波动周期进行了相对完整的讨论，同时对府际以及省际等导致的粮价波动的不同因素进行了细致的分析以及研究。③ 当粮食价格出现不正常波动时，政府将对粮食市场进行干涉，主要干涉手段包括但不局限于仓储、收购、促进流通等。Robert Marks 发现 18 世纪的广州粮价与粮食的产出存在明显的负相关，他认为当时大量的粮食仓储削弱了气候变化以及灾害对于粮食价格波动的影响。④ 岸本美绪在《清代中期的经济政策基调》⑤ 中对康熙年间粮价下跌进行了详细的讨论。当时清政府通过限制粮食流通、调整仓储政策以及调节税收与租金等方式对粮食价格以及产量进行调整。而唐文基指出，乾隆时期，政府尝试从生产层面增加粮食的产量。⑥ 安部健夫着重分析了政府收购粮食对于粮食价格的影响，论证了清代中期中南地区的粮食价格受到政府影响较大。⑦ 高王凌在《十八世纪中国的经济发展和政府政策》⑧ 中也认为政府的高仓储政策是导致乾隆时期粮价上涨的主要原因。赵恒捷在《中国历代价格学说与政策》⑨ 中总结了政府政策对粮食价格的影响。

　　商人、地主等同样是粮食价格波动的重要利益相关群体，所以他们的行为也会影响粮食价格。松田吉郎在《广东广州府之米价动向与粮食供需

① Feeney G. and Kiyoshi H. , *Rice Price Fluctuations and Fertility in Late Tokugawa Japan*, J. Japan, Stud. 161, 1990.
② 常建华：《乾隆早期廷议粮价腾贵问题探略》，《南开学报》1991 年第 6 期。
③ 龚胜生：《18 世纪两湖粮价时空特征研究》，《中国农史》1995 年第 1 期。
④ Robert Marks. Tiger, *Rice, Silk, and Silt: Environment and Economy in Late Imperial South China*, Cambridge University Press, 1998.
⑤ 〔日〕岸本美绪：《清代中期的经济政策基调》，《近代史研究》1987 年第 11 期。
⑥ 唐文基：《乾隆时期的粮食问题及其对策》，《中国社会经济史研究》1994 年第 3 期。
⑦ 安部健夫：《米谷供需的研究》，《东洋史研究》1957 年第 15 期。
⑧ 高王凌：《十八世纪中国的经济发展和政府政策》，中国社会科学出版社，1995。
⑨ 赵恒捷主编《中国历代价格学说与政策》，中国物价出版社，1999。

调整》① 中除了结合地方志从平仓、义仓以及社仓等方面研究了政府对于粮价的影响，同时还讨论了商人以及乡绅对粮食生产的影响。冯汉镐在《清代的米价与地主操纵》② 中着重研究了地主对于粮价的影响。陈东有在《康熙朝米价中的商人行为》中着重分析了长江中下游、江南地区以及东南沿海地区的商人对于粮食价格的影响。重田德指出粮食价格受到地主影响很大，地主通过操纵粮价进行投机从中牟利。③

在我们的认知中，灾害对古代农业生产影响非常大，谢美峨针对台湾的自然灾害进行分析后发现，灾害对于短期的供给是有影响的，但是对于长期生产来说影响较弱。灾害影响产量，但是对于粮食价格的影响却不是很大。李军等学者认为，灾害仅仅是影响粮价波动的次要因素，人口的增长、货币的存量以及政府的政策、晋商的积极救济都对粮价有着非常显著的影响。④

清代鸦片的引入占用了大量的耕地，在山西地区尤为严重。吴朋飞等结合县志等史料对当时山西地区的罂粟种植分布情况以及其对农业环境的影响进行了分析。⑤ 马雪从财政与贸易的角度分析了鸦片种植对于当时经济的影响。⑥ 崔宪涛在《清代粮食价格持续增长原因新探》⑦ 中提出，粮食价格的持续上升并不是由于人口的增加以及白银的流出，而是因为粮食生产率下降，而罂粟的种植则是降低生产率的原因之一。

农业的生产对人民生活有着重要的影响。方行在《清代前期湖南农民卖粮所得释例》⑧ 中研究了江南与湖南地区的粮价差距情况以及造成这种情况的原因，并且分析了这种情况对于人民生活的影响。

人口、货币存量、气候、水利、流通、政府政策、商人与地主等众多因素均对粮价有影响。从粮价波动趋势来说，清朝粮食价格的持续上涨与

---

① 松田吉郎：《广东广州府之米价动向与粮食供需调整》，《中国史研究》1984 年第 8 期。
② 冯汉镐：《清代的米价与地主操纵》，《成都工商导报》（增刊），1951 年第 10 期。
③ 重田德：《清初湖南米市场一考察》，《东洋文化研究所纪要》1956 年第 10 期。
④ 李军、李志芳、石涛：《自然灾害与区域粮食价格——以清代山西为例》，《中国农村观察》2008 年第 2 期。
⑤ 吴朋飞、侯甬坚：《鸦片在清代山西的种植、分布及对农业环境的影响》，《中国农史》2007 年第 3 期。
⑥ 马雪：《晚清财政竞争与鸦片贸易的经济学分析》，博士学位论文，山东大学，2012。
⑦ 崔宪涛：《清代粮食价格持续增长原因新探》，《学术研究》2001 年第 1 期。
⑧ 方行：《清代前期湖南农民卖粮所得释例》，《中国经济史研究》1989 年第 4 期。

人口增加、货币存量减少的相关性最大。[1] 从波动的原因分析，灾害对于粮食的生产有着显著的影响，但是对于价格的影响受到政府救灾以及商人救济等因素的反作用。与之相对的是粮食价格会由于政府大量的采买而大幅上涨，被商人与地主操控。所以粮价受人为因素的影响更大。这也说明在清代人们已经拥有应对自然环境波动的能力，但是从灾害发生时短期粮食价格受到影响的情况来看，[2] 又可以发现这样的能力是有一定限度的。

六 贸易与市场整合

通过分析粮食价格及市场的整合程度，可以得到不同地区之间市场关系的强弱。市场整合情况可以体现一个市场价格波动对另一个市场的影响，以及两地的供求变动关系。由于两个市场的价格波动可能是由于第三方的因素所导致的，所以在进行市场整合的研究过程中需要对粮食价格波动的因果关系进行分析，并且通过协整分析对不同府州的市场进行分析。由于是时间序列数据，为了剔除季节性因素对于数据自身的影响，需要进行 X_{12} 平检。

施坚雅对清代中国的整个粮食市场进行分析，他根据市场的整合程度将中国分成九个区域。[3] 这个理论被众多经济史学者引用。Sands 通过分析清代大规模的跨地区贸易发现，各个地区之间并非施坚雅所认为的是相对独立的，而是有着各自的关联性。王业键通过分析全国的粮价数据及市场整合程度发现，中国市场在 17 世纪中有着显著的发展，但是到了 18 世纪之后，中国市场的整合情况劣于欧洲。[4] 薛华通过面板数据分析认为，中国在 18 世纪已经形成了存在贸易的跨区域整合市场。Brand 等学者指出，19 世纪的中国农业市场已经接入世界市场中，不再具有其独立性。[5] 吴承

---

[1] 全汉昇：《乾隆十三年的米贵问题》，载《庆祝李济先生七十岁论文集》，清华学报社，1965。

[2] 谢美娥：《自然灾害、生产收成与清代台湾米价的变动（1738－1850）》，《中国经济史研究》2010 年第 4 期。

[3] G. William Skinner, "Marketing and Social Structure in Rural China", *Journal of Asian Studies*, Vol. 24, No. 1 – 3（1964 – 1965），Part1, 2, 3.

[4] Yeh-Chien Wang, *Secular Trends of Rice Pricesin the Yangzi Delta, 1638 – 1935*, Chinese History in Economic Perspective, 1992.

[5] Brand, Loren, "Chinese Agriculture and the International Economy Reassessment", *Explorations in Economic History*, 1985, p. 22.

明在《利用粮价变动研究清代的市场整合》中通过相关性分析以及离散程
度分析的方式对全国各个地区的整合程度进行了研究。① 而陈春声通过计
算两个市场之间价格波动的同步性分析岭南地区粮食价格的市场整合情况
以及供给的有效性，并且将计量分析与史料描述相结合，详细描绘了当地
市场的运行状况。②

众多学者通过各个省份的粮食价格对南北方以及省际的市场整合情况
进行了分析。王业键在 *Spatialand Temporal Patterns of Grain Prices in China*③
中指出，中国南北方的粮食价格出现了同方向的价格波动情况，这说明在
18 世纪早期已经出现了跨地区的粮食贸易。颜色等对比南北方的粮价数据
后发现，南方的市场整合情况要明显优于北方的市场整合情况。④ 王业
键等通过分析江苏、浙江、福建、广东等省份的粮食价格，对东南沿海与长
江三角洲是否形成相对统一的贸易市场进行了验证。⑤ 但是张瑞威通过分
析 18 世纪的粮价数据指出，中国当时的市场整合是偶然的、脆弱的，并非
市场发育的结果，而是政府与自然环境共同作用的产物。⑥ 马立博对两广
地区各个府州的粮价数据进行相关性检验发现，此时粮食市场的整合程度
相对较高。⑦ 王国斌等在分析华中地区的粮食价格相关性后发现，湖南作
为大宗粮食产地，其与各个府州的整合程度较高。⑧ 李明珠通过回归分析
研究直隶省的市场整合情况，并且发现北方的整合情况相对统一。⑨ 但是

---

①　吴承明：《利用粮价变动研究清代的市场整合》，《中国经济史研究》1996 年第 2 期。

②　陈春声：《市场机制与社会变迁——18 世纪广东米价分析》，中山大学出版社，1992。

③　Yeh-Chien Wang, "Spatialand Temporal Patterns of Grain Prices in China, 1740 – 1910", *The Con ferenceon Spatialand Temporal Trendsand Cyclesin Chinese Economic History*, Italy, 1984; *Quoted Form Chinese History in Economic Perspective*, 1992.

④　颜色、刘丛：《18 世纪中国南方市场整合程度的比较——利用清代粮价数据的研究》，《经济研究》2011 年第 12 期。

⑤　王业键、陈仁义、周昭宏：《十八世纪东南沿海米价市场的整合性分析》，《经济论文丛刊》2002 年第 2 期。

⑥　张瑞威："The Price of Rice: Market Integration in Eighteenth Century China", *Center for East Asian Studies*, Western Washington University, 2008。

⑦　马立博（Robert Marks）：《清代前期两广的市场整合》，载叶显恩主编《清代区域社会经济研究》，中华书局，1992。

⑧　王国斌、濮德培、徐建清：《18 世纪湖南的粮食市场与粮食供给》，《求索》1990 年第 3 期。

⑨　Lillian M. Li, *Grain Prices in ZhiLi Province, 1736 – 1911*（Chinese History in Economic Perspective, 1992）.

Wilkinson 通过分析 20 世纪陕西省的粮价数据之后发现，除了西安与其周边的地区，其他地区的整合程度均较差。[①]

综上所述，我们可以发现，中国自 17 世纪以来，粮食市场的整合程度在不断提高，但是在 18 世纪末被西方超越。到了 19 世纪，中国的农业市场渐渐地失去了独立性而被西方所影响。从地域上分析，我们可以发现，中国南方的市场整合程度高于北方，而南方沿海地区的整合程度更优。北方的市场整合出现了两种情况，直隶省的整合情况较优，但是陕西的整合情况较差。具体情况需要我们更加全面以及深入的了解与研究。

七　理论框架

清代市场机制日趋完善，商品经济有了很大发展。若仅从经济层面考察，18 世纪广东区域市场结构的有机性和市场功能的有效性，甚至可以与同时代的法国相媲美；西方资本主义势力的渗入，更使清代像广东这样地区的商品经济发生了某种质的变化。[②] 在这样的背景下，当时的山西省是怎样的情况？单就粮食市场而言，粮食价格能否通过市场实现，而市场性因素对于粮价波动的影响又有多大？当然农民自身的局限性使他们不能理性认识、理解市场供求情况，并因此合理安排种植，他们的生产更多的是以家庭为个体的小型化单位，这使得大多数农户与市场处于一种结构性的阻碍状态，而大部分情况是地主、商人把他们与市场联系起来。且大多数农民是以自给自足为基本目的，而不是计算成本投入、产出收入以实现利润最大化。就此来说，他们不是严格意义上的经济人。与此同时，地主手里掌握着大量粮食，他们往往能够通过控制市场投放量影响市场供求关系，进而影响到粮食价格，这就使得一般的商品供求关系及价格形成机制发生了改变。因此研究清代粮价受供需及政府行为的影响能够借用价格理论的思想，但是应用其分析方法又受到一定限制。从这个角度来说，简单计量方法以及简单经济学思维的使用或许有助于对史实的理解。

经济学思维主要是运用微观经济学的价格理论，市场条件下价格是供

---

① Wilkinson, *Studiesin Chinese Price History*, Princeton University, 1970; New York: Garland Pub, 1979.

② 陈春声、刘志伟：《清代经济运作的两个特点——有关市场机制的论纲》，《中国经济史研究》1990 年第 3 期。

给与需求的均衡，价格受供给、需求的影响，供大于求价格下跌，供小于求价格上涨。同时价格也反映供求，若价格相比之前上涨，可能是市场上需求增加，供不应求，当然也可能是货币流通量大于经济需要，也就是通货膨胀。若价格相比之前下跌，可能是市场上供给增加，供大于求，当然也可能是经济长期低迷，货币流通量小于经济需要，从而使得通货贬值。供给对于价格的影响是通过产量实现的，根据生产函数 Y = f（L，K，N）的机制；需求对于价格的影响是通过需求量实现的，根据需求函数 $q_1^* = q_1$（p_1，p_2，…，p_n，I）的机制。

综上基本可以做出以下基本假设：

1. 道光时期的山西省已形成粮食市场，且市场性因素以供求为主，对于粮食价格的影响较大。且粮食价格能迅速随外部影响因素的变化做出反应，且不存在消费者与商家看涨囤货居奇的现象。

2. 假定山西是一个封闭的区域，我们的研究只针对山西省粮食市场，忽略其他省份等外部性因素的影响。

本书围绕粮价展开，从三部分入手，第一部分是对粮价问题基本条件和粮价波动情况的描述，主要是从自然环境、社会经济和价格波动三方面展开。第二部分是从宏观、微观层面对粮价影响因素的描述，主要是从宏观层面山西省和从微观层面太原府的粮价波动影响因素展开。第三部分是从府、省角度对市场整合的描述，主要选取交易成本和贸易两个指标对市场整合进行衡量。总的来说，第一部分主要解决的是粮价波动是什么情况，第二部分主要解决为什么粮价波动是这样的情况，第三部分主要解决粮价的波动情况能够反映什么。

供给、需求的均衡形成价格，但要有价格前提是有粮食的供给。市场粮食供给的形成是农民种植、商人收购运输贩卖的过程，其中农作物的种植即农业生产是人类努力与自然环境共同作用的结果。

自然环境主要由气候和土地组成，土地以地形地貌、山川河流的客观因素为重，气候对农业生产的影响又以光、温、降水等因素为最重要。客观因素决定了不同区域有不同的自然环境，而不同粮食的生长习性不一样，其对于自然环境的适应性不同，所以各区域的粮食分布情况不同，明确此有利于粮食供给量和需求量估计的展开。而细化到山西省各级府县的地理位置以及它们之间的距离，对于粮食运输及贸易情况的展开极为必要。故我们在第一章中主要对这三个问题展开叙述，其一是明确山西省的地理位置和行政规划，包括各州府。其二是明确山西省的自然环境特点，主要叙述山川、气候、环境和自然灾害情况，其中山西省是灾害的多发地，我们对灾害的描述主要是从灾害种类出发，分别叙述道光年间旱灾、雹灾、涝灾、蝗灾和雪灾等灾害在山西省的暴发频次。其三明确清代粮食种植情况、分布情况和主要用途，我们主要从粮价奏报制度的五种粮食（麦子、小米、高粱、荞麦和豌豆）和一部分经济作物入手。

人类努力主要是指人类主观能动创造的社会环境或者对已有自然环境的开发利用，其中包括货币、政治、经济等社会的大背景，也包括人类对于生产基本要素的运用、政府组织对于宏观情况的调控、货币形态及购买力的变动等一系列会对粮食种植产生影响的机制或因素。

我们在第二章主要从以下几方面展开叙述，一方面劳动者和生产资料是物质资料生产的最基本要素，就农业生产而言主要就是人口和土地的因素。我们对于人口、土地主要就其统计制度更替、在时间上即清朝代更迭之间的变动、在区域内的分布情况，明确道光年间山西省人口、土地环境。另一方面为平稳社会环境，清政府对于宏观情况已经有一定调控意识，就粮食来看清政府调节市场粮食价格的主要手段是仓储，除备荒、赈灾外，亦可调节平常年份的市场价格。我们对于仓储主要就其制度变更、储量变化展开叙述。另外，货币是商品的一般等价物，是价值的特殊存在形式。价格以货币衡量，而清代实行银钱并行的货币制度，加之道光年间横跨古代、近代，钱法混乱，故确定货币基准对于粮价问题的展开很有必要，我们以道光朝为例，从道光时期货币概述和货币购买力变动情况叙述货币形态与购买力。其中清乾隆之后田地、人口和仓储量的统计数字多沿用雍正朝，所以从朝代上来看数字基本变化不大，多是定额数。实存与实际也有一定出入，故统计数字只能在一定程度上予以参考。

粮食价格是传统社会经济的晴雨表，民安物阜、国泰民安、物价稳定往往是一个朝代强盛的标志，而民生凋敝、物价腾贵又往往是一个朝代覆灭的明显征兆。深入研究粮价波动的影响因素，对于认识市场粮价的波动规律，减轻粮价波动对我国农民收入、农业发展和国民经济的负面影响，保持与我国经济社会人口发展相适应的稳定粮食生产，提高农民收入水平和农业经济效益有深刻的现实意义。

　　无疑，清统治者也认识到了这一点，没有一个朝代的统治者比清代更关注粮价。清代为此建立了一套自下而上、层层上报的粮价奏报制度，我们在第三章从奏报制度出发对粮价数据的选取和统计方法做了一定说明。粮价数据的确定是下述研究的基础。

　　太过频繁的价格波动一方面不利于粮食生产者形成稳定的预期，降低了农业生产者的收入和从事农业生产的积极性；另一方面还会加剧政府对粮食市场进行宏观调控的难度，影响当地经济的健康发展。换言之，粮价波动对一个地区的粮食生产、粮食贸易和宏观经济调控会产生很大的影响，因而研究粮价波动的规律对于考察道光年间山西省经济发展具有十分重要的意义。

　　我们按时间跨度的不同分别从粮价的年内变化和粮价的年度变化两方面考察道光年间山西省的粮价波动，通过对记录在案的麦子、小米、高粱、荞麦和豌豆这五种粮食，从共性和个性方面分别比较其在晋北、晋西北、晋中、晋南、晋东南五个区域内粮食价格的涨幅和降幅，分析粮价变化的趋势。在年内分析中，我们计算了每种粮食在每个地区不同月份的月价差，通过对比各个地区的粮价在每月的波动次数（包括上涨和下降），以其波动频率来反映其波动情况。而在年度分析中，我们根据不同粮食划分不同地区，比较不同地区的粮价波动。

　　粮食价格的形成有多方面原因，首先粮食生产、运输、贩卖的过程是一个社会过程，其次是一个市场化的商业过程。那么发生在过程中的社会性、市场性因素就可能对粮价产生一定影响。就社会性因素来看，统观全省，其中政府、货币、灾害的因素对于粮价的影响较大，我们在第四章主要是从灾害的暴发频次、仓储量、银钱比和货币购买力这四个指标对粮价的影响进行叙述，有两种思路，一是比较粮价波动趋势与同时期该因素的波动趋势，若趋势大致相同，则说明该因素一定程度上对粮价有影响。若趋势不相同，则该因素对于粮价的影响较小或基本无影响。二是进一步做相关因素与粮价的相关分析和回归分析，相关系数分析确定因素与粮价的相关程度大小，回归分析进一步判断相关因素对于粮价的影响程度。

　　就市场性因素来看，与一般商品一样，在粮食价格的诸多影响因素中，粮食供给和需求是最重要的两个方面，同时粮食的供给和需求也是当时经济情况的一个反映。而对于清道光粮食价格能否通过市场实现，同时市场性因素对于粮价变动的影响有多少，我们会在第六章中从供给和需求层面分别叙述供需机制对于粮价的影响，其中供给层面根据生产函数 $Y = f(L，K，N)$，确定土地、技术变迁、资本和劳动力是影响产出进而影响供给的主要因素，而对于清代自给自足的小农经济资本的作用尚小，故不做考虑。劳动力的影响主要是丁口人数的变动，其与人口的变动有很大的重复性，故也不做考虑。我们主要就土地、技术变迁因素对于粮价变动做分析。需求层面根据需求函数 $q_1^* = q_1（p_1，p_2，\cdots，p_n，I）$，确定该商品的价格、其他商品的价格（我们主要针对替代品对其的影响）、收入是影响粮食需求进而影响粮价的主要因素，但清道光年间农民基本是种粮所得满足温饱，其他收入很少用于消费，所以忽略收入的因素，而加入人口变动。我们主要分析人口和替代品因素对于粮价变动的影响。

粮价不但是粮食的总供需关系的作用结果，它更是衡量市场经济发展的指标。从发展经济学的视角来看，市场整合不仅是经济发展的结果，同时也是经济发展的重要因素。市场整合是指地区之间商品或服务的价格波动出现随时间同步变化的一种状态。地区之间价格变动同步性越强，表明市场之间组织越有效，市场整合程度越高；反之，价格波动同步性越差，则表明市场整合的程度越低。市场整合程度的高低，决定了地区之间套利的空间和效果，决定着生产要素和商品在空间上的流动。正如亚当·斯密在其《国富论》中提出，市场交换与市场范围的扩大是促进分工与生产力提高，从而促进财富增加的源泉。因此，有关市场整合的讨论，不仅仅是现代经济地理学、贸易理论中的一个重要内容，同时也是经济史学者关注的重要议题。因此，我们选择市场整合作为研究的指标。

市场整合是经济发展的结果，市场发育程度与效率代表着经济发展的水平，是经济发展到一定阶段的典型特征。一个地区的市场整合情况需要根据不同情况来进行综合判断，一般需要三个方面的信息：价格（P_t^N 和 P_t^M）、交易成本（C_t^{MN}）和贸易量（G_t^{MN}）。其中交易成本是指在完成一笔交易时，交易双方在买卖前后所产生的各种与此交易相关的成本，通过比较交易成本与两地价格差之间的大小关系，体现要素在两个市场之间的自由流通程度，因而也可以在一定程度上反映出地区间市场的效率水平。而贸易量是指两地间某种粮食的贸易数量，反映区域间市场的资源配置能力，这与市场的发育程度有关。因此我们的研究主要从交易成本和贸易的角度来考察五种粮食作物道光年间山西省内的市场整合情况。由于全省情况比较复杂，所以我们在第六章首先选取较为简单的贸易或者交易的最基本的单元——相邻府间的贸易进行研究，通过对太、汾两地间的交易成本和贸易来考察它们之间的市场整合程度。对整个山西省而言，由于市场的复杂性我们难以计算出所有府间的交易成本，而对于经济比较不发达的古代，交易成本主要是运输成本，因此我们从运输成本和贸易两方面来考察山西省的市场整合情况。

第一章 影响山西省粮食供给的自然因素

本章内容为全书展开的基础，对三个基本问题做出明确界定：一是明确到州府一级的清代山西地理位置和行政规划，尤其要清楚各州府所处相对位置和距离大小，这对于之后的粮食贸易运输分析非常重要；二是明确山西自然环境特点，包括山川、气候、环境和自然灾害情况，这对于分析山西地区内粮食生产和粮食贸易具有重要意义；三是明确清代粮食种植情况、分布情况和主要用途，这是之后我们对山西省粮食市场进行分析的基础，所有关于粮食产量、需求和贸易情况的推测都建立在此基础上。

第一节 自然环境

任何地区所进行的任何经济活动都是在具体自然环境下进行的。自然环境是社会发展的必要条件之一，影响社会的发展，尤其是在人类利用自然条件和技术手段相对有限的古代。自然环境的特性不仅决定着生产力的发展，而且决定着经济关系以及在经济关系后面的所有其他社会关系的发展。因此在我们研究一个地区经济发展的时候，必须首先考虑它所处的自然环境条件。

自然环境包括一个国家和地区所处的地理条件和气候条件等。这些因素的综合，对一个国家和地区市场规模的形成与贸易行为都将产生重大的影响。本节主要从行政区划、山川气候和自然灾害三个方面描述清代山西省的自然环境特点。

一 行政区划

山西位于中国中西部，华北平原以西、黄河中下游以东、土屋山和砥柱山（在今河南三门峡市内）以北、内蒙古的丰镇厅和清水河以南，自古被称为"表里山河"，"距京师一千二百里"，[①] 是全国重要的战略重地。山西地处北国边缘，京都南屏，是首都近畿，为中央政权通往边疆的通道，军事防御体系严密。

山西"东西广八百八十里，南北袤一千六百一十五里"。其在东及东南，以太行山与山东、河南为界，"东至直隶正定府井陉县界三百七十五里，少南至正定府赞皇县界四百三十里"，"南至河南陕州界黄河岸一千二十三里，少东至河南怀庆府河内县界七百三十里"，"东南至河南卫辉府辉县界八百五十里，至河南怀庆府修武县界七百二十里"；[②] 在西和西南隔黄河与陕西相望，"西至陕西延安府吴堡县五百五里，少南至陕西西安府韩城县界八百一十五里"，"西南至陕西西安府朝邑县界一千一百五十里，潼关县界一千一百六十里，华阴县治一千一百八十里"；[③] 北部界限自古以来多有变化，明长城有着很重要的作用，明代以后，长城成为山西北部与内蒙古的自然界线，"北至得胜堡口外边墙七百里至长城七百六十里"，"东北至蒙古草地界五眼井堡边墙六百二十里"。[④]

按照清朝时的山西行政区划，[⑤] 山西省的省治为太原府，全省分为九府、十州、六厅。九府为太原、平阳、潞安、蒲州、汾州、泽州、大同、宁武、朔平，十州为平定、保德、忻、代、霍、解、绛、沁、辽、隰，六厅为归化、绥远、托克托、清水河、和林格尔、萨拉齐，康熙六年（1667）将其并为归绥道，以下将归绥六厅简称归绥道。

自古晋国以来，山系河流对山西历代政区的沿革和经济区域的形成有着重要影响。按照地理区位的不同，各府州具有不同的经济地理条件。根据当时的行政区域划分，我们将山西全省按照不同的经济地理条件划分为五个区域：晋北、晋西北、晋中、晋南、晋东南。

晋西北地区为归绥道，其治所位于绥远城厅，领归化城厅、绥远城厅、萨拉齐厅、清水河厅、托克托厅、和林格尔厅。1912年，原归绥道所

---

① 赵尔巽：《清史稿》卷六十《地理七》，中华书局，1992，第499页。
② 王轩等纂修《山西通志》卷六《疆域》，刘克文总点校，中华书局，1990。
③ 王轩等纂修《山西通志》卷六《疆域》，刘克文总点校，中华书局，1990。
④ 王轩等纂修《山西通志》卷六《疆域》，刘克文总点校，中华书局，1990。
⑤ 赵尔巽：《清史稿》卷六十《地理七》。

属地区脱离山西成为绥远省，即今内蒙古自治区。因而研究归绥道的经济地理区位对于山西省现今经济发展的指导意义有限，所以我们不在这里加以详述。

晋北地区以大同府为中心，含大同府 2 州 8 县、朔平府 1 州 4 县、宁武府 4 县、忻州 2 县、代州 3 县、保德州 1 县。

大同府位于山西省西北部，"东西广二百五十里，南北袤二百四十里"。与朔平府、代州、得胜堡口、直隶地区相邻，"东至直隶宣化府怀安县界二百十里，西至朔平府左云县界五十里，南至代州繁峙县界一百六十里，北至得胜堡口外边墙八十里。东南到直隶蔚州界二百五十里，西南到朔平府左云县界一百二十里，东北到宣化府怀安县界二百里，西北到朔平府左云县界五十里"。①

朔平府在山西省北部，"东西广二百四十里，南北袤三百二十里"。与大同府、宁武府和长城边墙相邻，"东至大同府大同县界一百六十五里，西至边墙七十里，南至宁武府宁武县界二百九十五里，北至边墙二十里。东南到大同府山阴县界二百七十里，西南到宁武府偏关县界一百四十里，东北到边墙二十里，西北到边墙二十里"。②

宁武府在山西省北部，"东西广一百五十里，南北袤二百八十里"。与朔平府、太原府、代州、忻州、保德州和长城边墙相邻，"东至朔平府朔州界二十五里，西至太原府岢岚州界一百二十五里，南至代州崞县界七里，北至水泉营边墙界二百七十里。东南到代州崞县界九十五里，西南到忻州静乐县界一百四十里，东北到朔平府平鲁县界二百里，西北到保德州河曲县界一百一十五里"。③

忻州位于山西省中部，"东西广三百四十五里，南北袤一百一十里"。与平定州、太原府、代州、汾州府、宁武府相邻，"东至平定州盂县界一百二十里，西至太原府岚县界二百二十五里，南至太原府阳曲县界四十里，北至代州崞县界六十里。东南到太原府阳曲县界六十五里，西南到汾州府永宁州界三百三十里，东北到代州五台县界七十五里，西北到宁武府

---

① 觉罗石麟修，储大文纂《山西通志》卷五，雍正十二年（1734）本。
② 觉罗石麟修，储大文纂《山西通志》卷五，雍正十二年（1734）本。
③ 觉罗石麟修，储大文纂《山西通志》卷五，雍正十二年（1734）本。

五寨县界二百八十里"。①

代州位于山西省东北部，"东西广三百八十里，南北袤三百四十里"。与大同府、宁武府、平定州、忻州和直隶正定州相邻，"东至大同府灵丘县界二百三里，西至宁武府宁武县界一百七十三里，南至平定州盂县界二百二十里，北至大同府山阴县界一百二十里。东南到直隶正定府平山县界二百四十五里，西南到忻州界一百四十里，东北到大同府浑源州界一百九十里，西北到忻州界一百四十里"。②

保德州位于山西省西北部，"东西广二百三十里，南北袤七十五里"。与宁武府、太原府和陕西葭州府相邻，"东至宁武府五寨县界一百二十里，西至太原府兴县界一百一十里，南至太原府岢岚州界七十里，北至陕西葭州府谷县界黄河岸一里，东南到岢岚州界一百六十里，西南到兴县界一百里，东北到宁武府偏关县界一百八十里，西北到陕西府谷县界三十里"。③

该区属九边之域，曾实行民屯、军屯、商屯，故人口逐渐增加，又紧邻蒙俄，故经济以"茶马互市"为主要结构。皮毛制品是本区主要特产，加上各商帮从南方贩来茶、棉、丝等手工制品，使本经济区域呈现边境贸易的特点。

晋中地区以太原府为中心，含太原府 1 州 11 县、汾州府 1 州 7 县、平定州 3 县。

太原府是山西省治，位于全省中部偏西，"东西广五百七十里，南北袤七百三十里"。与平定州、汾州府、沁州、忻州、辽州和保德州相邻。"东至平定州寿阳县界一百七十里，西至汾州府永宁县界四百里，南至沁州沁源县界四百七十里，北至忻州崞县界二百六十里。东南到辽州榆社县界二百四十里，西南到汾州府平遥县界二百五十里，东北到忻州定襄县界一百八十里，西北到保德州界五百里"。④

汾州府位于山西省中西部，"东西广四百三十里，南北袤一百里"。与太原府、平阳府、沁州、隰州和陕西延安府相邻，"东至太原府祁县界一百四十里，西至陕西延安府吴堡县界二百九十里，南至平阳府灵石县界六

---

① 觉罗石麟修，储大文纂《山西通志》卷五，雍正十二年（1734）本。
② 觉罗石麟修，储大文纂《山西通志》卷五，雍正十二年（1734）本。
③ 觉罗石麟修，储大文纂《山西通志》卷五，雍正十二年（1734）本。
④ 觉罗石麟修，储大文纂《山西通志》卷五，雍正十二年（1734）本。

十里，北至太原府文水县界四十里。东南到沁州治二百六十里，西南到隰州治二百七十里，东北到太原府祁县治一百二十里，西北到陕西延安府葭州治三百九十里"。①

平定州地处山西省东部，"东西广二百六十里，南北袤二百九十五里"。与太原府、辽州、代州和直隶正定府相邻，"东至直隶正定府井陉县界九十五里，西至太原府榆次县界一百七十五里，南至辽州和顺县界八十五里，北至代州五台县界二百一十里。东南到直隶正定府赞皇县界一百八十里，西南到太原府榆次县界九十五里，东北到直隶正定府平山县界二百三十里，西北到太原府阳曲县界二百一十里"。②

该区经济发达，没有依赖资源而形成主导性的产业，但是区内基础设施齐全，生活服务业发达，消费需求量大，商贸行业、社区服务多，适应通信、金融业的发展。商业都市除了传统的太原区之外，太古、平遥、祁县都是有名的商业城镇。

晋南地区以平阳府为中心，含平阳府 1 州 11 县、蒲州 6 县、解州 4 县、绛州 5 县、隰州 3 县、霍州 3 县。

平阳府位于山西省西南部，"东西广二百七十里，南北袤三百六十里"。与泽州府、绛州、汾州府和潞安府相邻。"东至泽州府沁水县界一百五十五里，西至绛州界一百二十里，南至绛州界一百一十里，北至汾州府介休县界二百五十里。东南到绛州垣曲县界一百九十里，东北到潞安府长子县界二百二十里，西南到绛州稷山县界一百十五里，西北到汾州府孝义县界二百八十五里"。③

蒲州府在山西省西南部，"东西广一百四十里，南北袤二百三十里"。与解州、绛州和陕西省相邻，"东至解州界七十五里，西至陕西西安府朝邑县界五里，南至陕西潼关县界六十里，北至绛州河津县界一百六十里。东南到解州芮城县界一百一十五里，西南到陕西潼关县界六十里，东北到绛州稷山县界一百二十里，西北到山西朝邑县界三十里"。④

解州位于山西省最南部，"东西广二百二十五里，南北袤一百二十

① 觉罗石麟修，储大文纂《山西通志》卷五，雍正十二年（1734）本。
② 觉罗石麟修，储大文纂《山西通志》卷五，雍正十二年（1734）本。
③ 觉罗石麟修，储大文纂《山西通志》卷五，雍正十二年（1734）本。
④ 觉罗石麟修，储大文纂《山西通志》卷五，雍正十二年（1734）本。

里"。与绛州、蒲州府、河南省相邻，"东至绛州垣曲县界二百五里，西至蒲州府虞乡县界二十里，南至河南灵宝县界黄河岸六十里，北至蒲州府猗氏县界三十里。东南到陕州界黄河岸一百里，西南到阌乡县界一百二十里，东北到绛州闻喜县界一百二十里，西北到蒲州府临晋县界三十里"。[①]

绛州位于山西省南部，"东西广一百三十五里，南北袤一百里"。与平阳府、解州、蒲州府和陕西省相邻，"东至平阳府曲沃县界十里，西至陕西韩城县界黄河一百二十五里，南至解州夏县界八十里，北至平阳府太平县界二十里。东南到平阳府曲沃县界二十里，西南到蒲州府荣河县界一百四十里，东北到平阳府太平县界四十五里，西北到乡宁县界五十里"。[②]

隰州位于山西省西南地区，"东西广二百五十里，南北袤二百九十五里"。与平阳府、霍州和陕西延安府相邻，"东至平阳府汾西县界九十里，西至陕西延安府宜川县界一百五十里，南至吉州界一百三十里，北至乡宁县界一百六十五里"。[③]

霍州位于山西省中南部，"东西广八十里，南北袤七十七里"。在平阳府以北，与沁州、隰州、汾州府和平阳府相邻。"东至沁州沁源县界五十里，西至隰州汾西县界三十里，南至平阳府赵城县界二十五里，北至汾州府灵石县界五十里。东南至平阳府赵城县界四十五里，西南到隰州汾西县界二十里，东北到沁州沁源县界三里，西北到汾州府灵石县界三十里"。[④]

从经济中心来讲，该地区的主要经济中心都是晋南地区传统的都市，市场繁荣，各类手工业制品齐全，具有综合市场的特点。

晋东南地区则以潞泽地区为中心，含潞安府8县、辽州2县、沁州2县、泽州府5县。

潞安府位于山西省东南部，"东西广三百一十里，南北袤二百八十里"。与泽州府、平阳府、辽州、沁州、河南彰德府相邻，"东至河南彰德府林县界一百六十里，西至平阳府岳阳县界一百五十里，南至泽州府高平县界八十里，北至辽州界二百里。东南到河南卫辉府辉县界三百三十里，西南到泽州府沁水县二百五十里，东北到彰德府涉县界一百七十里，西北

---

① 觉罗石麟修，储大文纂《山西通志》卷五，雍正十二年（1734）本。
② 觉罗石麟修，储大文纂《山西通志》卷五，雍正十二年（1734）本。
③ 觉罗石麟修，储大文纂《山西通志》卷五，雍正十二年（1734）本。
④ 觉罗石麟修，储大文纂《山西通志》卷五，雍正十二年（1734）本。

到沁州二百一十里"。[①]

辽州位于山西省东南部,"东西广三百三十里,南北袤一百七十里"。与太原府、沁州、平定州和河南彰德府相邻,"东至河南彰德府武安县界一百四十里,西至太原府太谷县界一百九十里,南至沁州武乡县界四十里,北至平定州乐平县界一百三十里。东南到彰德府涉县治一百六十里,西南到沁州武乡县治一百五十里,东北到直隶顺德府邢台县界一百里"。[②]

沁州位于山西省中部偏南的位置,"东西广四百六十里,南北袤六百八十里"。与潞安府、平阳府、太原府、辽州和汾州府相邻,"东至潞安府黎城县界二百一十里,西至平阳府灵石县界二百五十里,南至潞安府襄垣县界三百五十里,北至太原府太谷县界三百三十里。东南到潞安府襄垣县界八十里,东北到辽州榆社县治一百一十里,西北到汾州府平遥县治二百一十里"。[③]

泽州府在山西省东南部,"东北广五百里,南北袤二百二十里"。与平阳府、潞安府、蒲州府和河南省相邻,"东至河南卫辉府辉县界二百四十里,西至平阳府翼城县界二百二十里,南至河南怀庆府河内县界一百一十里,北至潞安府长子县界一百三十五里。东南到辉县界二百三十里,西南到蒲州府垣曲县界一百九十里,东北到潞安府壶关县接河南彰德府林县界二百三十里,西北到翼城县界二百二十里"。[④]

该区以煤、铁、纺织为主,其中潞绸曾远销全国。

二 山川气候

山川是影响古代经济发展的重要地形因素。山西是一个夹峙在黄河中游峡谷和太行山之间的高原地带,是最为典型的黄土广泛覆盖的山地高原,地势西南低东北高,海拔 800-1500 米。内部河谷纵横,山多川少,地貌类型复杂,有山地、丘陵、盆地和平原等。"山西名山有太行、中镇、五台、芦芽、中条、紫团、姑射、绵山、龙门、砥柱[⑤]"。太行山是蔓延山

---

① 觉罗石麟修,储大文纂《山西通志》卷五,雍正十二年(1734)本。
② 觉罗石麟修,储大文纂《山西通志》卷五,雍正十二年(1734)本。
③ 觉罗石麟修,储大文纂《山西通志》卷五,雍正十二年(1734)本。
④ 觉罗石麟修,储大文纂《山西通志》卷五,雍正十二年(1734)本。
⑤ 现在属于河南省。

西、河北省界的大山脉，多东西向横谷，自古就是交通要道，商旅通衢。[①]
中镇山亦名霍山，为汾河、浊漳河、沁河的分水岭，今晋中、临汾、晋东
南三大地区大体以此山为界。五台山在五台、繁峙、代县之间，自古以来
就是我国的佛教圣地。芦芽山在宁武县西南，跨神池、五寨、静乐、岢岚
诸县。中条山跨永济、芮城、平陆、垣曲、绛县诸县，"西有华岳，东接
太行，此山居中，且狭而长，故名中条"。[②] 紫团山又称抱犊山，"在上党
东南，高七十丈"[③]。姑射山在临汾西南，跨襄汾县，古时又称石孔山。介
山亦名绵山，在介休县南 40 里，传说为介子推归隐之地。龙门山位于平顺
县东北 100 里处，主峰海拔 1700 余米。砥柱山，位于河南三门峡城东 40
里、山西平陆东南 50 里的大河中。[④] 山地对经济发展的影响主要体现在交
通方面，山西省具体的交通运输情况我们将在第七章重点讨论，这里不多
加叙述。

　　"大川有黄河、汾、清浊漳、沁、滹沱、桑干、涑、浍"。[⑤] 黄河发源
于青藏高原巴颜喀拉山，呈"几"字形。自西向东分别流经青海、四川、
甘肃、宁夏、内蒙古、陕西、山西、河南及山东九个省区，最后流入渤
海。汾河为山西省第一大河，"河内曰冀州，其山镇曰霍山，其泽薮曰杨
纡，其川漳，其浸汾、潞"，[⑥] 源出宁武县管涔山，流经山西省中部，南至
万荣县西注入黄河。浊漳河古称潞、潞水，南源长子县，西源沁县，北源
榆社县，"长子县鹿谷山，浊漳水所出，东至邺，入清漳"，[⑦] 流至襄垣县
汇合为浊漳河。清漳河则有两源，"沾县大黾谷，清漳水所出"[⑧]，东源昔
阳县，西源和顺县，南流至左权县汇合，东南流至河北合漳镇与浊漳河合
流为漳河。沁河发源于沁源县西北的二郎神沟，流经安泽、沁水、阳城，
经河南注入黄河。滹沱河源出繁峙县东，流经代县、原平、定襄、五台、

①　觉罗石麟修，储大文纂《山西通志》卷十七，雍正十二年（1734）本。
②　穆彰阿等修《大清一统志》卷一至卷七，道光二十二年（1842）本，上海古籍出版社，
　　2008。
③　李昉、李穆、徐铉等编纂《太平御览》卷四十五《地部十》。
④　顾祖禹：《读史方舆纪要》卷四十六《云南一》，中华书局，2006。
⑤　觉罗石麟修，储大文纂《山西通志》卷十七，雍正十二年（1734）本。
⑥　《周礼·夏官·职方氏》。
⑦　班固：《汉书·地理志上》。
⑧　班固：《汉书·地理志上》。

盂县入河北省。桑干河又名永定河，源出朔县东北，流经山阴、应县、怀仁、大同入河北省，元史谓之"小黄河"。涑水，一名涑川，源出绛县太阴山，流经闻喜、安邑、夏县界，其主峰在稷山县。浍水出河东绛县东浍交东高山，西经翼城南。其水又西南合黑水，水导源东北黑水谷，西南流经翼城北，右引北川水，水出平川，南流注之，乱流西南入浍水。① 川流对经济发展的影响主要在于农田灌溉，要考察这一点需要结合各地的水利设施情况进行具体分析，此不是该部分重点研究内容。

晋西北地区除了具有优越的自然条件外，还具有发达的水利灌溉系统。清初，修渠灌田的技术并未兴起。乾隆年间（1736－1795），黄河改道，使田肥壤沃，靠近河流的农民和渔民"于近河处用桔槔取水，试行种植，大获其利"②。嘉庆之后旅蒙商人在地区之间粮食差价的利益驱动下，纷纷致力于水利开发，来提高粮食产量，获取巨额利润。灌溉系统的完善使得晋北地区的人民开始由靠天吃饭变为人力改造自然，通过改变原有自然条件，为农民定居提供了条件，也使晋北地区成为农耕最适宜的地方。

晋北地区则是另一种情况，该地区的水利系统相对不发达。山西北部大多数地区均为山田坡地，不仅绝少水田，就连平地也是极少，"全无三五里平田，涧湾山转，即为膏腴良田，历年来淫雨漂冲，尽成沟渠，寸土难耕。若夫山田，高者五六十丈，低者二三十丈"，③ 种植条件比较恶劣。在雁门关外的应州，水害未除，水利未兴。"长期以来，境内浑河两岸，田地俱高出河身三至四尺或五至六尺不等，桑干河两岸田地又俱高出河身四至八尺不等。此两河，雨缺则细如带，不能上引入地，雨多则惊涛急涨，往往漫溢两岸，或倒灌小溪，可也是随涨随落，很少获得水利。即使打井汲水，又地多盐碱，浇地反损田苗。百姓也没有能力治理盐碱地。并且，北路地土砂碛，遇雨下渗为速，保留水分较差。山田易干，雨多又往往造成水土流失，若遇山洪暴发，还将淹没田禾，不得水利，反罹水害。"④

到了晚清时期，这一地区的水利建设有所发展，民间商人以股份制形

---

① 郦道元：《水经注》卷六《浍水注》。
② 顾颉刚：《王同春开发河套记》卷一。
③ 雍正《岚县志》卷五《风俗》。
④ 李三谋：《清代北方农地利用的特点》，《中国社会经济史研究》1988 年第 3 期。

式筹集资金，创建了水利公司，通过集中民间分散资金兴修农田水利。道光、同治、光绪年间，开辟了诸多干渠，浇灌大量农田。其中，开辟了"三大渠"，引用桑干河、恢河、源子河水，灌溉农田 30 万 – 40 万亩。

　　晋中地区的自然条件虽然一般，但是水利灌溉却很出色。太原、榆次、清源等处的农民，积极引用汾水、晋水灌田，增进土地肥力，提高粮食产量。自康熙初年开始兴筑汾水第一坝堰——广惠渠（堰）后，沿河各县相继效仿，又逐渐建起广济、广义、利义、天义、天顺、公议等大堤坝，号称"汾河十大堰"，是当时开发汾河资源最为典型的灌溉工程。

　　与"汾河十大堰"配套使用的是引水沟渠，最为突出的工程在太原县，清雍正以后至道光年间，太原县东之汾河上先后有用以溉田的引水渠 27 道。其中长安渠、龙首渠、白马渠三渠总长 355 里。[①] 同时，晋中农民在潇河（洞涡河）流域，建起了"上五道、中四道、中三道、下五道和另外十八道泥渠的灌溉系统，整个流域的灌溉面积达到二十万亩"[②]，对晋中农业的发展起到了积极的促进作用。其中榆次县农民集中巨大的人力、物力在潇河上修浚了 31 里长的官甲口渠，浩荡之水流向郭家堡、寇村、荣村、高村、韩村等处，溉田 2.6 万亩，成为县民世代所乐道的一个大型水利工程。[③]

　　晋南和晋东南地区相比山西其他地方而言，土地肥沃，水利条件好，水田居多，多利用汾水和霍泉水浇灌庄稼来改良土壤。当地农民对农业的投入较多，水肥并进，精耕细作、精收细打，农业生产水平较高。[④] 其中在晋南平阳府，洪洞县和赵城县农民本着互利的原则，经过官方许可，采取自由联合的形式，互相协作，合力开发霍山南麓的霍泉水，灌溉两县的农田。雍正年间（1723 – 1735），霍泉上有引水溉田的渠道 5 条，分别为南霍渠、小霍渠、副霍渠、清水渠、丽泽渠（现在被称为霍泉渠），灌溉洪洞县李卫、永宁、湾里等 33 村土地和赵城县各村土地 4.5 万亩；到道光五年（1825），洪、赵两县疏引霍泉溉田面积扩大到 7.5 万亩，[⑤] 创霍泉水溉田的历史之最。霍泉流量比较稳定，当地人民积极利用，不断开发，使

---

①　民国初年《山西省各县渠道表》上册"太原县"。原件藏于山西省档案馆。
②　张荷、李乾太：《山西水利发展史述要》，《山西水利史志》（专辑）1986 年第 4 期。
③　刘泽民等：《山西通史》第 5 卷，山西人民出版社，2001，第 327 页。
④　《英国皇家亚洲学会中国分会会报》"光绪十四年六月（1888 年 7 月）"，第 89 – 96 页。
⑤　道光《直隶霍州志》卷九、道光《赵城县志》卷十一、民国《洪洞县志》卷十六。

霍泉灌区常获丰收。

气候与山川分布息息相关。对于以农业为主的传统社会,气候波动成为直接影响农业生产(包括农作物生长周期的长短、农作物产量以及植被分布区域等)及社会经济发展至关重要的因素。布罗代尔指出:"15-18世纪期间,世界只是农民的广阔天地,80%-90%的人口依靠土地为生,而且仅仅依靠土地。收成的丰歉决定着物质生活的优劣。"

山西位于大陆东岸的内陆,分属温带气候区和暖温带气候区,冬季长而寒冷干燥,夏季短而炎热多雨,春季日温差大风沙多,秋季短暂气候温和。内长城以北的雁北地区,属于半干旱气候;内长城至昔阳—太岳山—河津一线为暖温带半干旱气候;其南为暖温带半湿润气候。光能资源丰富,年辐射总量为482-599N/cm²,全年日照数在2200-3000小时,西部山区较多,南部盆地较少,一般集中在4-9月份,良好的光合作用有利于秋收作物和冬小麦的生长。[①]

山西省大部分地区为山地、丘陵,地势高低起伏很大,跨越纬度很长,气温差异较大。全省气温由南向北逐渐降低,最低气温集中在1月,最高气温集中在6、7月。晋北、晋西北地区温差比晋南和晋东南大。春秋季的月气温变化较大,夏、冬季气温较稳定。山西平均日差的分布,大体上呈现北部高于南部的特点。白天的高气温有助于农作物进行光合作用,夜间的低气温有助于抑制农作物的呼吸,因而有利于农作物的物质积累。

受大气环流、地形地貌和植被等多种因素的影响,山西省降水资源并不丰富,年平均降水量为400-650毫米,从晋东南向晋西北地区递减。降水多集中在6、7、8月,降水变化受季风的影响,同海洋气团息息相关,极不稳定。[②]

三 自然灾害

灾害对一个地区的粮食产量具有重要影响,山西历史上就是灾害的多发地之一。据统计,整个道光朝山西被灾府县达367个,是全国范围内的灾害频发地之一。表1-1是我们对道光年间山西省内灾害波及州县数的分

---

① 郭裕怀、刘贯文主编《山西农书》,山西经济出版社,1992,第334页。
② 马国英:《光绪年间山西粮食产量研究》,硕士学位论文,山西大学,2010。

期统计。

表 1 − 1　道光年间山西省灾害波及州县数统计

单位：个

时期	前期（1821 − 1830）	中期（1831 − 1840）	后期（1841 − 1850）
波及州县数	81	176	110

注：根据粮价波动规律我们将道光朝 30 年划分为三个时期，前期指道光元年至道光十年，中期指道光十一年至道光二十年，后期指道光二十一年至道光三十年。

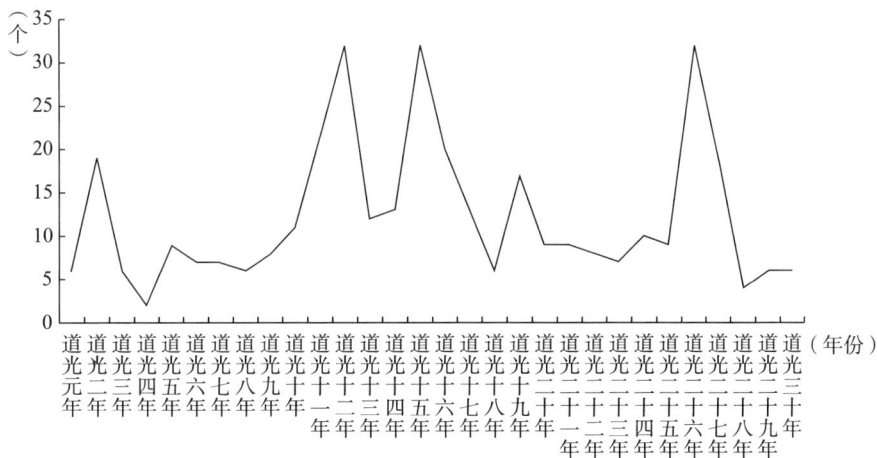

图 1 − 1　道光年间山西省灾害波及州县数统计

通过图 1 − 1 可以看出，道光中期自然灾害波及州县数比前期和后期多：道光中期灾害波及州县数是前期的 2.2 倍，是后期的 1.6 倍。进一步统计发现道光前期灾害波及州县数最少（道光四年波及范围最小，仅有 4 个州县），后期灾害波及州县数次之，中期灾害波及州县数最多（道光十五年灾害波及范围最广，波及州县达 32 个）。

另外根据我们的统计，道光年间山西省发生的各类灾害共 399 次，其中旱灾 156 次，占比为 39.10%；雹灾 79 次，占比为 19.80%；涝灾 59 次，占比为 14.79%；蝗灾 28 次，占比为 7.02%；雪灾 26 次，占比为 6.52%；霜冻 20 次，占比为 5.01%；瘟疫 11 次，占比为 2.76%；其他灾害（包括风灾、狼灾、震灾等）共 20 次，所占比例为 5.01%。[1]　可见，道

---

①　具体资料见附表 1：道光年间山西省各类灾害发生情况。

光年间山西省所受灾害中旱灾所占比重最大,其次是雹灾、涝灾、蝗灾、雪灾、霜冻、瘟疫等灾害。对于风灾、震灾等其他自然灾害,虽然危害程度较大,但是出现的概率较小,因此在这里不单独加以描述,只作为其他灾害统一进行统计。图1-2为各种灾害占比统计图。

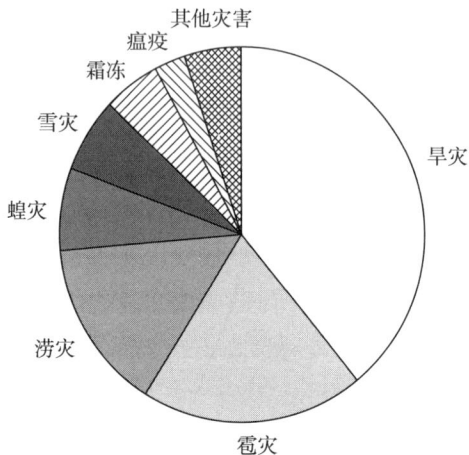

图1-2 道光年间山西省各类灾害占比统计

(一) 旱灾

山西省处于干旱和半干旱气候交错区,属东亚季风大陆性气候。冬季,寒潮南下时,山西属于必经之地。夏季,副热带高压携带的海洋暖湿气流北上稍弱或者不及时时,山西就很有可能发生旱情,因此,山西省旱灾主要在夏季发生。旱灾发生在夏季对秋收作物的影响最大,秋收作物在夏季时对雨量的需求最大,长时间缺水会导致产量的严重下降。

与其他灾害相比,山西省的干旱有范围大、时间久、灾情重、频率高的特点,民间有"十年九旱"之说。据统计,道光年间山西省共发生旱灾156次,平均每年发生旱灾5.2次,道光十二年(1832)受灾最重,受灾县次在年平均受灾县次的3倍以上。[①]

旱灾在全省范围内均有发生,平均各县发生旱灾次数为1.37次,其中受灾最为频繁的县有太原、荣河、襄垣、泽州、高平、阳城和寿阳,这些县发生的旱灾次数都大于道光年间各县发生旱灾次数平均值的两倍。旱灾

①　邹文卿:《明清山西自然灾害及其防治技术》,博士学位论文,山西大学,2014。

发生较为频繁的县则在全省范围内均有分布，这些县发生的旱灾次数都大于道光年间山西各县发生旱灾次数的平均值。

（二）雹灾

由图1－2可知，冰雹灾害在山西灾情严重程度中位居第二，且在夏季发生最多，其次为秋季，春季和冬季发生的最少。与旱灾相比，"雹打一条线"，范围要小很多，时间也极为短促，但是其来势凶猛、强度大，并常伴有狂风暴雨，往往会给局部地区的生产造成比较大的损失，山西是冰雹灾害较严重的省份之一。道光年间山西省共发生雹灾79次，平均每年发生雹灾2.6次。

清代山西冰雹灾害主要分布在晋东南、晋中以及晋北地区，平均各县发生雹灾次数为0.7次，灾害发生严重的州府有太原府、潞安府、汾州府、泽州府、平定州、保德州、绛州和大同府，最严重的是潞安府。其中雹灾最为频繁的县市为长治和屯留，这两县发生的雹灾次数都大于道光年间山西各县发生雹灾次数平均值的两倍。

（三）涝灾

山西历史上的水涝灾害，起因有暴雨引起的山洪暴发、河溢、连阴雨和冬季雪灾等，具有局域性强、危害大、灾情重等特点，夏季和秋季是发生涝灾最频繁的时期。在道光年间涝灾比较严重，山西省共发生涝灾59次，平均每年发生涝灾1.97次。

山西涝灾主要分布在晋南、晋东南以及晋中地区，平均各县发生涝灾次数为0.5次，其中太原府、蒲州府、平阳府、潞安府、汾州府、泽州府和解州的涝灾发生频率较高。受灾最为频繁的县有太原、长治、屯留、汾阳、阳城和安邑，这些县发生的涝灾次数都在道光年间山西各县发生涝灾次数平均值的三倍以上；较频繁的县为襄陵、虞乡、解州和夏县，这些县发生的涝灾次数都在道光年间山西各县发生涝灾次数平均值的两倍以上。但由于山西多旱，因此民众还是"喜涝惧旱"，从全省农业生产总体来讲，是"大涝大稔，小涝小稔，连涝连稔，不涝不稔"。①

---

① 司马光：《资治通鉴·唐纪九》"贞观四年"，中华书局，1956。

（四）蝗灾

山西历史上对病虫害的记载较简单，有蝗、螟、蚜蚄、青虫等，对蝗虫记载较多，因此对于病虫害的统计主要针对蝗灾进行。蝗灾是我国农业生产中最大的自然灾害之一，"数千里间草木皆尽，或牛马幡帜皆尽"①，山西自古以来就屡受蝗灾的侵袭，主要发生在夏秋两季，其中秋季蝗灾发生最多。根据统计，道光年间山西省共发生蝗灾 28 次，平均每年发生蝗灾 0.93 次。

蝗灾全省均有涉及，主要发生在晋南、晋东南以及晋中部分地区和晋北东部，平均各县发生蝗灾次数为 0.25 次。受灾最为频繁的州县有阳曲县和平定州，这些州县发生的蝗灾次数都是道光年间山西各州县发生蝗灾次数平均值的三倍以上；较频繁的州县为汾阳、怀仁、朔州、盂县、代州和绛州，这些州县发生的蝗灾次数都在道光年间山西各州县发生蝗灾次数平均值的两倍以上。

（五）雪灾

山西省地处华北平原，来自北方的冷空气持续时间长、势头强劲，历来霜雪灾害频发。雪灾往往造成农作物死亡，百姓颗粒无收，饥疫大行。道光年间山西省共发生雪灾 26 次，平均每年发生雪灾 0.86 次，可以判定几乎每年都会发生雪灾。

山西省雪灾的暴发呈现集中连片分布的态势，在地势较高的迎风坡和地势较低的盆地和山谷发生的灾情更为严重。据统计，清代山西省共 95 个州县发生过雪灾，平均各州县发生雪灾次数为 0.23 次。其中以太原府为界，晋中南部和晋南以及晋东南地区雪灾较重，集中在太原府、平阳府、潞安府、平定州、沁州、忻州和绛州，晋西北除大同府外受灾都较轻。受灾最为频繁的州县有太原、襄陵、阳城和大同，这些州县发生的雪灾次数都在道光年间山西各州县发生雪灾次数平均值的三倍以上。

（六）霜冻

霜冻通常发生在春末和秋初，是由于冷空气的影响，导致作物受害或死亡的一种低温灾害，会对农业生产造成极大危害。道光年间山西省共发

---

① 王永厚、徐光启：《除蝗疏》，《古今农业》1990 年第 1 期。

生霜冻 20 次，平均每年发生霜冻 0.67 次；共有 55 个县发生霜冻灾害，年均受灾县数为 1.83 个，其中秋季霜冻较多，主要发生在 8 月份。[①]

霜冻灾害在晋中、晋南和晋东南的山区发生较多，平均各县发生霜冻次数为 0.18 次。主要受灾州府为太原府、平阳府、汾州府、泽州府、大同府、辽州、沁州、平定州、代州、解州和隰州，其中霜冻灾害发生最频繁的县是位于泽州府的阳城，其发生霜冻灾害的次数大于道光年间山西各州县发生霜冻灾害次数平均值的三倍。

（七）瘟疫

清朝山西瘟疫灾害较为严重，由于古代医疗卫生条件有限，往往在发生重大灾情之后，来不及对大量尸体采取适当的处理方式，致使瘟疫发生。道光年间共发生瘟疫 11 次，平均每年发生瘟疫 0.37 次；共有 34 个县发生瘟疫灾害，年均受灾县数为 0.3 个。由于冬季天气温度较低，病菌不宜扩散，所以瘟疫的主要发生季节为春、夏、秋三个季节，冬季则较少。

清代山西省瘟疫流行，全省范围内均有波及，平均各县发生瘟疫次数为 0.1 次，主要发生的州府为太原府、泽州府、平阳府、蒲州府、大同府、平定州、绛州和解州。其中瘟疫发生最频繁的州县是大同，其发生的瘟疫次数大于道光年间山西各州县发生瘟疫次数平均值的三倍；瘟疫发生较为频繁的州县有阳曲、临晋、猗氏、泽州、平定州、夏县和绛县，这些州县发生瘟疫的次数都在道光年间山西各州县发生瘟疫次数平均值的两倍以上。

（八）其他灾害

山西大风虽属常见，但不一定都能成灾，成灾的大风往往出现在春夏间（2-8 月），在雷雨、冰雹等综合影响下形成。山西常见的大风天气主要有寒潮大风、雷雨大风，有时也有局域性的龙卷风。道光六年（1826）和道光十年（1830）为极度灾年，受灾县次分别为 8 次和 6 次，主要发生在太原府、潞安府、平阳府、泽州府、大同府、解州。

地震灾害破坏力强，是自然灾害中最严重的一种，山西是全国境内地震灾害较为严重的省份之一，主要集中在人口稠密、经济发达的晋中和晋

[①] 邹文卿：《明清山西自然灾害及其防治技术》，博士学位论文，山西大学，2014。

东南盆地地区，包括太原府、汾州府、潞安府、泽州府、平阳府、解州、朔平府和保德州。

道光年间山西省共发生其他灾害 20 次，平均每年发生其他灾害 0.67 次。其他灾害在晋东南的山区发生较多，平均各县发生其他灾害次数为 0.18 次。其中灾害发生最频繁的州县是泽州和盂县，其发生其他灾害的次数都大于道光年间山西各州县发生其他灾害次数平均值的三倍。发生风灾较为频繁的地区为阳曲、太原、文水、洪洞、襄垣、汾阳、泽州、平定州和盂县，主要集中于太原府、平阳府、潞安府、汾州府、泽州府、平定州等中南部地区；发生震灾较为频繁的地区为泽州、平定州和平陆，主要集中于晋南地区的泽州府、平定州和解州。

第二节　清代山西粮价统计中五种农作物的基本状况

粮食市场价格的波动主要受粮食供给量和粮食需求量的左右，封闭地区的粮食供给量与农作物的生长分布特点息息相关，需求量则和该地粮食作物在百姓生活中的主要用途有关。因而对山西省粮食价格的研究，首先要了解清代山西粮价统计中五种农作物的基本状况，包括其生长分布特点和主要用途。另外，在道光时期由于战争和饥荒等因素，山西省还引进了一部分经济作物，比如玉米、番薯、马铃薯和罂粟等，这些作物对于山西省粮食供需也具有一定影响。因此本节从生长特性、种植情况和主要用途三个方面描述清代山西几种农作物的基本状况。

一　生长特性

道光年间山西粮价表中的主要粮食作物为小米、麦子、荞麦、高粱、豌豆五种，基本未发生过变化。其他地区诸如奉天、安徽、陕西等地粮价表中的主要粮食作物在道光年间都新增了其他品种的作物，如黄豆、黑豆、玉米、红薯等，从此可以看出其他地区的粮食贸易和百姓的生活消费结构发生了变化，而山西可能并没有发生变化或者变化不明显。

组成环境的因素，都影响作物的发育。不同的作物生长需要不同的环境条件，植物有机体在整个生命活动过程中，不断从环境中吸取物质进行新陈代谢，使体内积累了生长所需的物质和能量。因而在对植物的种植情况分析之前我们需要明确各种经济作物的生长特性。

（一）麦子

麦子，单子叶，是一年生禾本科植物。茎秆中空，有节。叶长披针形。穗状花序称"麦穗"，小穗两侧扁平，有芒或无芒，其颖果即麦粒。麦子起源于温带，适应性较强，"不甚耐涝，故高地为宜"。[①] 可春播也可秋种，是北方人民主要的粮食之一。古代用的麦种存在休眠期，其生长期可分为：幼苗期、分蘖期、生长期、抽穗期、灌浆期、成熟期。按播种期分冬麦和春麦。春麦抗旱能力强，株矮穗大，生长期短，通常于3-4月播种，7-8月成熟，生育期短，100天左右；冬麦抗寒能力强，一般是10月播种，经过冬季的低温春化阶段，第二年春季5-6月份收获，生长期长达180天左右。

（二）小米

"谷，五谷中之粱也，脱壳即为粟米，亦曰小米。"[②] 小米属于谷类作物，喜温，生育期短，抗旱能力强，不怕酸碱，适应性广，对土壤要求不严，所以在中国南北干旱地区、贫瘠山区都有种植。但因抗涝能力差，土壤水分过多，会发生烂根的现象，相对而言在一些地势高的山区种植比重更大。另外，小米在苗期的耐旱性极强，能忍受暂时的严重干旱，需水量仅占全生育期需水量的1.5%；拔节至抽穗期需水量最多，占全生育期需水量的50%-70%，此期缺水会造成"胎里旱"和"卡脖旱"，减少小花小穗数量，产生大量秕谷；开花灌浆期要求天气晴朗，土壤湿润，干旱或阴雨都会影响灌浆。按成熟迟早可分早、中、晚三熟；以籽粒黏性可分糯粟和粳粟。一般而言4月上旬或5月上旬（谷雨前后）播种为宜，花期为5-8月，11月至次年1月盛产。

（三）高粱

高粱，又作蜀秫、苗秫，"一名稻秫，来自蜀"，[③] 属一年生草本植物。

---

① 觉罗石麟修，储大文纂《山西通志》卷四十七，雍正十二年（1734）本。
② 觉罗石麟修，储大文纂《山西通志》卷四十七，雍正十二年（1734）本。
③ 觉罗石麟修，储大文纂《山西通志》卷四十七，雍正十二年（1734）本。

高粱在山西又称稻黍，民间多称之为茭子。秆较粗壮，直立，基部节上有支撑根。叶鞘无毛或稍有白粉；叶舌硬膜质，先端圆，边缘有纤毛。高粱喜温、喜光，原产热带，在生育期间所需的温度比玉米高，并有一定的耐高温特性，全生育期适宜温度20℃－30℃。高粱是 C_4 作物，全生育期都需要充足的光照。高粱属于短日照作物，任何品种在短日照处理下都能加速发育。高粱根系发达，根细胞具有较高的渗透压，从土壤中吸收水分能力强。同时，茎、叶表有一层白色蜡质，干旱时能减敏感，具有很强的耐旱、耐寒、耐盐碱、耐瘠薄和抗涝能力，无论是贫瘠土壤，还是盐碱之区都可生长。清时山西高粱品类甚多，根据种植时间可分为早林、晚林两类，每类又分多种，名称众多。

（四）荞麦

荞麦，也作甜麦、乌麦、三角麦等，是一年生草本植物。荞麦是短日照作物，"密种则实多，稀则少，八、九月熟"。[①] 荞麦喜凉爽湿润，是需水较多的作物，需水量比黍多两倍，比小麦多一倍。种子萌发时约需吸收其自身干重50%的水分，从开花到收获比出苗到开花需水要多一倍，其蒸腾系数一般为450－630。要求空气相对湿度不能低于30%－40%。不耐高温、旱、风，畏霜冻，积温1000℃－1500℃即可满足其对热量的要求。种子在土温16℃以上时4－5天即可发芽；开花结果最适宜温度为26℃－30℃，当气温在－1℃时花即死亡，－2℃时叶甚至全株死亡。因而通常"立秋前后下种"。[②] 此外，荞麦的优点在于对土壤要求不高。根系弱，种子顶土力差，要求土层疏松，以利幼苗出土和促进根系发育。生殖生长迅速，吸肥力强，适于新垦地种植。

（五）豌豆

豌豆为一年生或两年生攀援草本，高80－180厘米，全株绿色，光滑无毛，被粉霜，是长日照植物，喜冷冻湿润气候，耐寒不耐热，幼苗能耐5℃低温，生长期适温12℃－16℃，结荚期适温15℃－20℃，超过25℃受精率低、结荚少、产量低。豌豆根系深，稍耐旱而不耐湿，播种或幼苗排

---

① 包世臣：《齐民四术》卷十二。
② 汪灏：《广群芳谱》卷七《谷谱》。

水不良易烂根，花期干旱授精不良，容易形成空荚或秕荚。多数品种的生育期在北方比南方短。南方品种北移提早开花结荚，主要是北方春播缩短了在南方越冬的幼苗期，故在北方，豌豆的生育期分为三种，早熟种65－75天、中熟种75－100天、晚熟种100－185天。此外，豌豆对土壤要求不严格，在排水良好的沙壤上或新垦地均可栽种，以疏松含有机质较高的中性（pH 6.0－7.0）土壤为宜，有利出苗和根瘤菌的发育，土壤酸度低于pH 5.5时易发生病害和降低结荚率，应加施石灰改良。高山地区以及中国北方通常冬春播夏收，"豌豆春冬种，冬种者较多"。[1]

（六）经济作物

道光时期存在于山西省境内的经济作物主要是玉米、番薯、马铃薯和罂粟，其中玉米、番薯和马铃薯这三种经济作物都是原产自中南美洲的域外作物，明清时期先后传入我国，清代以来逐渐成为重要的粮食作物，使粮食作物的构成发生了重大变化。另外，清代山西是私种鸦片的著名产区，[2] 这对农业环境的影响巨大。

玉米，又叫玉荞、玉蜀黍、御麦、苞米等，"其苗叶胥似高粱，穗如秕麦，叶旁别出一苞，垂吐白须，久则苞坼子出，颗颗攒促，俗名玉林"[3]。玉米是喜温作物，全生育期要求较高的温度。但同时玉米也是短日照植物，在短日照（8－10小时）条件下就可以开花结实，并且对土壤要求不十分严格。土质疏松、深厚，有机质丰富的黑钙土、栗钙土和砂质壤土，pH值在6－8范围内都可以种植玉米。玉米的植株高，叶面积大，因此需水量也较多。玉米生长期间最适宜降水量为410－640毫米，干旱会影响玉米的产量和品质。一般认为夏季降水量低于150毫米的地区不适于种植玉米，而降水过多，影响光照，会增加病害、倒伏和杂草危害，也影响玉米产量和品质的提高。

番薯是一年生草本植物，喜温、怕冷、不耐寒，适宜的生长温度为22℃－30℃，温度低于15℃时停止生长。番薯喜光，是短日照作物，每天日照时

---

① 觉罗石麟修，储大文纂《山西通志》卷四十七，雍正十二年（1734）本。

② 吴朋飞、侯甬坚：《鸦片在清代山西的种植、分布及对农业环境的影响》，《中国农史》2007年第3期。

③ 觉罗石麟修，储大文纂《山西通志》卷四十七，雍正十二年（1734）本。

间宜在 8 – 10 小时，耐旱适应性强，土壤持水量宜控制在 60% – 70%，耐酸碱性好。其根系发达、吸肥能力强，宜选择土层深厚、土壤疏松、土质良好、灌排能力强、pH 值在 4.2 – 8.3 之间的土地。

马铃薯又称地蛋、土豆、洋山芋等，是喜欢低温的作物。其地下薯块形成和生长需要疏松透气、凉爽湿润的土壤环境。马铃薯对温度的要求：块茎生长的适温是 16℃ – 18℃，当地温高于 25℃ 时，块茎停止生长；茎叶生长的适温是 15℃ – 25℃，超过 39℃ 停止生长。

罂粟是一年生草本植物，果实球形，花果期 3 – 11 个月。果中乳汁干后俗称鸦片，可以入药，久食易上瘾。喜阳光充足、土质湿润透气的酸性土壤。不喜欢多雨水，但喜欢湿润的地方，所以多种植在日照充足，土壤富含养分，海拔在 900 – 1300 米的地区。

二 分布情况

山西自然条件复杂，为各种作物的生长都提供了有利条件。在山西省主要的轮作制度有一年一获制和两年三获制，两年三获制主要分布于黄河中下游地区，其他地区以一年一获制为主。晋北地区，地广人稀，农田面积较大。但是耕种条件相对落后，山地和坡地居多导致土地贫瘠、水资源短缺，水土流失严重；晋中地区人地比例较为适中，并且有适合耕种的平地和二阴地，但水资源仍稍显不足，制约着当地农业的发展；晋南和晋东南地区则显得人多地少，不足耕种，但相对而言土壤肥沃，水利设施充足，更适合发展农业。不同的自然环境条件决定了不同作物的分布情况。

（一）麦子

山西普遍种植麦子，明代已经是"燕、晋、豫、鲁诸道，悉民粒食小麦居半"了。但由于自然条件等因素的影响，山西各州府的种植情况存在着不可忽视的差异。山西麦子既有一年一获制也有两年三获制，大麦和小麦均有种植，"汾州北诸属春分前种，处暑后收，名春麦。汾州南诸属白露前种，芒种后收，名宿麦。[①] 汾州南诸属春种大麦，名春大麦"[②]。

麦子在晋中地区和晋南地区种植广泛，大麦和小麦均有涉及。山西西

---

① 汉武帝曾下令劝各郡种宿麦（因种收隔岁，故号宿麦）。

② 觉罗石麟修，储大文纂《山西通志》卷四十七，雍正十二年（1734）本。

南汾河、涑河沿岸蒲州、绛州、平阳府诸府州，地处河谷盆地，引灌方便，且热量丰富，这些地方的作物一般可两年三熟，一些地方"良田一岁两收"。蒲州府各属几乎皆大量种麦，临晋县的百姓乾隆时就以麦作为主要的食物，一日三餐都要吃麦。万泉县"农家以麦为主"，① 绛州各地也是以大麦、小麦为主要的食物。据光绪十四年（1888）去游历的牧师巴格纳尔称，平阳府各地的主要作物为小麦及大麦。民国 6 年（1917）《乡宁县志·物产》记载，当地"如农人种田百亩，大率以五十亩种麦"，② 平阳府属的浮山县种麦亦颇多。由此可见这些地区种麦之多。

汾州以北的朔平、大同、宁武诸府，地接塞北，"寒早春迟"，大多只宜种植春麦。不过多数州县"地土沙碛硗泂"，加以气候干燥，对小麦生长不大有利，所以虽有种植，比重甚小。

（二）小米

清代小米在山西的种植分布广泛，小米"有早谷晚谷二种，早谷以六十日为率，宜旱田，晚谷以一百二十日为率，宜水田。汾州北诸属胥三四月种，汾州南诸属胥五六月种"。

道光年间种植小米最多的地区为晋北和晋东南地区。谷类作物适宜山地寒旱环境，因而晋北处于山地的各州县大多以谷类为农产的大宗，粟、黍、穈等种植甚多。寿阳县每百亩种麦不过三五亩，主要种植粱、穈等。据民国 6 年《乡宁县志》载，当地百姓人百亩之田，常以"二十亩种黍谷，三十亩种杂粟"，③ 足见谷类比重之大。晋东南太行山地的潞安府更因"惟黍稷为宜"，成为山西重要的粟谷产地，每次收获大量输往太原以南、汾州以东的地区，所出的"潞州黄"米色蜡黄，颗粒圆润，是山西小米中的上品。保德州种谷亦多，其地仅黍就有红、黑、青、黄数种。

（三）高粱

高粱适应范围极广，清代山西各地遍种，不过在种植比重上还是存在差异的。"在太原属者苗低穗紧，在汾州属者苗高穗松，在平阳、绛州诸属者有早秫晚秫二种。"在晋中和晋南地区种植较多。其中，在晋南河川

---

① 《万泉县志》卷一《物产》，民国 6 年石印本。
② 《乡宁县志》卷一《物产》，民国 6 年。
③ 《乡宁县志》卷一《物产》，民国 6 年。

地带，高粱多作为麦收后的秋粮，以近河的下湿盐碱滩地种植为多。但由于这些地方盛产麦子，高粱不甚适口，所以民人所食无多，因而种植比重不大。此外，在晋北地区地土埤瘠，气候干燥，山地居多。高粱因其耐寒耐旱，而成为晋北山地大量种植的主要作物。

（四）荞麦

山西荞麦的分布很广泛，"诸属青有之"，分为红、黑、斑三种，但也多作为春夏旱后补种的作物，一般"夏种而秋成"。"麦之别种曰荞麦，夏秋种，性寒宜边地。太原、大同、朔平、宁武及吉隰泽汾近属胥有之，秋种，有红、黑、斑三种，诸属胥有之。"① 在近山的地方，也以其生长期短，"惟山田多种之"。② 晋中、晋东南及晋北的山地地区因其耐寒所以会有种植，但因荞麦"性畏霜雾，犯之歉收"的特性，不若莜麦抗寒，因而种植比重并不大。与此同时，在晋南一些地方以其易于成熟，往往麦收后也种一茬荞麦。比如晋南的平阳府、蒲州府、绛州、解州一带，稼禾两年三熟，夏季收了春麦后，会再种一茬荞麦。③ 民国6年所修《昌黎县志·实业志》载，昌黎"收麦之后，其地多种荞麦"。

（五）豌豆

清代山西豆类品种也甚为繁多，雍正《山西通志·物产略》中就载有豌豆、黑豆、绿豆等数十个品种。各地种植情况也不尽相同。但通常分布于晋南和晋东南地区的河谷平原地区，常常与玉米、高粱等间作套种。此外，在晋西北地区和晋北地区的朔平、大同、代州和保德州的一些地方也有种植，通常于3月与麦子同时播种，但种植量极少。

（六）经济作物

就目前所见的方志中，最早记载有玉米的是康熙十一年（1672）编纂的《河津县志》。后期玉米以其产量较高得以广泛传播，至清末的光绪年间玉米在山西已经相当普遍，"处处有之"。④ 道光时期玉米在山西的分布

---

① 觉罗石麟修，储大文纂《山西通志》卷四十七，雍正十二年（1734）本。
② 《昌黎县志·实业志》，民国6年（1917）本。
③ 丁福让：《山西农书〈马首农言〉评价》，山西省图书馆，1982。
④ 曾国荃等修《山西通志》卷一，光绪十八年（1892）本。

差异很大，晋南和晋东南的河谷地区，玉米多是"麦收后种之，为秋粮之一"。[1] 但是由于玉米的产量优势在河谷地区得不到重点发挥，并且口感次于麦子，因而种植比重并不大，"多为园地艺之补麦缺"。[2] 晋北地区的朔平、大同、宁武等州府也有种植，但因水资源稀缺，因而虽种无多。晋中和晋东南地区的山地则是玉米的主要种植区，如五台山一带，玉米是农作物的大宗。[3]

番薯在道光年间山西的分布范围有限，因其生长所需的温度条件特殊。晋南和晋东南地区因其温度稍高，种植稍广，但也不多。

与此相对，马铃薯在道光年间的山西则种植极广。晋北地区因其寒冷贫瘠，是马铃薯种植最多的地区，产量可达"每亩多至二千斤"。[4] 其次是在晋南和晋东南的山地地区略有种植，但种植比例不是很大。

鸦片在山西种植时间最早为道光十一年（1831），大面积种植在咸丰之后。道光年间鸦片种植在山西的分布并不均匀，一般而言，晋中和晋北要高于晋南和晋东南地区。根据对县志等资料的查阅，我们发现主要种植罂粟的州县为广灵、徐沟、左云、清源、太古、沁源、襄垣、忻州、武乡、安邑和屯留等。

三　主要用途

某种粮食的市场需求与它在人们日常生活中所扮演的"角色"有关，作为主粮的粮食自然需求就会相应地高，并且需求弹性也会越小。而作为辅粮或者粮食替代品的粮食的需求量则与主粮的价格息息相关，因此对粮价问题进行研究还需要明确各种粮食的主要用途。

（一）麦子

大麦和小麦作为麦子的两个种类在人们的生活中用途并不相同。"五谷之最贵者有大麦、小麦二种，大麦作粥饭殊滑，蘖可为饧。小麦皮薄多白面，食之宜人。"[5] 大麦口感滑腻，常用作煲粥或者煮饭；小麦多磨成面

---

① 民国《新绛县志》卷四。
② 道光《大同县志》卷八。
③ 光绪《五台县志》卷二。
④ 光绪《天镇县志》卷四。
⑤ 觉罗石麟修，储大文纂《山西通志》卷四十七，雍正十二年（1734）本。

粉，烹制成各种面食来食用。在山西境内，晋南河谷地区皆以麦子为主食。临晋县在乾隆时就"以麦为常食，三餐不可或缺"。① 相反，地处晋北地区的朔平、大同、宁武诸府，民间很少以麦子为常食，各属白面"惟朔望令节始一食之"。② 位于晋东南和晋中山区的各州县，因种植较少，口感较好，民人则视麦面为上品，仅为待客饷宾之用。

（二）小米

晋北地区以小米为主要粮食，当地"民食以粟为主"。③ 而在晋南和晋东南地区，"谷之粘者曰秫，有黄秫、黑秫、龙爪秫诸胥，可酿酒。昔陶渊明官田种秫即是物也"。④ 小米可以酿造酒、醋，五粮液、汾酒以及南方人喜欢喝的黄酒、山西陈醋的主要原料都是小米。

（三）高粱

高粱是在晋北近边府州和晋中地区民人的常食之一。"粒无壳者米硬，可为粥；有壳者米软，可为酒醋。"⑤ 在晋南河川地带，多作为麦收后的秋粮，以近河的下湿盐碱滩地种植为多。但这些地方盛产小麦，高粱不甚适口，民人所食无多，以之酿酒或造醋，因而比重不会很大。"潞安诸属复编秸为箔以造屋"⑥。在晋东南地区高粱的秸秆是建造房屋的主要材料，因而高粱多作酿造和建筑的材料使用，生活中高粱多为辅粮。

（四）荞麦

荞麦因其性寒温，适口性较差且产量不高，除少数地区外，大多以其为灾后救荒补种的作物，种植面积很不稳定。不过荞麦"易长易收"，在旱涝灾害十分频繁的河北地区，常可起到灾后救荒的作用，官方每于灾后倡导民人补种荞麦。如乾隆三十五年（1770），乾隆传诏，着有司借籽种给民人待水灾退后补种荞麦救荒。⑦

----

① 乾隆《临晋县志》卷四。
② 光绪《天镇县志》卷四。
③ 光绪《天镇县志》卷四。
④ 觉罗石麟修，储大文纂《山西通志》卷四十七，雍正十二年（1734）本。
⑤ 觉罗石麟修，储大文纂《山西通志》卷四十七，雍正十二年（1734）本。
⑥ 觉罗石麟修，储大文纂《山西通志》卷四十七，雍正十二年（1734）本。
⑦ 《清高宗实录》卷八百六十三。

（五）豌豆

"豌豆有白绿二种者，味甘，作羹佳。"[1] 晋南和晋东南地区的河谷平原地区，豌豆与玉米、高粱等间作套种，民人多造酱做腐，少作粮用。晋北地区山地种豆较多，以之为杂粮。如平陆县"黄豆、黑豆为州豆类亦作杂粮多种之"。晋北所产以黑豆居多，据乾隆三十二年（1767）的奏报，大同府及浑源州仓中就有黑豆两万余石，而豌豆则主要是作为做酱原料或者蔬菜使用的。

（六）经济作物

清代玉米逐渐发展成为我国人民的主要食粮，大面积栽培种植。清代道光年间吴其濬所著的《植物名实图考》就记载说："玉麦，陕、蜀、湖皆曰苞谷，山氓恃之为命。"光绪十八年（1892）的《长治县志》也有"御麦，今潞属广植，每灶必需，以饼与粥糜同煮，谓之疙瘩"的记载。在晋南和晋东南地区的河谷，"豫黍所产不多"[2]，在当地粮食的构成中地位也不突出，"本地人只作为辅助食物"[3]。晋东南和晋南的山区玉米则是人们的常食之一，例如地处太行山区的潞安府各属玉米是当地的主食，人们"每炊必需，团为饼与粥同煮，谓之圪垯；属榆皮和之，切为条子，谓之拨子"[4]。

马铃薯在晋南和晋东南的河谷地区主要是作为蔬菜来种植的，在晋中和晋东南的山区则作为粮食种植。此外，在晋北地区，马铃薯和莜麦是最为主要的粮食，[5] 民人"赖以此为养命之源"[6]。

番薯主要是作为辅粮出现在山西境内的，种植量不多。至于鸦片则是完完全全作为经济作物来获取经济收益。

总体而言，道光年间山西省自然条件自西北向东南逐渐更加适宜农作物生产，农作物分布和用途也随地区变化而各不相同。晋北地区气温较低、土地贫瘠、水利欠发达，雹灾较为严重，种植条件较差，粮食生产能

---

[1] 觉罗石麟修，储大文纂《山西通志》卷四十七，雍正十二年（1734）本。

[2] 光绪《孝义县志》卷四。

[3] 道光《大同县志》卷八。

[4] 觉罗石麟修，储大文纂《山西通志》卷一，雍正十二年（1734）本。

[5] 光绪《天镇县志》卷四。

[6] 民国《马邑县志》卷一。

力较低。小米、高粱和马铃薯种植较多，荞麦、玉米略有种植。人们以小米和马铃薯为主要粮食作物，以高粱为常食，番薯为辅粮，豌豆为杂粮或蔬菜，麦子主要用于节庆场合，荞麦用于灾后救荒补种，罂粟为经济作物；晋中地区自然条件一般，主要受雨雪灾害的影响严重，但水利灌溉出色，种植条件较晋北地区好。区域内以高粱为主要粮食作物，玉米在山地地区种植较多，麦子、荞麦略有种植。人们以高粱为主要粮食，马铃薯和番薯为辅粮，麦子用以招待宾客，荞麦用于灾后救荒补种，罂粟为经济作物；晋南地区土地肥沃，水田居多，水利条件好，主要灾害为雪灾和霜冻，农业生产水平较高。河谷地区麦子种植广泛，高粱、豌豆和玉米均有种植，但产量不大，马铃薯略有种植，番薯也有一定种植。河谷地区人们以麦子为主食，玉米为辅食，山区人们以玉米为主食，区域内总体以番薯为辅粮，小米、高粱用以酿酒醋，豌豆用于造酱做腐，马铃薯为蔬菜，罂粟为经济作物；晋东南地区自然条件与晋南地区基本相近，水肥并进、精耕细作，气温较高，利于光合作用和物质积累，农业生产水平较高，但水涝灾害和霜雪灾害较多。种植作物以高粱为多，小米、番薯有一定种植，马铃薯、荞麦略有种植，山地多种玉米，河谷种植少量豌豆和玉米。河谷地区以高粱为主要粮食，玉米、番薯为辅食，马铃薯为蔬菜，山区以玉米为主食，马铃薯、高粱、番薯为辅食，区域内总体以麦子招待宾客，小米用以酿酒醋，荞麦用于灾后救荒补种，豌豆用于造酱做腐，高粱秸秆还可用于建造，罂粟为经济作物。

第二章 清代影响山西粮食需求的社会因素

道光朝作为古代的结尾和近代的开端，其间经历了鸦片战争，列强侵入中国，中国被迫打开国门，接受列强对中国大肆倾销货物，其中尤以鸦片为甚，加之清政府的妥协，割地赔款成为常态，致使大量银钱外流。在这样的大环境下，山西省的经济也受到一定的冲击。省内货币量大减，市面上银钱不敷使用，经济整体萧条，对粮食的生产造成一定的负面影响。同时玉米、罂粟等经济作物的大范围种植，抢夺了农作物的耕种地，种粮成本升高，粮食生产比较收益下降。因此，山西粮食价格会受到一定影响，而政府和民间等社会力量对于粮价机制的调节作用不可忽视。本章主要从生产要素、粮价调价机制、货币形态与购买力三个方面对山西省的社会经济状况进行描述。

第一节 生产要素

在清道光年间，中国社会仍处于自给自足的小农经济状态，以家庭为生产、生活的基本单位，精耕细作仍是当时的生产主流。"20 世纪以前，实际上整个中国经济几乎都是农业部门。其他部门不是为农业部门服务，就是从它那里取得原料。"① 农业作为当时的第一大产业，其发展在整个国民经济中占有举足轻重的地位。要维系它的发展，一定的生产要素是必需的。一般而言，劳动者和生产资料（土地、厂房、机器设备、工具、原料等）是物质资料生产的最基本要素，这是因为不论生产的社会形式如何，

---

① 〔美〕珀金斯：《中国农业的发展：1368－1968 年》，宋海文等译，上海译文出版社，1984，第 1－3 页。

它们始终是生产不可缺少的要素，前者是生产的人身条件，后者是生产的物质条件。威廉·配第（William Petty）曾在其经济著作选集中提出："土地为财富之母，而劳动则为财富之父和能动的要素。"由于土地的重要性，所以本节对其他生产资料不做详细描述，主要就劳动者（即人口）与土地（即田地）对道光年间山西省的经济状况做一简单的说明。延续上文中对山西省区域的划分，本章将山西省分为晋中、晋北、晋南、晋西北、晋东南五大区域。其中因为归绥道数据缺失，故下文的讨论中对晋西北不做考虑，只考虑晋中、晋北、晋南、晋东南地区。

一　人口问题

古人对于人口增长有着谜一样的崇信，他们喜欢用人口数量来判断一个区域的经济，甚至是社会状况的好坏。诚然古时战争灾荒不断，医疗卫生条件又差，在无法保证人口寿命、质量的情况下，人口数量是限制经济发展的最重要条件。然而在18、19世纪，随着社会大发展，大机器生产等现代化生产方式的出现，对于生产力发展的要求远大于人口，人口激增反而成了经济增长的负担。西方用技术跳出了马尔萨斯人口陷阱，中国却沉浸于人口增长而洋洋得意，错失了发展的机会。

人口意味着需求，人口的变动与粮食需求变动关系密切。对于当时人口情况的描述有助于第四、五章分析影响因素的展开，本节我们主要从统计制度、时间和区域三个方面来描述山西省的人口情况，以期对道光时期的人口情况有一个大致的了解。

（一）人口统计制度

清朝的人口统计制度不够完善，从康熙开始一直在改革，乾隆尤盛。乾隆皇帝力求掌握全体民数，而非仅仅是人丁[①]数。"令各督抚，即于辛酉年（1741）编审后，将各府州县人丁，按户清查，及户内大小各口一并造报。"[②]在实行过程中，因工程繁复且对百姓滋扰甚是严重，故根据现成的保甲册[③]

---

① 指成年男子。
② 《钦定户部则例》卷四《户口》，乾隆四十一年（1776）本。
③ 清代按保甲编制的户口册。清制，每户有门牌，凡各户家长姓名、职业及男丁之数均登录其上，有迁移、变更则随时报明。然后依门牌为根据，登造户籍册。居民铺户造立循环簿二册，按年更换。客店、车行、庵观、寺院则设立清册，每隔两月更换一次。

稽查。"直省各州县设立保甲门牌，土著流寓，一切胪列，原有册籍可稽。若除去流寓，将土著造报，即可得其数目。"但只报"土著"不报"流寓"的规定，必然使上报人口大大低于实际人口。康熙之后由于摊丁入地政策的普遍实行，人丁编审失去了其原有的财政意义，在乾隆三十七年（1772）永行停止。与此同时，保甲制度逐渐完善，之后由"按户定丁"改为依照保甲册籍上报，一定程度上由编审人丁到清查民数，统计对象有所扩大，但统计方法的准确性较之前大打折扣。

道咸同三朝，大多重申前朝政令，或稍做修补，唯税收一项有所变化。[①] 道光年间的人口统计制度基本稳定，有记载称，"户部则例记载直省民数由督抚统计所属各州县查具实在民数，于每年十月同谷粮数一并造册报给户部，若造报不实则对该督抚予以议处。凡州县造报每岁民数，按现行保甲门牌底册统计，不用挨家挨户细查花名。如果藉端滋扰或科派者参究，若奏报逾限者即行查参。至从前五年一次编审增益人丁造册奏报之处，永行停止。历年布政司册开归绥道各厅，俱系内地民人，出口种地，并无土著，毋庸造报"[②]。

（二）时间延续上的变动

清自康熙五十年（1711）滋生人丁永不加赋，乾隆二十四年（1759）复均入地粮。清道光年间全国已基本完成摊丁入亩的税制改革，取消了人头税，一定程度上放开了对农村人口的限制，促进了人口的增长，尤其是自耕农[③]人口。表 2-1 可以看出清朝前期［顺治、康熙、雍正、乾隆（初、中期）］山西省人丁变化的情况。以顺治十八年（1661）为基期，康熙二十四年（1685）的人丁数较之仅上升了 7.99 个百分点，雍正二年（1724）的人丁数较之上升的百分点达到 15.78，较康熙二十四年有所升高。而乾隆十四年（1749）的人丁数较之上升了 522.48 个百分点，实现了较顺治朝人丁数五倍的增长。乾隆十八年（1753）的人丁较为特殊，人丁数有所下降，但较顺治十八年仍上升了 237.93 个百分点，之后几年一直

---

① 石涛：《清史》第二十七卷《商业志·政令篇》。
② 海宁辑《晋政辑要》卷八《户口一》，光绪十三年（1887）本。
③ 以小块土地私有制为基础，以单个家庭为经济单位，从事耕织相结合的个体农业劳动的农户，其生产通常带有较大程度的自给自足性质。

维持在五倍以上的增长率。到乾隆三十二年（1767），山西省人丁数较顺治十八年几乎实现了六倍增长。在乾隆十八年山西省的县数共 1305 个，户数 38845354 户，人口数 103050000 人，每县平均 29766.55 户、78965.52 人；丁口数 5162351 人，每户平均丁口数 2.90 人。山西省在乾隆三十六年（1771）的人口数为 10626448 人，在乾隆四十一年（1776）的人口数为 12503415 人，五年内人口增长了 1876967 人，1776 年较 1771 年的增长率达 17.66%。[①] 这一时期的人丁数持续高速增长，到乾隆三十二年达到 1000 万的数量级。

表 2 - 1　清顺治、康熙、雍正、乾隆（初、中期）山西省
丁口数、占比及升降百分比[②]

年份	丁口数（人）	占全国总数百分比（%）	升降百分比（%）
顺治十八年（1661）	1527632	7.25	100
康熙二十四年（1685）	1649666	7.05	107.99
雍正二年（1724）	1768657	6.99	115.78
乾隆十四年（1749）	9509266	5.36	622.48
乾隆十八年（1753）	5162351	5.02	337.93
乾隆二十二年（1757）	9654351	5.07	631.98
乾隆二十七年（1762）	10239907	5.11	670.31
乾隆三十二年（1767）	10468349	4.99	685.27

注：升降百分比的计算以顺治十八年为基数 100。

就表 2 - 2 可以看到清朝中期（乾隆后期、嘉庆、道光、咸丰）山西省丁口[③]变化的情况。以乾隆五十一年至五十六年（1786 - 1791）平均作为基期，嘉庆十七年（1812）的丁口数较其提高了 5.39 个百分点，道光十年至十九年（1830 - 1839）平均较其提高了 11.12 个百分点，道光二十年至三十年（1840 - 1850）平均提高了 12.97 个百分点，咸丰元年（1851）较其提高了 18.09 个百分点。这一时期的人口仍在增长，只是增长速度放缓了许多。

---

① 张廷玉等撰《清朝文献通考》卷十九《户制》。
② 梁方仲：《中国历代户口、田地、田赋统计原论》，《学术研究》1962 年第 1 期，甲表 78、甲表 79、甲表 80。
③ 即男女人口。清制，凡男子自 16 - 60 岁称丁，妇女称口，合称丁口。

表 2 – 2　清乾隆后期、嘉庆、道光、咸丰山西省丁口数、
占比及升降百分比①

年份	丁口数（人）	占全国总数 百分比（%）	升降 百分比（%）
乾隆五十一年至 五十六年（1786 – 1791）	13288333 （平均）	4.47	100.00
嘉庆十七年（1812）	14004210	3.87	105.39
道光十年至 十九年（1830 – 1839）	14766100 （平均）	3.66	111.12
道光二十年至 三十年（1840 – 1850）	15011273 （平均）	3.55	112.97
咸丰元年（1851）	15692683	3.63	118.09

注：升降百分比的计算以乾隆五十一年至五十六年平均值为基数 100。

清代山西省面积约为 150984 平方公里，为了计算需要在此假定面积不变。根据前文统计到的清代人口数据得到其人口密度如表 2 – 3 所示。就表 2 – 3 来看，仍是以顺治十八年作为基期，康熙二十四年的山西省人口密度较其增长 8 个百分点，雍正二年的山西省人口密度较其增长 15.71 个百分点，仅比康熙二十四年略有上升。乾隆十八年的山西省人口密度较其增长 237.85 个百分点，实现 2 倍以上的增长。乾隆三十二年的山西省人口密度较其增长将近 600 个百分点，基本达到 6 倍的增长。嘉庆、道光年间山西省人口密度较顺治十八年的增长百分比基本恒定在 800 左右，即达到 8 倍的增长。到咸丰元年，山西省的人口密度较顺治十八年实现了 9 倍的增长。

表 2 – 3　清代山西省人口密度②

年份	人口密度（人/平方公里）	升降百分比（%）
顺治十八年（1661）	10.12	100
康熙二十四年（1685）	10.93	108.00
雍正二年（1724）	11.71	115.71

---

① 梁方仲：《中国历代户口、田地、田赋统计原论》，《学术研究》1962 年第 1 期，甲表 82、甲表 83、甲表 84。

② 梁方仲：《中国历代户口、田地、田赋统计原论》，《学术研究》1962 年第 1 期，甲表 87。

续表

年份	人口密度（人/平方公里）	升降百分比（%）
乾隆十八年（1753）	34.19	337.85
乾隆三十二年（1767）	69.33	685.07
乾隆五十一年至五十六年（1786－1791）	88.01（平均）	869.66
嘉庆十七年（1812）	92.75	916.50
道光十年至十九年（1830－1839）	97.80	966.50
道光二十年至三十年（1840－1850）	99.42	982.41
咸丰元年（1851）	103.94	1027.08

注：升降百分比的计算以顺治十八年为基数100。

总体来说，山西省人口在清代有了大幅度的增长，较顺治十八年来说，以后各朝在人口数、丁口数和人口密度方面均较顺治朝有了一定的增长。康熙、雍正、乾隆初期的增长不是很明显，增长速度也较为平缓。乾隆（中期、后期）、嘉庆、道光、咸丰年间的增长速度加快，幅度增大，基本达到5倍以上的增长率。

（三）区域间人口分布

山西省分为晋中、晋北、晋南、晋西北、晋东南五大区域。表2-4主要介绍了除晋西北以外其他四个地区的人口分布状况。就表2-4来看，太原府作为山西省省会，人口集中，有200多万，在省内各府州中人口最多。它地域辽阔，仅次于朔平府、大同府，人口密度相对也较大。朔平府在山西省内地域最为辽阔，而其人口仅为53万，是太原府人口的1/4，人口密度最小仅为19.85，是典型的地广人稀，人口分布稀松。大同府地域面积仅次于朔平府，人口76万，人口密度接近40，仅是太原府人口密度的1/3，故其人口分布相对较为分散。霍州直隶州地域面积最小，而人口为35万多，高于保德直隶州、隰州直隶州、辽州直隶州等几个小府州，而相较太原府等大府人口还是相对较少，但人口密度出乎意料的较高，达到117.05。蒲州府在省内的地域面积较小，人口相对较多，仅次于太原府、汾州府，人口密度高达423.88，省内最高，该府是典型的人口稠密地区。解州直隶州人口将近80万，相较于太原府这样人口数量在百万的大府来说较小，而相较于保德直隶州这样人口数量仅为十几万的小府来说较大，区域面积为3730平方公里，仅比省内最小区域面积大700平方公里，相对较小，人口密度相对较大，达到 214.35，仅次于人口密度最高的蒲州府。隰州直隶州在省内人口最少，仅为 13 万，地域面积居中，人口密度较低，仅为 21.28，略高于朔平府。保德直隶州在省内的人口仅为 14 万，是蒲州府人口的 1/10，而地域面积与蒲州府相差无几，仅为 3300 平方公里，其人口密度相对来说也较低，仅为 42.66，同样也接近于蒲州府人口密度的 1/10。

总体来看，山西省地区间人口数量差异较大。从人口数量来看，晋东南地区和晋北地区人口相差不多，在 230 万 - 250 万之间波动。晋南地区人口最多，达到 500 多万，较晋中地区多了近 50 万。从人口密度来看，晋南地区是山西省人口密度最大的地区，晋中地区相对人口密度较高，晋东南地区人口密度有高有低，晋北地区人口密度最低。表 2 - 5 显示了光绪十二年山西省各府州人口情况。

表 2 - 4　嘉庆二十五年山西省各州府人口密度①

	人口（人）	面积（平方公里）	密度（人/平方公里）
山西统部	14512352	171130	84.8
晋中	4534501	39600	114.51
太原府	2086640	16500	126.46
汾州府	1807377	15000	120.49
平定直隶州	640484	8100	79.07
晋南	5098382	34030	149.82
平阳府	1397546	12300	113.62
蒲州府	1398811	3300	423.88
解州直隶州	799521	3730	214.35
霍州直隶州	351147	3000	117.05
绛州直隶州	1017312	5400	188.39
隰州直隶州	134045	6300	21.28
晋北	2559731	69600	36.78
大同府	764923	19200	39.84
宁武府	238692	6000	39.78
朔平府	536066	27000	19.85

---

①　梁方仲：《中国历代户口、田地、田赋统计原论》，《学术研究》1962 年第 1 期，甲表 88。

续表

	人口（人）	面积（平方公里）	密度（人/平方公里）
忻州直隶州	366146	5400	67.80
代州直隶州	513135	8700	58.98
保德直隶州	140769	3300	42.66
晋东南	2319738	27900	83.14
潞安府	940514	9000	104.50
泽州府	899698	8700	103.41
沁州直隶州	266811	5700	46.81
辽州直隶州	212715	4500	47.27

表 2-5　光绪十二年山西省各府州人口情况①

	土著名人（户）	男女大名口（名口①）	男女小名口（名口）
山西统部	2014120		
太原府	241957	751844	681763
潞安府	237168	577307	276873
汾州府	235619	922748	743435
泽州府	173075	401788	284444
辽州直隶州	19922	49207	78949
沁州直隶州	48471	143100	73110
平定直隶州	119330	316469	284999
大同府	197674	658132	364853
朔平府	44261	105584	90733
宁武府	290577	104617	129286
忻州直隶州	55879	250753	200051
代州直隶州	69079	301966	274990
保德直隶州	26199	85974	72299
平阳府	137328	372799	239890
蒲州府	94634	299532	255554
解州直隶州	56398	195915	110982
绛州直隶州	91537	286913	233335

---

①　海宁辑《晋政辑要》卷八《户制·户口一·民数》，光绪十三年（1887）本。

	土著名人（户）	男女大名口（名口）	男女小名口（名口）
霍州直隶州	36956	135695	59357
隰州直隶州	19921	63928	31052

注：①量词，用于人。

在全国人口都有大幅度增长的趋势下，区域内的人口流动也是常事，尤其是在一些农业不发达的乡村，由于种种原因人们不得不背井离乡，外出去讨生活。或因为田地贫瘠、田赋繁重不得温饱逃往他乡，史有记载清源乡"本朝土风朴实，民性勤俭，但地薄差繁，本业不足滋生，故牵车服贾贸易远方者恒多焉"①；或因为灾害等不可抗力流亡他乡，清道光十二年（1832）的灾害叙述中，"怀仁夏旱秋蝗，流亡甚多"②；或外出经商谋生，"牵车服贾贸易远方者，恒多焉"③。因资料缺乏，故具体的人口流动数据无法得到，我们只能从史料中做定性的判断。

道光时期，晋北地区的人口流动非常普遍，有不少人来大同经商，也有不少本地人去往他乡。"而土著之民合伙贸易于邑城者甚少，大半皆往归化城，开设生理或寻人之铺贸易，往往二三年不归"④。因大同靠近口外的内蒙古地区，故本地人多前去内蒙古经商，以归化城居多。晋中地区的商业十分发达，太原、汾州的乡村商业人口遍布全国，"太原、汾州所称饶沃之数大县，及关北之忻州，皆服贾于京畿、三江、两湖、岭表、东西北三口，致富在数千里或万余里外，不资地力"⑤。由此我们可以看出，晋中地区的乡村商业流动范围很大，百姓不远万里出外谋生，其足迹遍布京城、内蒙古等地，主要靠从事商业活动致富。同时太原府作为省会也有很多其他地方的乡村人口来到这里，"省城居民商贾匠作外，多官役兵丁以及外方杂处乔寓类"⑥。晋东南地区的乡村人口流动规模小于其他地区。晋南的乡村人口流动基本保持稳定持续的增长。地方志中还有对单个人的个

---

① 光绪《补修徐沟县志》卷四十五《人物》。
② 张杰：《山西自然灾害史年表》，山西省地方志编纂委员会，1988，第 344 页。
③ 光绪《清源乡志》卷十《风俗》，《中国地方志集成》，凤凰出版社，2005，第 468 页。
④ 光绪《左云县志》卷一《风俗》，《中国地方志集成》，第 137 页。
⑤ 光绪《五台新志》卷十二《生计》，《中国地方志集成》，第 468 页。
⑥ 道光《阳曲县志》卷二《舆地图下》，《中国地方志集成》，第 80 页。

案记载："董广和，董家营人，父裕山客敦煌二十八年，无音。董永升，黑城营人，服贾……贾明业，南尹村人，幼贫奔走他乡。"①

总体来说，山西各地的乡村人口流动情况不一样，晋北地区的乡村人口大多是流向口外的内蒙古地区；晋中地区的乡村人口大多从事商业活动，流动范围最为广泛，全国各地都有他们的足迹；晋南地区的乡村人口主要流向河南和陕西；晋东南地区的乡村人口流动范围较小，主要在山西境内。②

二 田地与田赋

山西省总体来说土地贫瘠，相对的各区域土地情况又有所差别，我们延续上文对山西省区域的划分，从田地制度、亩数方面分别对各区域的田地情况做一描述。

（一）田地制度

中国古代实行家国一体，以伦理纲常作为联系纽带，以忠孝大义作为约束标准，把国家当作家庭来考虑，大家长说了算，也就是政府管辖一切。古代中国作为一个高度集权的国家，在一定程度上已经形成了一套完善的田地使用监管办法。

清代土地有旗地③、屯田④、学田⑤、牧厂地和更名地⑥之别，但均属于封建国家土地所有制形式，统称"官田"。官田以外为"民田"，即民间生产种植且任其买卖的土地。另外清代有田与地之分，"凡地之垦者曰田，田亦曰地。注云：南方曰低田为田，高田为地。北方曰水田为田，余者为地。其民间旱地愿改作水田者，听民自便，钱粮仍照旱田科则。若水田减则者，照所减之则征纳"⑦。清对田地有上、中、下的划分，不同等级的田

---

① 光绪《补修徐沟县志》卷四十五《人物》。
② 刘焕波：《清代山西乡村人口流动》，硕士学位论文，陕西师范大学，2007。
③ 中国清代统治者拨归皇室、赐予勋贵，或授予八旗官兵等的土地的总称。
④ 衙所军队占有的田地改归州县管辖的土地。
⑤ 指书院和州县官办学校所用的田地。
⑥ 清代民田的一种，亦称"更名田"。明代分封给宗室藩王、勋戚大臣以大量田地，有王庄、畿辅皇庄、官庄、赐田等名称。清康熙八年（1669），将这些土地编入所在州县，给民为业，征收赋税，叫做更名地。
⑦ 海宁辑《晋政辑要》卷八《户制·户口一》，光绪十三年（1887）本。

地产量不同，相应的征粮数也不尽一样。例如山西蔚州百姓种地有上中下三等，收获亦有上中下三等，约计丰年上地每亩收八九斗，中地次之，下地又次之。清雍正十二年（1734）、嘉庆三年（1798）编订山西赋役全书，对上中下地亩数以及每亩田地征赋科则都有详细记载，有的县甚至详细到对土地等级细分的记载。①

清代有明确的土地清丈流程，《晋政辑要·户制》"田赋"中附有同治六年（1867）介休县高崇基清丈土地章程。且对于土地丈量的度量衡有如下的规定："凡丈地，五尺为弓，二百四十弓为亩，亩方十五步又三十一分步之十五百亩为顷，顷方一百四十步又三百九分步之二百八十四"，"量田以营造尺。五尺为步；阔一步，长二百四十步为亩；百亩为顷"。由此基本可以判定以百亩为顷，下文中的田地数据换算均使用此标准。

（二）田地亩数变化

清廷初入关时放纵旗兵大肆圈地，同时由于明末清初大规模战争，全国境内多地荒人亡、民穷财尽，甚至社会动荡。为休养生息，安抚民众，清政府于康熙二十四年（1685）废除"圈地令"，奖励垦荒，并以垦荒多寡考核官吏，"有田功者升，无田功者黜"。所垦荒地，"通计十年，方行起科"。同时大力推行屯田，并将明时分封给藩王的田地收回归入所在州县，分给农民耕种。由此山西的大批流民垦荒获地，耕地面积不断扩大，农业生产逐渐得到恢复。康熙五十年（1711）实行滋生人丁永不加赋的政策，乾隆二十四年（1759）复均入地粮。清道光年间全国已基本完成摊丁入亩的税制改革，进一步提高了农民生产的积极性。同时从康熙朝始，山西农村还在明代基础上整修了一系列水利工程，开凿了大批新的井渠堤堰。乾隆《太原府志》载，府内各州县有大小堤渠400余条。乾隆以后，允许官田买卖，因此官田数量不断减少，民田大增。雍正时，山西农村土地兼并之风已起，乾隆时大盛。此时期，大量晋商参与了土地兼并。嘉庆、道光时，山西拥有万亩、十万亩以上土地的大地主，大多是商人兼地主性质，他们一方面鲸吞着农民的小块土地，另一方面又大量购置"官田"而排斥着国家土地所有制。这一时期清政府和地主阶层对农民残酷剥

---

①　石涛、马国英：《清朝前中期粮食亩产研究述评》，《历史研究》2010 年第 2 期。

削，加之自然灾害频发，大批农民失去田地，被迫逃亡他乡。

山西省共有太原、潞安、汾州、泽州、大同、朔平、宁武、平阳、蒲州九府、辽沁平忻代保解绛霍隰十州并二厅。原额民地并河滩河淤地35950348亩，屯地并河滩衙所归并地5012693亩，更名地1197936亩。还有其他种类的田地，如更名本折赡田、军租地等，这里不再赘述。新收赋役全书载山西九府十州顺治六年（1649）至嘉庆二十五年（1820）间开垦民地并河滩河淤地6182234亩，屯地并河滩衙所归并地1790323亩，更名地122518亩。开除《赋役全书》内载山西省九府十州乾隆二十七年（1762）起至嘉庆二十年（1815）止豁免民地并河滩河淤地113208亩，屯地并河滩衙所归并地70658亩，更名地18111亩。

如表2-6所示，以顺治十八年作为基期，康熙二十四年的田地数较其增长的幅度为9.16%，雍正二年的田地数较其增长的幅度为20.73%。乾隆十八年的田地数较为特殊，较顺治十八年有所下降，下降幅度达到近20%。嘉庆十七年较顺治十八年有所增长，增长幅度较之前进一步扩大，达到了35.53%。之后咸丰元年、同治十二年和光绪十三年的田地数较顺治十八年的增长幅度基本保持在30%左右，光绪十三年的增长幅度较高，几乎达到40%。总的来说，山西田地数整体维持增长的趋势，且增长的幅度一直在扩大，由最初的10%左右到最后的40%左右。只是其中乾隆十八年的田地数是下降的，比较特殊。

表2-6　清代山西省田地亩数

年份	田地（亩）	占全国的百分比（%）	升降百分比（%）
顺治十八年（1661）	40787125	7.42	100
康熙二十四年（1685）	44522136	7.33	109.16
雍正二年（1724）	49242560	6.81	120.73
乾隆十八年（1753）	33979419	4.62	83.31
嘉庆十七年（1812）	55279052	6.99	135.53
咸丰元年（1851）	53285401	7.04	130.64
同治十二年（1873）	53285401	7.04	130.64
光绪十三年（1887）	56609070	6.21	138.79

注：升降百分比的计算以顺治十八年为基数100。

就田地今额来看，其中太原府田地数是全省最多的，达到 578 万亩，汾州府的田地数仅次于太原府，为 509 万亩。其余各州府中，田地数超过 400 万亩的仅有两个，分别是大同府和平阳府，均接近于 500 万亩。田地数超过 300 万亩的州府数也不是很多，有 4 个，分别是朔平府、蒲州府、绛州直隶州和潞安府。仅有 3 个州府田地数达到 200 万亩，分别是代州直隶州、解州直隶州和泽州府。其他州府的田地数略高于 100 万亩或低于 100 万亩，保德直隶州田地亩数最少，仅为 3 万亩左右（见表 2 - 7）。

表 2 - 7　光绪十三年山西省各府州田地、田赋统计①

地区		田地（亩）		田赋	
		旧额	今额	银（两）	粮（石）
	各府合计	42452238	47618565	490417	115783
晋中	太原府	5603098	5781067	1765	26474
	汾州府	4508738	5093651	70237	-
	平定直隶州	983165	1063894	20225	2357
晋北	大同府	3673608	4895050	70	19972
	朔平府	2156992	3064115	2783	15486
	宁武府	1128472	305297	3420	22591
	忻州直隶州	1139164	1542312	47092	2745
	代州直隶州	1774004	2096521	24646	9787
	保德直隶州	30774	30881	5157	2837
晋南	平阳府	4419783	4760030	1034	4765
	蒲州府	3008372	3388352	87138	5277
	解州直隶州	2045292	2332777	28084	66
	绛州直隶州	2954871	3422562	59924	332
	隰州直隶州	473129	502742	21134	-
	霍州直隶州	761775	867058	23555	75
晋东南	潞安府	3353329	3789282	2620	2562
	泽州府	2538659	2729612	63074	422
	沁州直隶州	831168	1067801	16670	-
	辽州直隶州	1067845	885561	11789	35

① 因资料缺乏舍去归化城、绥远、托克托、清水河、萨拉齐、和林格尔六厅。

我们用人口和土地的比值可以衡量一个地区内人口和耕地关系的紧张程度。从表2-8看，由山西是一个封闭地区的假设，我们可判断0.28应该是当时一个处于均衡状态的人地关系比例值。与之相比可以发现，晋北地区人地关系最为宽松，一方面，该地区耕地充足，粮食生产能力较强，另一方面，较少的人口以及较大的人口流出决定了该区域的粮食需求量也不会很大，因而该区域粮食供过于求。晋中地区人地关系略微紧张，一方面耕地较多，粮食生产能力较强，另一方面这一地区的人口也相对较多，人口流动频繁，粮食需求量较大，因而粮食呈现轻微的供不应求。晋南地区耕地面积最大，但同时也承载了最多的人口，因而人地比例呈现略微紧张的关系，粮食市场供不应求；晋东南地区人地关系略微宽松，人口相对于土地而言还在可以承载的范围之内，粮食供过于求。但需要注意的是，晋东南地区人口分布不均匀，潞、泽地区人口稠密，粮食生产能力和需求都比较大，其他地区则人口较为稀疏，粮食生产能力和需求都较小。特别的是，晋北保德州的人地关系比值达到了4.56，远大于其他地区的数值。这与保德州本身的地理位置有关，该州的耕地面积极少，因而这里我们不将保德州包括在全省对比的范围之内。

表 2-8　光绪十三年山西省各府州① 人地关系比统计

	人口（人）	耕地面积（亩）	人地关系比（人/亩）
山西统部	14512352	50366240	0.28
晋中	4534501	11938612	0.38
太原府	2086640	5781067	0.36
汾州府	1807377	5093651	0.35
平定直隶州	640484	1063894	0.60
晋南	5098382	15273521	0.33
平阳府	1397546	4760030	0.29
蒲州府	1398811	3388352	0.41
解州直隶州	799521	2332777	0.34
霍州直隶州	351147	867058	0.40

① 因资料缺乏舍去归化城、绥远、托克托、清水河、萨拉齐、和林格尔六厅。

	人口（人）	耕地面积（亩）	人地关系比（人/亩）
绛州直隶州	1017312	3422562	0.30
隰州直隶州	134045	502742	0.27
晋北	2559731	14681851	0.17
大同府	764923	4895050	0.16
宁武府	238692	3052972	0.08
朔平府	536066	3064115	0.17
忻州直隶州	366146	1542312	0.24
代州直隶州	513135	2096521	0.24
保德直隶州	140769	30881	4.56
晋东南	2319738	8472256	0.27
潞安府	940514	3789282	0.25
泽州府	899698	2729612	0.33
沁州直隶州	266811	1067801	0.25
辽州直隶州	212715	885561	0.24

第二节　粮价调节机制：仓储

　　清代对市场物价的调控主要有两个方面的措施，即调拨物资以求达到平价和官府限定价格。朝廷注重对粮食价格的调控，通过仓储体系的日常运作及调拨漕粮、鼓励流通等手段，力图把粮食价格控制在较为合理的范围内。本节主要就清代调节市场粮食价格的主要手段——仓储做一简单的描述。其中常平仓是作为朝廷专门用于平抑粮价而设定的，它是粮价运行机制中不可忽视的方面。道光年间山西粮食仓储量的增减情况怎样，政府是否具有通过仓储调节市场粮价变动的能力，从常平仓粮食储存量与实际的存支情况中或许可以找到一些线索。

一　仓储制度

　　清代用于调节市场的仓储主要有两类：以常平仓为主体的官仓体系和以义仓、社仓为主体的民仓体系。历代常平仓都直接受制于中央，服从于中央，以坚持地方化为主，以近民便民为宗旨。清初除各直省普设常平仓外，边远地区也不例外，一直深入到旗民、军丁、屯户之中。义仓和社仓虽是由民间筹办，却也要接受官府的干预。清代义仓大多设于市镇，分商义仓和民义仓两种。商义仓由商人捐银购谷存贮，用来救济城市贫民和赈济灾民，起调剂粮食市价的作用，晋商是其中不可忽视的力量。民义仓是由一般民众捐资设立的，其性质和社仓相似，不过比社仓设立的更为分散，专为救济而用。

仓储体系除可用于备荒、赈灾外，亦可调节平常年份市场价格。遇到灾荒时可开仓放粮，赈济灾民。平时则加强对常平仓的日常维护，市场价高则平价卖出陈粮，价低则买进新粮，一定程度上也可以打击奸商囤积居奇。

清廷入关伊始，顺治元年（1644）七月即有人上奏："开支廪讫，明朝旧制，每学各拔秀异者，官给廪善，所以施文艺劝进修典甚巨也……兹请一如明制，自本年七月为始照旧开粮。在京者户部支给，在外者州县官于现征粮中首给此项，不得已时方草创，藉口稽延。"[1] 这里虽未直接指明是什么仓，但已经透露出承袭明制并在明制基础上恢复、整饬仓储的含义。事实上，明末设置的常平仓虽因战乱有一定损坏，但仍有余存，因此顺治四年（1647），"以江西水旱，发仓米三千余石减价平粜"[2]，数量虽不算多，却已是在开常平仓赈济。就当时的社会经济条件来看，国家缺乏一定的社会基础，加之国家战火不绝，决定了当时常平仓无论建仓规模，还是存储数量都极其有限。因而在清初的大部分地区，常平仓只零散存在着，有近乎无。

顺治十一年（1654），国家局势稍定，有关社会保障性措施才又被重新提上日程，"其直省常平、裕备等仓，命各道员专管，每年造册报部"[3]；十二年（1655）下诏，"常平之法，米贱则增价以籴，米贵则减价以粜，官民俱便，历代行之，未常有改"[4]。十七年（1660），制定常平仓具体办法：

① 《明清档案》第1册，清顺治元年七月十八日《顺天学政曹溶启本》，中研院历史语言研究所，1987。
② 张廷玉等撰《清朝文献通考》卷三十四《市粜》。
③ 赵尔巽：《清史稿》卷一百二十一《食货·仓库》，中华书局，1992。
④ 《清世祖实录》卷八十八，顺治十二年正月壬子。

春夏出粜，秋冬籴还。平价生息，务期便民。如遇凶荒年分，则按数给散灾户贫民。①

至康熙朝，又进一步确定了常平仓管理职责，并建立起仓储体系。康熙十八年（1679），题准地方官整理常平仓，每岁秋收，劝谕乡绅士民捐输米谷；② 乡村立社仓，市镇立义仓，推举本乡敦重善良者负责管理，春季青黄不接时借贷，秋收时偿还，每石取息一斗。年底时，州县将借还数目呈报上级。存储粮食多者，管仓人给予顶带。如有官吏克扣，依照侵欺钱粮例处分。强派抑勒，借端扰民者，亦治罪。③ 十九年（1680），谕常平仓留本州县备赈。④ 这样，清朝常平仓的建设和发展，渐入正轨。三十年（1691），规定直隶各县捐输粮食的存储比例：大县存五千石，中县四千石，小县三千石。如果遇到荒歉，即从此项中散给，仓储内的余粮于每年三、四月，照市价平粜。⑤ 次年（1692），又议定各省常平仓照直隶各州县额定标准贮藏米石，各州县有升迁事故离任者，照正项钱粮交代。总的来说，自康熙二十二年（1683）统一台湾之后，全国形势稳定下来，社会经济开始复苏，常平仓与其他政治经济措施一起，不断得到完善和发展，形成一套较完整的制度，在一定程度上发挥了其应有的作用。

道光朝，京通二仓仓储不能足额，岁岁告急，存谷仅够一年支取。⑥ 常平仓的亏空也更加严重，由于平粜中的各种弊病日益严重以及仓谷缺乏，常平仓平抑粮价的作用更加有限，尤其是一遇灾歉，米价大涨。道光九年（1829），吉林三省，粮价昂贵，平粜仓谷。福建省福安县，米价增昂，发仓谷平粜。⑦ 十七年（1837），陕西省葭县、榆林、怀远、肤施、甘泉、宜川、延川、延长、安定、安塞、保安、定边十二州县，平粜仓谷。⑧ 二十七年（1847），山西省辽州、代州、绛州、解州、临汾、襄陵、洪洞、浮山、太平、曲沃、翼城、宁乡、长治、襄垣、灵丘、广灵、阳高、阳

---

① 光绪《钦定大清会典事例》卷二百七十五《户部·蠲恤·平粜》。
② 光绪《钦定大清会典事例》卷一百九十三《户部·积储·义仓积储本》。
③ 张廷玉等撰《清朝文献通考》卷三十四《市籴》。
④ 张廷玉等撰《清朝文献通考》卷三十四《市籴》。
⑤ 光绪《钦定大清会典事例》卷一百九十《户部·积储·常平谷数》。
⑥ 《皇朝经世文编续编》卷四十三《户政十五·仓储》。
⑦ 光绪《钦定大清会典事例》卷二百七十五《户部·蠲恤·平粜》。
⑧ 光绪《钦定大清会典事例》卷二百七十五《户部·蠲恤·平粜》。

城、永济、猗氏、荣河、万泉、武乡、安邑、夏县、芮城、河津、闻喜、灵石二十九州县，平粜常平仓谷。① 二十九年（1849），湖南斗米须千文。② 咸同光三朝，仓制混乱不堪，积钱不积谷，渐成风气。清末期对于全国大多数地区来说，经济的稳定器仓储制度已经名存实亡。

二 储量问题

仓储是粮价运行机制很重要的方面，其中常平仓是政府官仓，故本节将其作为研究对象。道光年间山西粮食仓储量的增减情况怎样，政府是否具有通过仓储调节市场粮价变动的能力，从常平仓粮食储存量变化情况或许可以找到一些线索。本节只做简单的描述，具体的情况见本书第四章。

就表2-9来看，全国常平仓总额在乾隆十三年（1748）、乾隆三十一年（1766）和嘉庆十年（1805）较乾隆十年（1745）均有所增加，道光十五年（1835）、咸丰十年（1860）和光绪三十四年（1908）较乾隆十年均有所减少，尤其在咸丰十年和光绪三十四年减少幅度特别大，最大幅度由乾隆十年的将近3000万石下降到光绪三十四年的300多万石。大体可以说常平仓储在乾隆时期达到高潮，在嘉庆、道光时期是一个发展的阶段，在咸丰、光绪时期是一个衰退的阶段。

表2-9　全国常平仓储总额变化情况

单位：万石

时间	乾隆十年	乾隆十三年	乾隆三十一年	嘉庆十年	道光十五年	咸丰十年	光绪三十四年
总额	2800	3379	3134	2941	2400	523	348

额存与实存之间有出入，且乾隆十三年在制定额数时，多以雍正年间的数据为依据，且之后各朝又以此定额为准，故表面上的额存数字变化不大。而实存数字因为各种客观和主观因素的存在，统计数字与实际数字也有一定的出入，故数字只能在一定程度上予以参考。

---

① 光绪《钦定大清会典事例》卷二百七十五《户部·蠲恤·平粜》。
② 《皇朝经世文编续编》卷四十三《户政·仓储》。

就表 2-10 来看，甘肃、陕西、山东、河南、山西的常平仓储总额均高于其他省份，尤其是甘肃省在各朝的常平仓储总额多高于其他省份。山东省仅次于甘肃省，山西省的常平仓储总额在全国范围内居中。同时，各省常平仓储总额在嘉庆十七年（1812）多较康熙六十年（1721）、乾隆十三年（1748）有大幅度的增长。其中直隶、山东、河南的常平仓储总额在清各朝之间变化幅度不大，直隶基本稳定在 200 万石左右，山东省的常平仓储总额除在康熙六十年达到了 470 万石外，其他时候基本稳定在 200 万-300 万石之间，河南省的常平仓储除在康熙六十年在 100 万石左右、光绪三十四年为 25 万石外，其他各朝基本稳定在 200 万-300 万石之间。浙江、陕西、贵州的常平仓储在各朝之间的变化幅度明显很大，尤其在嘉庆十七年到光绪三十四年的变化幅度特别大，数量降低了一个数量级。例如，陕西的常平仓储额由嘉庆十七年的 300 万石降低到光绪三十四年的 9 万石，浙江的常平仓储额由嘉庆十七年的 290 万石降低到光绪三十四年的 3 万石。

表 2-10　全国主要省份常平仓储额变化情况

单位：万石

省份	康熙六十年（实存）	乾隆十三年（额存）	乾隆三十一年（实存）	乾隆五十四年（额存）	嘉庆十七年（实存）	光绪三十四年（实存）	宣统二年（实存）
直隶	160	215	197	147	210	–	–
山东	470	295	256	–	290	–	–
河南	130	231	239	232	270	25	–
山西	40	131	230	–	220	41	–
四川	–	102	185	–	280	43	–
江西	–	137	134	140	130	16	–
浙江	–	280	53	324	290	3	–
云南	–	70	84	91	160	28	–
贵州	–	50	176	30	200	33	–
广西	–	127	138	–	110	–	600 余石
陕西	散赈	273	215	345	300	9	–
甘肃	–	328	183	656	60	–	–
新疆	–	–	–	–	–	59	–

从地理位置看，东北、西北、西南几处为仓储紧要之地。康熙二十四年（1685）、二十五年（1686），时值沙俄疯狂扩张、侵犯中国之际，朝廷先后下令在山海关、古北口、张家口、黑龙江墨尔根等地盖仓贮米。西北军事重地，更历来为关注重点，康熙四十二年（1703）朝廷下令陕甘积贮仓谷，四十三年（1704）令增储，雍正十年（1732）、乾隆二十六年（1761）地方与中央官员都多次上奏，议令多建、多储。西南地区地势险峻、舟楫不通，加之特殊的气候，都使其对仓储有着较强的需求。

从总体上看，清代常平仓的发展大致可分三个时期：顺治朝至康熙中期为恢复、创建时期，康熙朝后期经乾隆朝的发展高潮，到道光末年为发展时期，自咸丰至清末为衰落时期。从局部看，常平仓谷额在政治、文化中心与产谷地区比较稳定，如直隶、山东、河南、山西、四川、江西等地。在谷少和边疆地区变化幅度较大，如浙江、贵州、陕西、甘肃。这些变化规律一方面显示仓储与国家全局的联系，一方面也正说明仓储功能在不同情况下的一定功效。其中，清代常平仓在分布上的特点是点面结合、广泛分布。作为一种地方仓储机构，清代常平仓大面积分布在全国各地大小府州县内，比以前历朝历代都更具有普遍性，而各地区间地理位置、自然条件、生产力水平等诸多显著的差异，又使常平仓的分布重点突出。有点有面，便更利于相互协济，彼此响应。

山西全省一共有160个厅州县设置了常平仓。表2-11主要介绍了乾隆四年（1739）山西省各府的仓储情况。

表2-11 乾隆四年山西省各府的常平仓的仓储情况

地区		共额设谷数量（石）
晋中		579155
	太原府	302000
	汾州府	181155
	平定直隶州	96000
晋北		447000
	大同府	113000
	朔平府	98000

地区		共额设谷数量 （石）
	宁武府	52000
	忻州直隶州	70000
	代州直隶州	74000
	保德直隶州	40000
晋南		557030
	平阳府	201030
	蒲州府	89000
	解州直隶州	73000
	绛州直隶州	85000
	霍州直隶州	46000
	隰州直隶州	63000
晋东南		309851
	泽州府	74000
	潞安府	129851
	沁州直隶州	50000
	辽州直隶州	56000
晋西北	归绥道	50000
军需		100000
山西省		2043036

太原府的常平仓储最多，达到 30 多万石。平阳府仅次于太原府，达到 20 多万石。汾州府达到 18 万多石，潞安府将近 13 万石，大同府是 11 万石。其他州府都在 10 万石以下或接近 10 万石。保德直隶州的常平仓储最少，仅有 4 万石。霍州直隶州略高于保德直隶州，达到 4.6 万石。归绥道和沁州直隶州均为 5 万石。综合来看，晋中地区常平仓储较为丰富，晋南地区仅次于晋中地区，晋东南地区常平仓储最少，晋北地区高于晋东南地区，但远小于晋中和晋南地区。

进一步，我们假设道光朝的人口、土地以及田赋数据与光绪十三年（1887）没有太大出入，仓储制度沿用乾隆四年（1739）时的制度，可以探讨不同地区人均仓储量、地均缴纳仓储量的情况。

表 2 - 12 光绪十三年山西省各府州①人均仓储量统计

	人口（人）	仓储量（石）	人均仓储量（人/石）
山西统部	14512352	1893036	7.67
晋中	4534501	579155	7.83
太原府	2086640	302000	6.91
汾州府	1807377	181155	9.98
平定直隶州	640484	96000	6.67
晋南	5098382	557030	9.15
平阳府	1397546	201030	6.95
蒲州府	1398811	89000	15.72
解州直隶州	799521	73000	10.95
霍州直隶州	351147	46000	7.63
绛州直隶州	1017312	85000	11.97
隰州直隶州	134045	63000	2.13
晋北	2559731	447000	5.73
大同府	764923	113000	6.77
宁武府	238692	52000	4.59
朔平府	536066	98000	5.47
忻州直隶州	366146	70000	5.23
代州直隶州	513135	74000	6.93
保德直隶州	140769	40000	3.52
晋东南	2319738	309851	7.49
潞安府	940514	129851	7.24
泽州府	899698	74000	12.16
沁州直隶州	266811	50000	5.34
辽州直隶州	212715	56000	3.80

从表 2 - 12 可知，全省范围内，晋北地区人均仓储量较小，为 5.73 人/石，晋中地区的人均仓储量为 7.83 人/石，比较接近全省平均值，晋南地区人均仓储量最多，达到了 9.15 人/石，晋东南地区的人均仓储量为 7.49 人/石。可以看出，从需求方面而言，晋北地区的粮食储备能力较差，应对灾

---

① 因资料缺乏舍去归化城、绥远、托克托、清水河、萨拉齐、和林格尔六厅。

荒的能力较弱，晋南地区的粮食储备能力较强，应对灾荒的能力较强，晋中、晋东南地区居中。特别的，仓储能力较强的汾州府、蒲州府、解州、绛州和泽州府抗灾能力突出。

表 2-13 光绪十三年山西省各府州①人地关系比统计

	耕地面积（亩）	仓储量（石）	地均缴纳仓储量（亩/石）
山西统部	50366240	1893036	26.61
晋中	11938612	579155	20.61
太原府	5781067	302000	19.14
汾州府	5093651	181155	28.12
平定直隶州	1063894	96000	11.08
晋南	15273521	557030	27.42
平阳府	4760030	201030	23.68
蒲州府	3388352	89000	38.07
解州直隶州	2332777	73000	31.96
霍州直隶州	867058	46000	18.85
绛州直隶州	3422562	85000	40.27
隰州直隶州	502742	63000	7.98
晋北	14681851	447000	32.85
大同府	4895050	113000	43.32
宁武府	3052972	52000	58.71
朔平府	3064115	98000	31.27
忻州直隶州	1542312	70000	22.03
代州直隶州	2096521	74000	28.33
保德直隶州	30881	40000	0.77
晋东南	8472256	309851	27.34
潞安府	3789282	129851	29.18
泽州府	2729612	74000	36.89
沁州直隶州	1067801	50000	21.36
辽州直隶州	885561	56000	15.81

从表 2-13 可以看出，晋北地区地均缴纳仓储量最高，为 32.85 亩/

---

① 因资料缺乏舍去归化城、绥远、托克托、清水河、萨拉齐和林格尔六厅。

石，其次是晋南地区的 27.42 亩/石和晋东南的 27.34 亩/石，这三个地区的地均缴纳仓储量超过全省均值，接下来是晋中地区的 20.61 亩/石。因而从供给的角度来看，则是晋北地区、晋南地区和晋东南地区的粮食储备能力较强，应对灾荒的能力也较好，晋中地区的粮食储备较低，灾害抵御能力较差。特别的，汾州府、蒲州府、解州、绛州和泽州府在这一标准下同样呈现出较强的仓储能力和抗灾能力。

第三节　货币形态与购买力

清代实行银钱并行的双本位制度，加之道光年间鸦片战争的爆发打开了中国的国门，外国资本和商品涌入中国，中国由之前的贸易顺差逐渐转变为贸易逆差，使得大量白银外流。清政府为维持市面上不变的货币储量，遂大量印发制钱，致使银钱比例失衡，银、钱的购买力也随之发生变化。钱由于面值小、易携带兑换，故其主要用于百姓的日常交易或者零售批发，其购买力的变化势必对百姓生活产生一定影响。货币是商品的一般等价物，也是价值的特殊表现形式。

一　道光时期货币概述

道光时期，山西地区流通多种货币，其中主要包括三种：制钱、白银以及纸币。本部分讨论的纸币主要是指由多个机构出具的，可以兑换成制钱或白银的符合规范的纸质票据。

铜钱又称为制钱，采用范制，以铜为主，配合铅、锌、锡等金属铸成。清代各个时期的铜钱重约为一钱，由于钱范粗糙，所以仿铸比较容易。也有民间以粗铜私自铸钱，伪造货币进入流通。

白银以纹银为单位，纹银并不是一种确切的大量流通的货币，而是一种抽象化的货币，纯度为 93.5374%。但是这个纯度在实际流通中比较少，以元宝（又称宝银）为主。白银的纯度分为足宝、二四宝至二七宝等。足宝为纹银，二四宝银相当于五十二两四钱纹银，其余则依此类推。

白银根据重量分为四种：重五十两的元宝（又称马蹄银）、重约十两的中锭（又称小元宝）、重一至五两的小锭（又称锞子）和重量在一两以下的散碎银子。道光年间各个地区开始出现大量的银元，其中最多的是西班牙银元，但是山西地区的银元比较少，主要以银锭为主，所以我们暂不讨论银元。白银因成色不同，所以在流通中需要相关的经验以及技能分辨其具体价值。

清代山西境内的粮食价格以银作为统计单位，各省每月都需要向中央汇报当地的粮价。但是实际上用银作为计量单位有很多的限制，一来银的价格较高不便于日常使用，二来流通中银的成色、重量各不相同，流通不便。故当时的白银主要用于国家税收、支付官吏经费以及大宗商品的贸易，而日常贸易中以制钱为主。

清代道光年间并没有官方认可的纸币，但是不可忽视当时"纸币"的影响。清朝仅在咸丰时期以及末期发行过官方的纸币。清代，在民间有6种左右的机构可以出具有一定信用且可以兑换成银钱的纸质票据，这些票据有广泛的认可度，同时有一部分进入了流通领域。虽然它们并非货币，但是实际上确实对经济生活起到了促进作用。所以此处讨论货币流通时没有将这些"纸币"排除在外，而是会在本节第三部分进行讨论。

清代铸钱事宜主要由钱局统管。清朝初期山西省的钱局主要有两个——山西省局与大同府局。其中，山西省局与太原府同时监铸，大同府局由于"戊子之变"而迁到阳和改为阳和镇局，顺治十三年（1656）又迁回大同，中间多次停铸并再次启铸，直至康熙十年（1671）停铸并且至清末再未启铸。雍正元年（1723），山西省奉命改山西省局为"宝晋局"，之后的官方制钱均产自宝晋局。宝晋局以三十天为一卯，一年分为十二卯，每卯都有固定的产出，整体的铸造工艺均为范铸，并没有大的变动。

道光时期宝晋局的铸钱形势趋于艰难。由于中外贸易量的增加以及鸦片输入的增多，国内的白银大量外流。由于山西省缺少铜矿，需要从云南运输滇铜或者由商人从河南或者陕西采办，故整个道光时期仅道光九年（1829）至道光十一年（1831）以及道光二十三年（1843）至咸丰六年（1856）运行铸炉，当时的铸炉仅四座。由于银价上涨以及铜料缺失，当时的钱法已经开始混乱。政府对于银钱的管控主要是通过管控制钱的数量来达到的。制钱由当地钱局铸造出来后，通过俸禄、兵饷和其他官方渠道，以钱搭银发放，并通过调整搭放的比例控制制钱的数量。钱局铸钱一方面为政府日常行政支付费用，另一方面常备铜钱以调控银钱比。但是这样的方式只能增加制钱的数量，难以自如地控制银钱两种货币的增减。

二　货币购买力变动情况

购买力是指单位货币在一定价格水平下能买到的商品数量。比如说清朝某一年某种粮食的价格是 2 两/石，且该价格是用银来衡量的。该价格意味着每石粮食可折算成 2 两白银，或可表述为 2 两白银能购买到 1 石粮食，即 1 两白银能购买 0.5 石粮食。那么此时白银的购买力就是 0.5 石，因此我们可以说粮食价格指数的倒数就是白银的购买力。如果知道某一年的银钱比以及粮价，就能计算出制钱的购买力。而白银主要用于大宗商品即批发交易，而制钱主要用于商业零售活动即百姓日常交易，如此通过制钱比和粮价变化就能明确制钱购买力变化。

现在有道光三十年间每一年的银钱比数据、山西省 20 个府五种粮食（小米、麦子、豌豆、高粱、荞麦）每一年最低价、最高价的粮价数据，其中用 pps_i 代表每一年的银钱比值，用 p_i 代表每一年的价格指数，用 q_i 表示制钱的购买力，那么三者之间的关系式为 $q_i = 1/p_i \times pps_i$，可以通过上述银钱比、粮价、制钱购买力三者之间的关系，计算出每一年的制钱购买力。

在衡量粮食价格波动的情况中，可以通过计算"价格指数"来计算粮价整体的波动情况，即五种粮食在 1821 – 1850 年每一年的价格加权平均后得到的数值。但是在实际计算中，发现可以用五种粮食在某一年中各自的产量乘以粮食价格来推导权重。但是文史资料中难以找到山西省全面且连续的产量数据，所以，我们通过各种粮食的边际替代率来代表百姓对于各种粮食的需求，以这个需求来代替粮食的产量。这样的计算存在一个假定前提，那就是在山西省内，由于道路运输不便，整个粮食贸易是相对封闭的，所以当时的粮食价格在长期来看是可以达到供需平衡的。粮食的价格水平指数就可以通过下面的公式进行计算：

$$Y_1 = \frac{1}{\dfrac{1}{A_{11}} + \dfrac{1}{A_{12}} + \dfrac{1}{A_{13}} + \dfrac{1}{A_{14}} + \dfrac{1}{A_{15}}} \times \left(\frac{a_{i1}}{A_{11}} + \frac{a_{i2}}{A_{12}} + \frac{a_{i3}}{A_{13}} + \frac{a_{i4}}{A_{14}} + \frac{a_{i5}}{A_{15}} \right) \qquad (2-1)$$

$$Y_2 = \frac{1}{\dfrac{1}{B_{11}} + \dfrac{1}{B_{12}} + \dfrac{1}{B_{13}} + \dfrac{1}{B_{14}} + \dfrac{1}{B_{15}}} \times \left(\frac{b_{i1}}{B_{11}} + \frac{b_{i2}}{B_{12}} + \frac{b_{i3}}{B_{13}} + \frac{b_{i4}}{B_{14}} + \frac{b_{i5}}{B_{15}} \right) \qquad (2-2)$$

$$Y_3 = \frac{1}{\frac{1}{C_{11}} + \frac{1}{C_{12}} + \frac{1}{C_{13}} + \frac{1}{C_{14}} + \frac{1}{C_{15}}} \times \left(\frac{c_{i1}}{C_{11}} + \frac{c_{i2}}{C_{12}} + \frac{c_{i3}}{C_{13}} + \frac{c_{i4}}{C_{14}} + \frac{c_{i5}}{C_{15}} \right) \quad (2-3)$$

$$Y_4 = \frac{1}{\frac{1}{D_{11}} + \frac{1}{D_{12}} + \frac{1}{D_{13}} + \frac{1}{D_{14}} + \frac{1}{D_{15}}} \times \left(\frac{d_{i1}}{D_{11}} + \frac{d_{i2}}{D_{12}} + \frac{d_{i3}}{D_{13}} + \frac{d_{i4}}{D_{14}} + \frac{d_{i5}}{D_{15}} \right) \quad (2-4)$$

$$Y_5 = \frac{1}{\frac{1}{E_{11}} + \frac{1}{E_{12}} + \frac{1}{E_{13}} + \frac{1}{E_{14}} + \frac{1}{E_{15}}} \times \left(\frac{e_{i1}}{E_{11}} + \frac{e_{i2}}{E_{12}} + \frac{e_{i3}}{E_{13}} + \frac{e_{i4}}{E_{14}} + \frac{e_{i5}}{E_{15}} \right) \quad (2-5)$$

其中 A、B、C、D、E 分别代表太原府、汾州府、大同府、解州、归绥道。1、2、3、4、5 分别代表小米、麦子、荞麦、高粱、豌豆。以太原府为例，其中 A_{11} 表示道光元年太原府小米价格的均价，取道光元年 12 个月的粮价数据求均值。下述各年粮食价格指数均采用这样的处理方法。相应的，A_{12} 表示道光元年太原府麦子价格的均价，A_{13} 表示道光元年太原府荞麦价格的均价，A_{14} 表示道光元年高粱价格的均价，A_{15} 表示道光元年豌豆价格的均价，并以上述 A_{11}、A_{12}、A_{13}、A_{14}、A_{15} 作为权重计算的标准。同理其他州府也是以第一年作为权重的标准，在以后各期的计算不再更改。a_{i1}、a_{i2}、a_{i3}、a_{i4}、a_{i5} 分别代表第 i 期小米、麦子、荞麦、高粱、豌豆的价格，i = 1，2，3，…，30，代表道光元年至道光三十年。因粮食的最低价存在政府调控、社会力量干预等因素，故使用粮食的最高价数据计算价格消费。

根据上述过程计算得到五州府道光元年到道光三十年每一年的价格指数，再对每一年粮价指数求均值得到每一年全省的粮价指数，由此得到变化的趋势（见图 2-1）。

以道光元年为基期（100），可以发现整体的粮食价格水平在道光前十年是呈现缓慢下降的趋势，在道光中期十年，粮食价格有大幅度上升，在道光十七年达到顶峰，然后在道光二十一年左右回归到道光前十年的水平。这段时间中粮食价格水平的大幅上涨，可能存在很多的原因，除了灾害等自然因素之外还有很多人为因素。关于粮价波动的影响因素我们将在第四章和第五章具体阐述，这里不展开讨论。

对于银钱比，指的是市面上银与钱的兑换比例，即一单位银可以兑换多少单位的钱，是总货币量下银与钱的比例问题，其本质上是银与钱本身

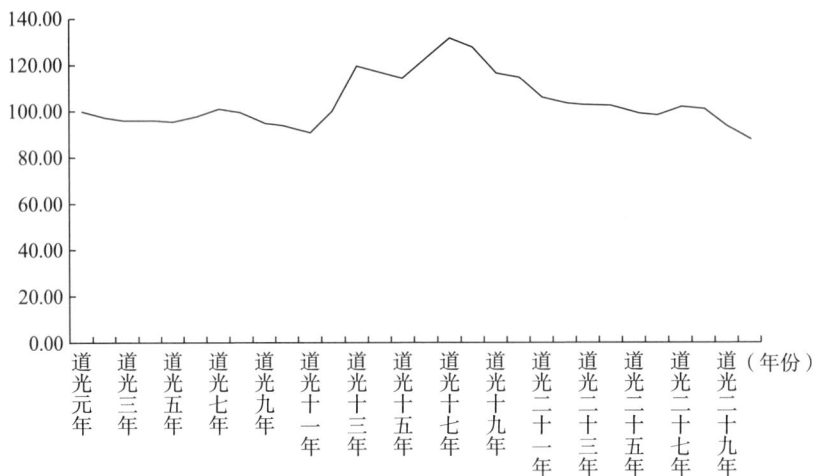

图 2 - 1　道光时期山西省粮价指数

价值的比值。其中银与钱的价值若以其他商品来衡量，就是银与钱的购买力，即单位货币在一定价格水平下所能够买到的商品数量或者支付劳动的能力。银钱比与银钱的购买力有这样的关系：银钱比 = 银的购买力/钱的购买力。

假定当期人们对于货币的需求不变，当白银外流，则市面上的货币流通量减少。设市场上流通的货币仅有两种——白银和制钱，其中银的流通量为 1，钱的流通量为 2。如果总量不变，白银外流，在市面上的流通量 1 减少，那么制钱的流通量 2 就会相应的增加。白银主要用于大宗贸易，如果人们对于白银的需求不变，而现在若白银的供给减少，就会导致白银的价格上升。制钱主要用于日常零售，如果对于制钱的需求也不变的话，若现在制钱的供给增加，则制钱的价格就会下降，银钱比就会上升。如果制钱的总量减少，且总量减少的幅度大于白银减少的幅度，则制钱的流通量也会有一定程度的减少。

咸丰年间由于太平天国阻断了山西省云南铜矿的来源，所以铜钱铸币缺少了原料，于是国家推行面值 50 文一枚的大钱，但是最终钱法大乱，银钱比大幅上涨，经济陷入混乱中。而之前的道光时期，货币流通整体继承了前期的弊端，铜材缺乏，白银不足，银钱比逐步提高。道光元年银钱比已经是 1:1200 左右，整体的变动趋势如图 2 - 2 所示。

根据图 2 - 2 我们可以发现，道光十五年至道光十八年的三年内铜钱通

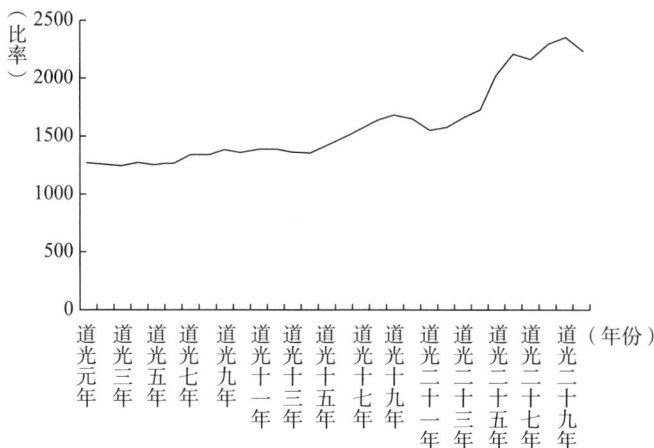

图 2 − 2　道光时期银钱比波动情况

胀上涨就已经超过了 10％，道光晚期的铜钱相当于通胀了四成有余。道光二十年银钱比有缓和的趋势可能是受到鸦片战争的影响导致贸易暂停，所以整体的白银量有所回升。但是道光二十二年也就是鸦片战争战败之后，银钱比开始加速上升，并且居高不下。

　　在这里我们补充说明一个影响银钱比的重要因素，那就是古代金融体系中的当铺。清朝各个地区拥有众多的当铺，"楚北汉口一镇，共当铺三十九座。此外，仙桃、龙坪、武穴及各州县市镇，共当铺三百八十五座"①。由于税收制度的不完善，当时当铺收益所需要交纳的税负很轻。"资数千金，课无十两"②。所以当时的当铺利润极丰，甚至有巡抚奏请将官款贷给当铺换取利益。"山西巡抚明德奏，查晋商当铺颇多，亦善营运。司库现存闲款，请动借八万两，交商以一分生息。"③ 由此可见当时当铺行业的繁荣。尤其是人们面对灾害、战乱的时候，当铺更是"生意兴隆"，人们在当铺中多典当小东西，甚至是谷物。"一遇当铺人多，则钱市唯见银多钱少，故致长价"④。所以每逢社会动荡、人民生活艰苦的时候，银价

①　《湖北巡抚晏斯盛乾隆十年正月初十奏折》，《朱批奏折财政类目录》第四册《经费　货币　金融》，中国财政经济出版社，1992。

②　《神宗万历实录》卷四百三十四。

③　《清高宗实录》卷五百一十七。

④　《户部尚书海望等乾隆三年三月初六奏折》，《朱批奏折财政类目录》第四册《经费　货币　金融》，中国财政经济出版社，1992。

可能出现下跌，而钱价可能会上升。

古代货币不同于现代的信用货币，古代货币本身存在价值，比如当铜料缺乏时，人们会通过熔毁铜钱提取铜料以制作铜制品。所以当时货币的购买力不仅仅取决于市场的波动，同时还取决于政府制度以及货币质量。顺治入关之后，铜钱定为每枚重一钱两分，顺治八年（1651）增重为一钱两分五厘，康熙二十三年（1684）增重为一钱四分，又设七钱重的轻钱，政府规定一钱重以上的制钱与银的兑换比例为一两可换 1000 文，七钱白银可换 1000 文轻钱。

道光时期山西地区相对封闭，直到民国时期，山西依旧在使用制钱，是当时全国唯一依旧使用制钱的省份。但是当时的中国，受制于国际贸易的出超，白银大量流出国门，购买力变化后，就进入了银贵钱贱的时代。

综上对于价格指数和银钱比的叙述情况，我们得到关于之前购买力的计算结果，见表 2 – 14。

表 2 – 14 道光三十年白银购买力、银钱比和制钱购买力的变动情况

年份	白银 购买力	白银购买力 升降百分比	银钱比	制钱 购买力	制钱购买力 升降百分比
1821	0.496349	100.00	1267	628.8737	100
1822	0.508575	97.60	1252	636.7357	101.2502
1823	0.514967	96.38	1249	643.1938	102.2771
1824	0.514656	96.44	1269	653.099	103.8522
1825	0.520281	95.40	1253	651.9122	103.6635
1826	0.5098	97.36	1271	647.9557	103.0343
1827	0.492921	100.70	1341	661.0066	105.1096
1828	0.49902	99.46	1339	668.1877	106.2515
1829	0.522185	95.05	1380	720.6153	114.5882
1830	0.531885	93.32	1365	726.0233	115.4482
1831	0.545671	90.96	1388	757.391	120.4361
1832	0.493914	100.49	1387	685.058	108.9341
1833	0.414663	119.70	1363	565.1854	89.87264
1834	0.425663	116.61	1356	577.1993	91.78303

年份	白银购买力	白银购买力升降百分比	银钱比	制钱购买力	制钱购买力升降百分比
1835	0.43377	114.43	1420	615.954	97.94558
1836	0.403632	122.97	1487	600.2013	95.44068
1837	0.376288	131.91	1559	586.6323	93.28301
1838	0.387202	128.19	1637	633.8497	100.7913
1839	0.425179	116.74	1679	713.8757	113.5166
1840	0.433016	114.63	1644	711.8775	113.1988
1841	0.467783	106.11	1547	723.6597	115.0724
1842	0.477904	103.86	1572	751.2656	119.4621
1843	0.483233	102.71	1656	800.2335	127.2487
1844	0.483679	102.62	1724	833.8634	132.5963
1845	0.498809	99.51	2025	1010.088	160.6186
1846	0.503806	98.52	2208	1112.403	176.8882
1847	0.486223	102.08	2167	1053.645	167.5449
1848	0.489542	101.39	2299	1125.456	178.9638
1849	0.527845	94.03	2355	1243.076	197.667
1850	0.563289	88.12	2230	1256.135	199.7436

注：白银购买力升降百分比、制钱购买力升降百分比的计算均以1821年作为基数100。

通过表2-14可以发现，整体的银钱比呈现升高的趋势。按照当时的钱法记载，每年宝晋局开局时对于铜钱发行量均有着明确的规定，每段时间的发行量是相对稳定的。

清代山西制钱的购买力有上升也有下降。其中在道光十三年到道光十七年之间有很明显的下降，较道光元年降幅在10%左右，同时在道光二十年有大幅度的上升，到道光三十年涨幅达到了最大，为99.7436%，几乎翻倍。而白银的购买力在道光前期（1821-1832年）有明显的下降，在道光十三年至二十四年（1833-1844年）白银购买力经历了一个特殊的上涨期，其中在1837年涨幅是最大的，达到了31.91%。而之后的道光二十五年到三十年（1845-1850年）有升有降，但在道光朝末期白银的购买力是下降的。"清代白银的购买力，是承继明代以来的倾向，虽然比铜钱的购买力要稳定一些，但仍有逐渐减低的趋势。"① 虽然从整个清代来看白银的购买力是逐步下降的，但是具体到个别时期以及个别地方，比如道光年间的山西，白银的购买力是上升的。其中，道光二十二年（1842）第一次鸦片战争结束后签订了《南京条约》，这个条约规定中国需要在四年内赔偿2100万银元，逾期将按照5%的利息征收。从道光二十二年开始，银价就不断上涨，单年涨幅最高超过21%，而且在道光二十七年（1847）首次出现了下跌，这个不正常的波动与《南京条约》关系非常密切，所以我们有理由相信，道光末年的白银购买力受到《南京条约》的影响，并且影响非常明显。

同时，我们也要正视自身研究的不足，这里的购买力是以粮食价格为核心数据进行计算的，但是对于当时的实际经济状况来说，存在非常多的非农产品，而且农业产品中也有很多像玉米等经济作物会影响这里的计算，比如当时山西地区将很多的土地种植鸦片，从而减少了粮食的产量。

三　纸币化及其影响

除了铜钱与白银外，清代开始出现了纸币。现在学术界对于钱票流通出现的时间依旧存在争议，但是道光年间山西地区确实已经出现了纸币，并且流通甚广。道光十八年（1838）曾有关于钱票使用的记载，"查嘉庆八、九年（1803－1804）间，每银一两易钱八九百文，彼时钱票流行已久"②。在山西票号兴起之前就存在钱庄，而且钱票早为人们所接受。道光五年（1825）以及道光十年（1830），北京出现了钱票泛滥的情况，导致钱庄倒闭，人们的钱取不出来。当时道光皇帝认为"京城内外钱铺开写钱集，既为商民两相情愿，由来日久，自应仍听其便"③。但是禁止"开写期票及注写外兑、换外票，并换某城察各等字样"④。当时的道光皇帝面对这样的局面缺乏相对应的金融理论进行指导，而反对省际汇兑，但是清末赔偿英法等国的白银却需要晋商跨省汇兑，不得不说这有些讽刺。

---

① 彭信威：《中国货币史》，上海人民出版社，2007，第572页。
② 山西巡抚申启贤复奏《钱票不能禁止及山西钞票流通情况折》（道光十八年六月二十五日），军机处录副奏折存于中国第一历史档案馆。
③ 步军统领奕经奏《北京钱票情况及严禁外兑虚票折》（道光十八年六月十八日），军机处录副奏折存于中国第一历史档案馆。
④ 步军统领奕经奏《北京钱票情况及严禁外兑虚票折》（道光十八年六月十八日），军机处录副奏折存于中国第一历史档案馆。

　　清代山西的商业比较发达，但是"西北诸省陆路多而水路少，商民交易，势不能尽用银庄；现钱至十千以上，郎须马驮车载，自不若钱票有取携之便，无盘运之烦……甚便于民"①。所以在北方，钱票承担着很重要的货币功能，而在山西钱票在商铺之间与现金有着同样的效力。"晋省行用钱票，有凭帖、兑帖、上帖名目。凭帖系本铺所出之票，兑帖系此铺兑与彼铺，上帖有当铺上给钱铺者，有钱铺上给当铺者。此三项均系票到付钱，与现钱无异。"② 在山西，钱票流通非常的广泛且频繁。

　　山西道光年间的纸币发展离不开晋商的贡献。清朝在顺治时期曾发行过官方的货币，但是由于资料的缺乏，我们对于这种纸币的了解非常有限。对于这种纸币，彭信威先生记载道："由于发行数目不多，而流通时期又短，所以重要性不大。"之后政府再次发行货币就已经到了咸丰年间，政府发行有官票宝钞。但是在道光年间，清政府并没有发行过官方的纸币。

　　总的来说，清代的纸币流通非常复杂。可以出具有效力的纸币的机构有钱庄、票号、银庄、当铺和账局等。而且，清政府曾发行过纸币，虽然严格说来，当时这些机构所发行的并不是严格意义上的纸币，但是却有一定的认可度，所以当时的流通货币量情况复杂，非常不好确定。所以我们对纸币的大量流通进行定性的分析。首先纸币的大量流通会降低白银的需求量，但是对于制钱的需求影响相对较小，因为纸币主要是进行大宗交易时的交易工具。纸币的流通将降低跨地区贸易的交易成本，缩短多个地区之间的贸易差价。结合实际来分析，当时的价格指数确实在票号大幅扩张的时候（道光后十年中）出现了明显的下降。尽管涉及的因素也包括灾害等自然因素，但是从货币的角度分析，货币的流通速度增加降低了交易成本，有助于降低粮食价格，当时白银大量流出国门，使得当时的白银供给相当紧缺，而整个的货币范围内纸币有了大幅的扩张，所以我们推断票号的出现以及繁荣对粮食价格指数有着降低的作用。

---

① 山东巡抚经额布奏《查明山东钱票情况折》（道光十八年七月初七日），军机处录副奏折件存于中国第一历史档案馆。

② 山西巡抚申启贤复奏《钱票不能禁止及山西钞票流通情况折》（道光十八年六月二十五日），军机处录副奏折件存于中国第一历史档案馆。

第三章　清代山西粮食价格的波动情况分析

粮食供给量和需求量的不断变化导致了不同粮食价格的变动，当粮食的供给量小于需求量时，粮食价格上涨；当粮食的供给量大于需求量时，粮食价格下跌。因而，研究粮食价格波动的影响因素首先必须明确粮价的波动规律和特点。但是，由于古代的度量衡以及粮价计量方法并不完善，各种统计数据之间存在着差异，因此研究粮食价格波动首先需要进行数据的预处理，包括数据以及处理数据时所使用的统计方法的选取，本章第一节主要解决这一问题。第二节则对五种粮食分别按照地区差异就粮食价格在不同时间段的波动情况进行比较分析，分为针对季节性波动分析的年内分析和针对长期性波动分析的年度分析两部分。

受自然因素影响，粮食生产有周期性，其价格受到粮食生产因素的影响。在一年中，粮食价格呈现周期性的上涨以及下跌，并且在道光三十年中上涨与下跌的频次可以体现出各种粮食的波动规律。可以发现粮价波动的时间大多提前于收获的时间，这说明当时可能存在商人影响粮食的购销，所以我们可以通过分析各种粮食在各个地区的波动情况以分析各地的粮食市场贸易。在年度分析中，将分析道光朝山西省各个地区五种粮食价格的波动特点。

第一节　粮价数据的选取及统计方法

本书采用的粮食价格数据来自于中国社会科学院经济研究所图书馆所收藏的《清代道光至宣统间粮价表》。在清代粮价奏报体系中，山西粮价奏报出现较早，在康熙年间开始出现，完善于乾隆年间，最早时只有粟米价格，之后增加了麦子、高粱、荞麦以及豌豆的价格。当时上报的粮价单为每月一次，其中包括每个月每种粮食的价格平贵程度、最高价和最低价以及与上月相比粮价的增减变化。

古代的度量衡并未完全统一。清朝实行银铜平行本位制，官方交易的基础是银。在粮食奏报体系中，货币计量单位也大多是银，即使有一些粮食价格数据用铜钱计算，但在奏呈皇帝时也必须换算为银。粮食的容量单位多种多样，各地曾经使用石、斗、地方石、仓石、京石等，尚不统一。乾隆帝在批示陕西巡抚崔纪于乾隆二年九月奏报米麦豆价时要求："以后米价当以石计，此应是对容量单位的统一规范之举。"① 至此之后，粮价单上的计量单位为两/石。多数粮价计价称量小数位精确到"分"，也有部分精确到"厘"。本书中使用的数据为精确到分的数据。

粮价奏报以省、府为单位逐级呈报。按行政区域划分，清代山西分为四个道，由北到南依次是归绥道、雁平道、冀宁道和河东道，每个道内又分为多个府州。

一 数据的选取（奏报制度和相关说明）

中国古代是农业大国，各朝各代都很重视粮食问题，特别是在清代，粮价奏报制度的形成体现了统治者对粮食价格的重视。粮食价格会直接影响消费者的消费，进而会影响粮食的销售，也会间接影响其他商品的生产和价格。在封建社会，粮食价格的剧烈波动还会对统治者的统治产生影响。因此统治者对粮食价格的重视和调控对社会稳定、人民生活质量的提高都有着重要的意义。

粮价奏报制度起源于清代，各地方官员每月将其所管辖地区主要粮食的价格进行统计核对，然后逐级上报，最终由各地的总督或巡抚向中央奏报。这种粮食价格奏报制度在康熙年间初见端倪，在乾隆年间正式形成，一直延续到清朝灭亡，共延续了170多年。在康熙年间，一些有权向皇帝直接呈递奏折的官员，便会在奏折中上报当地的粮价、雨雪及收成情况，但是当时的奏报制度并没有统一的计量单位以及统一的时间和地区等，因此康熙年间的粮价奏报制度是比较混乱的，处于萌芽阶段。

在乾隆年间，乾隆帝开始着手统一粮价奏报的时间、地区及计量单位

---

① 王道瑞：《清代粮价奏报制度的确立及其作用》，《历史档案》1987年第4期。

等，在乾隆初年逐渐形成粮价由各地区督抚按月上报，并且要将本月的粮价与上月粮价做比较，自此粮价奏报制度在乾隆初年基本确立。此后，乾隆帝逐渐确立将粮价奏报按州、府分别奏报，由最基层的县官采集粮食价格，于本省内逐级上报与核对，最后由本省总督或巡抚统一向皇帝奏报，并且通过调整上报的粮食品种，改变了当时粮食品种过于单一的情况。同时，当时的政府还通过其他渠道进行粮食价格的统计。但是在道光之后，除了巡抚以及总督，其他的官员很少再向中央汇报粮食价格。道光之后粮价数据的可信度开始下降。

粮价奏报制度的确立，进一步巩固了中央对地方政治及经济的调控，加强了中央对地方的统治。粮价奏报制度的实行，使得政府可以根据所奏报的粮价及其他相关情况对粮食进行地区间的调控，方便了政府稳定粮食价格，并且通过粮食奏报制度了解当时各个地区的经济情况。

学界现存的比较完善的数据库主要有两个，一个是汤象龙先生整理的《清代道光至宣统间粮价表》（简称《粮价表》），另一个是王业键先生整理的清代粮价资料库。《粮价表》是由汤象龙先生等学者根据故宫档案馆中道光至宣统年间的粮价清单抄录的，共约 2.5 万件。这份档案的价值不仅体现在其反映了清代道光至宣统年间粮食价格的情况，还体现在其将古代数据进行了重新的排列、校对、勘误及统计，使得整理而得到的数据更准确，更便于研究者使用。王砚峰等人曾抽取了《粮价表》中光绪三十四年（1908）元月到四月各省的全部数字与故宫博物院现存的宫中粮价原始史料进行校验，校验结果的准确率达到极高的水平。[①]《粮价表》绝大部分地区的粮价从道光元年开始截止到宣统三年（1911）六月，个别地区的数据截止到宣统三年十月，共有 1124 个月份的全国粮价数据，统计数据按照 20 世纪 30 年代抄录的原粮价档案统计数据抄录。在存疑处按照中国第一历史档案馆所藏原始粮价单，逐一核对计算，对原表中的错误进行了校正和补录。除少部分地区由于灾害、战争等原因当时的数据没有上报，以及部分地区的划分变动及原始档案数据缺失造成《粮价表》缺乏少量数据外，其余大部分地区的数据都是完整和连

续的。

《粮价表》抄本以省分册，共21个省，约450个府。我们所选取的是其中道光年间山西省的粮价数据。山西省《粮价表》的粮食品种为：小米、麦子、荞麦、高粱、豌豆，基本涵盖了当时山西省的主要粮食。粮价单是以每省每月一单的形式上报，粮价表的格式为三年一页，每年十二个月（闰年十三个月），每个月为一行，每种粮食为一列，每种粮食又分为最低、最高、较上月三列，最前列为价格平贵。《粮价表》的粮食单位为石、价格单位为两，例如道光十二年（1832）正月小米最高2.5，表示的是每石小米为2.5两白银。《粮价表》中价格平贵有贱、平、中、贵、昂、增、减等，这表示的是粮食价格的涨跌及波动水平。其中最低价一般是由政府控制，一般情况下变化幅度特别小。与上月相比的价格有正有负，0代表这个月与上个月相比没有变化，负数代表本月价格与上月相比下跌了，正数代表本月价格较上月上涨了。需要特别说明的是，一些数据仅有当月数据，而没有最高价、最低价，如宁武府的高粱价格。我们在数据选取的时候一般认为最高价是由市场决定的，而最低价是政府给予补贴或者赈济之后的价格。所以如果没有特别说明的话，本书的数据一般以最高价格为基础。

《粮价表》中的5、6两册为山西地区的粮食价格。这两册中的数据并不是完整的，为了降低之后数据处理以及分析的误差，这里将所有的缺失数据予以列举，山西省全部府州道光二十八年（1848）十一月、道光二十九年（1849）十二月五种粮食的数据缺失；保德州道光元年（1821）四月的豌豆数据、道光二年（1822）四月至八月、道光九年（1829）五月至七月、道光十年（1830）九月至道光十一年（1831）五月的小米最低价数据，道光九年（1829）十月的麦子最低价数据缺失；大同府道光八年（1828）九月、十月的小米最低价数据缺失；辽州道光十二年（1832）十一月、十二月的高粱最低价数据缺失。所有缺失的数据使用缺失前后的数据均值填补。

二　统计方法

由于粮价资料数据庞大，我们在分析的过程中首要的步骤就是对数据进行相关处理，主要用到的方法有直观分析、推估分析、计量分析以及门限检验等。下文我们将会对每个部分进行详细的论述。

（一）直观分析

本书运用了大量的折线图来说明相关问题。由于折线图是以折线的上升或下降来表示统计数量增减变化的统计图，所以不仅可以表示数量的多少，而且可以反映同一事物在不同时间里的发展变化情况。其特点是能够显示数据的变化趋势，反映事物的变化情况，从图中可以较为清楚地看出各种粮食的价格走势以及在不同时间段的变化。通过将数据进行可视化的展现，我们将对不同时间段、不同品种的粮食的价格波动有一个直观的认知。这样的分析有利于我们进一步地分析并揭示粮食价格变动的规律。如本书在本章的粮价年内分析和年度分析中，就通过绘制折线图来观察各种粮食在不同时间段的变化情况以及特点。

（二）推估分析

在分析的过程中我们有时会采用平均数的处理方法。平均数是分析社会经济现象一般水平和典型特征的最基本指标，是把全部观测值相加之后，再除以样本数量。其优点是能够反映所有样本值，缺点是如果样本中出现极大值或极小值，则平均数比较容易受极值的影响，导致最终偏离样本观测值的中心。本书在研究粮食地区差价时就用到了该方法，以人们日常食用最多的小米的价格均值代表该地区的价格水平，通过比较得出太原府所在的冀宁道为高价区，解州所在的河东道为中高价区，归绥道为中低价区，大同府所在的雁平道为低价区。

（三）计量分析

由于《粮价表》中的数据是时间序列数据，为了更加准确地反映各个地区之间的关系，我们在进行计量处理之前都先对数据进行了 X_{12} 平检，通过 X_{12} 平检消除了时间序列数据的季节性因素。

相关系数

相关系数（r）是指可以用来表示现象之间相关关系密切程度的数量关系。相关关系的数值有个范围，在 +1 和 -1 之间，即 $-1 \leqslant r \leqslant +1$。计算结果带有负号表示负相关，带有正号表示正相关。相关系数 r 的数值越接近于 1（+1 或 -1），表示相关关系越强；越接近于 0，表示相关关系越弱。计算公式为：

$$r = \sigma^2 xy / \sigma x \sigma y = \sum (x - \bar{x})(y - \bar{y}) / \sqrt{\sum (x - \bar{x})^2 (y - \bar{y})^2} \qquad (3-1)$$

当相关系数介于 0 - 0.2 之间或者 - 0.2 - 0 之间称为不足取相关，或称零相关；

当相关系数介于 0.2 - 0.4 之间或者 - 0.4 - - 0.2 之间称为低度相关；

当相关系数介于 0.4 - 0.8 之间或者 - 0.8 - - 0.4 之间称为中度相关；

当相关系数介于 0.8 - 1 之间或者 - 1 - - 0.8 之间称为高度相关。

格兰杰因果检验

格兰杰因果关系检验假设有关 y 和 x 每一变量的预测的信息全部包含在这些变量的时间序列之中。检验要求估计以下的回归：

$$y_t = \sum_{i=1}^{q} \alpha_i x_{t-i} + \sum_{j=1}^{q} \beta_j y_{t-j} + \mu_{1t} \qquad (3-2)$$

$$x_t = \sum_{i=1}^{q} \lambda_i x_{t-i} + \sum_{j=1}^{q} \delta_j y_{t-j} + \mu_{2t} \qquad (3-3)$$

其中 μ_{1t} 和 μ_{2t} 假定为不相关的。

公式（3-2）假定当前 y 与 y 自身以及 x 的过去值有关，而公式（3-3）对 x 也假定了类似的行为。

对公式（3-2）而言，其零假设 $H_0: \alpha_1 = \alpha_2 = \cdots = \alpha_q = 0$。

对公式（3-3）而言，其零假设 $H_0: \delta_1 = \delta_2 = \cdots = \delta_s = 0$。

以下分四种情形讨论：

x 是引起 y 变化的原因，即存在由 x 到 y 的单向因果关系。若公式（3-2）中滞后的 x 的系数估计值在统计上整体的显著不为零，同时公式（3-3）中滞后的 y 的系数估计值在统计上整体的显著为零，则称 x 是引起 y 变化的原因。

y 是引起 x 变化的原因，即存在由 y 到 x 的单向因果关系。若公式（3-3）中滞后的 y 的系数估计值在统计上整体的显著不为零，同时公式（3-2）中滞后的 x 的系数估计值在统计上整体的显著为零，则称 y 是引起 x 变化的原因。

x 和 y 互为因果关系，即存在由 x 到 y 的单向因果关系，同时也存在由 y 到 x 的单向因果关系。若公式（3-2）中滞后的 x 的系数估计值在统计上整体的显著不为零，同时公式（3-3）中滞后的 y 的系数估计值在统计上整体的显著不为零，则称 x 和 y 间存在反馈关系，或者双向因果关系。

x 和 y 是独立的，或 x 与 y 间不存在因果关系。若公式（3－2）中滞后的 x 的系数估计值在统计上整体的显著为零，同时公式（3－3）中滞后的 y 的系数估计值在统计上整体的显著为零，则称 x 和 y 间不存在因果关系。

第二节　粮价波动情况：以道光朝为例

本部分将通过直观的观察对粮食价格的波动情况进行分析。在分析的过程中，我们按照粮食的种类对粮食价格的波动情况进行分析，以此比较不同种粮食在全省内的差异。通过对比粮食价格的波动图分析粮食的主要波动情况。同时分析同一种粮食在不同地区在一年内的季节性波动情况以及在道光时期多年间的价格波动情况。

一　道光年间粮食价格的年内分析

（一）年内分析总述

由经济学的相关理论可知，粮价的最终形成受到诸多因素的影响。从主观因素考虑，作为农业主要的生产因素，耕地面积的大小、从事农业的人口数量以及农业生产技术水平的高低决定了粮食的产量，进而直接影响粮食交易价格的变动。从客观因素来分析，从朝代上讲，道光皇帝是清朝入关以来的第六位皇帝，其在位期间，爆发了震惊中外的第一次鸦片战争。之后，清政府又陆续签订了一系列不平等条约，对于当时民生经济产生了深远的影响。而作为内陆省份的山西，其以粮价为代表的经济数据是否会受到战争以及不平等条约的冲击，需要进行相应的比对分析。从自然角度来看，在清朝，黄河流域的水土流失、河道决堤等现象已经十分严重，包括至今困扰我国的"悬河化"问题，即因为黄河上游水土流失，河内堆积的泥沙被带到下游，又逐渐沉积下来，造成河床甚至是河流底部皆高于周围环境。有史料记载："河底已高于平地逾丈，赖堤以夹之，行全河于人家屋脊之上，断无可安心之理。"而且，山西在道光年间经历数次黄河涝灾等自然灾害，史料中也不乏相关记载。其问题之严重，到了皇帝亦惶惶的地步。据《道光年间的改革》一文记载："黄河夺淮数十年，淤垫已甚，至道光岌岌不可终日，士大夫以筹河为急务。"此外，自然灾害、战争以及替代品也都在一定程度上影响了粮食价格的变动。而且，山西当时的各种商帮也是影响粮食价格变动的重要因素，这些分析将在第四、五章具体进行。

我们首先要对山西省各个地区的粮食价格有一个整体的了解，也就是要搞清楚粮食价格的地区差价，即同种同质同地的粮食在同一时间的不同空间的价格差。我们知道不同地区之间会存在粮食贸易，粮食市场随之形成。从价格角度考虑，影响粮食市场结构的有粮食季节差价、粮食等次质量差价、粮食品种差价、粮食地区差价等方面因素，但只有粮食地区差价才直接制约和影响着粮食市场价格的波动和粮食市场的兴衰。粮食地区差价形成的因素很多，有自然环境和生产水平的因素，也有商人资本作用和空间转移流通费用方面的因素，同时也有人口密度、政府干预等因素，这一切因素综合在一起形成了粮食地区差价，从而形成了产销市场结构。①但是一个地区的粮食价格也是处在波动中的，而且在上报的奏报制度中涉及多种粮食，那么该如何确定一个地区的粮食价格，进而计算粮食的地区差价呢？

我们采用的粮价资料是道光朝时期的数据，纵观道光朝30年的粮价变化，我们发现前十年的粮价波动近乎处在一个相对平稳的状态，所以我们采用前十年粮价的平均值来作为衡量各个地区粮价水平的标准。

在地区划分上，本文采用的是行政区域划分法，因为清代的粮价奏报制度是以各省各府为单位呈报的。大同府作为山西省与直隶省的交通枢纽，是物资运输以及信息传递的重要节点，因此雁平道我们选择大同府为代表。太原府属山西省会地区，不仅有"襟四塞之要冲，控五原之都邑"的地理优势，而且还是经济贸易中心，所以我们选取了太原府的粮价数据作为冀宁道的代表。最南边是河东道，驻运城，领平阳府、蒲州府、解州、绛州、隰州、霍州。河东道按州府进行粮价奏报，在此我们选取解州的粮价数据作为河东道的代表。

① 崔宪涛：《清代中期粮食价格发展趋势之分析》，《史学月刊》1987年第6期。

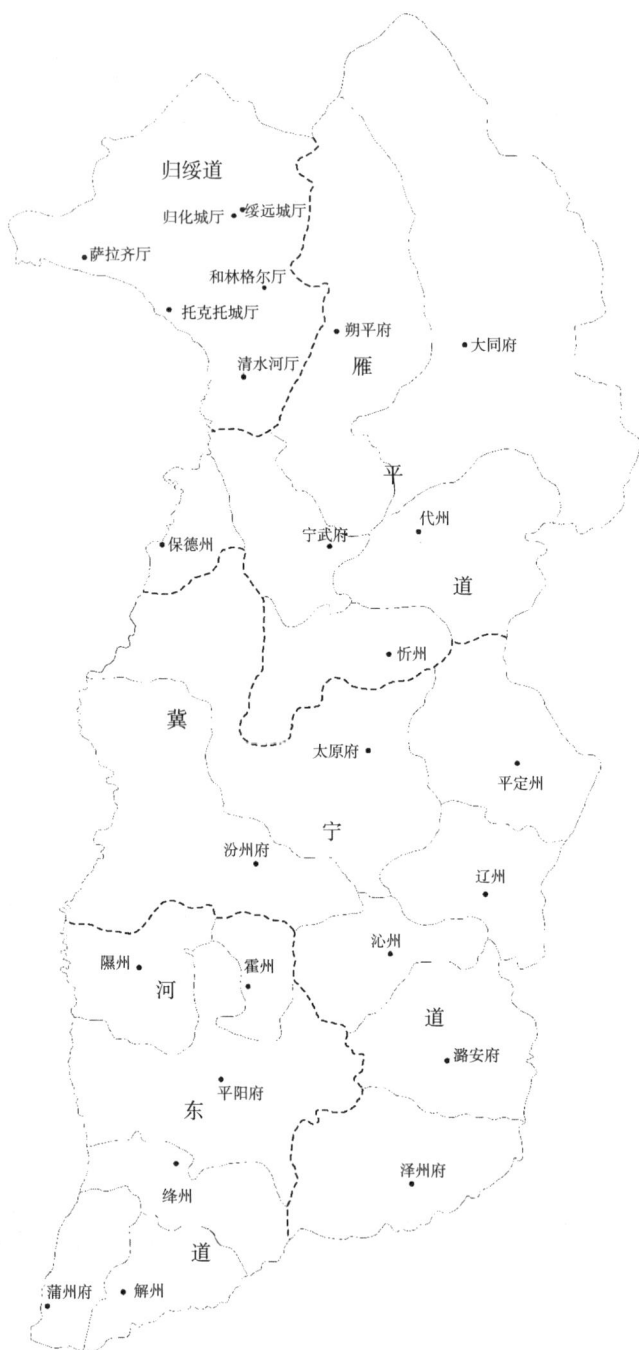

图 3-1 清代山西政区图

表 3 – 1　不同地区的各种粮食在道光前十年的平均值

单位：两/石

粮食种类 ＼ 地区	归绥道	大同府（雁平道）	太原府（冀宁道）	解州直隶州（河东道）	山西省
小米	2.52	2.10	2.68	2.55	2.46
麦子	2.16	2.48	3.09	2.69	2.60
荞麦	1.14	1.07	1.65	1.53	1.35
高粱	1.39	1.27	1.89	1.31	1.47
豌豆	1.72	1.59	2.54	2.53	2.10

如表 3 – 1 所示，我们计算出了各个具有代表性的地区在道光前十年各种粮食的平均值。可以看出归绥道的小米、荞麦和豌豆的价格均为第三高，麦子的价格最低，高粱价格为第二高；大同府的小米、荞麦、高粱和豌豆的价格均为最低，麦子价格为第三高；太原府的小米、麦子、荞麦、高粱和豌豆这五种粮食价格皆为最高；解州的小米、麦子、荞麦和豌豆价格皆为第二高，高粱价格为第三高。所以，我们可以大致这样划分：太原府所在的冀宁道为高价区，解州所在的河东道为中高价区，归绥道为中低价区，大同府所在的雁平道为低价区。将各个地区的粮食价格平均值与整个山西省的粮食价格均值做比较，能够发现归绥道只有小米的价格平均值高于整体平均值，其他四种粮食价格的平均值均低于整体平均值；大同府的五种粮食价格的平均值皆低于整体平均值；太原府的五种粮食价格的平均值皆高于整体平均值；解州只有高粱的价格平均值低于整体平均值，其他四种粮食价格平均值皆高于整体平均值。所以以上的高低价区划分仍然成立。

粮食价格对比上月来说的价格差可以说明在月与月之间的粮价波动情况，即通过价格差进行分析。表 3 – 2 中每个数字表示该地区的某种粮食这个月的价格波动次数。如晋北小米一月上涨的对应数字为 8，说明道光朝 30 年中，有 8 次一月的小米价格相对于上一年 12 月的价格为上涨。

我们以一年为一个周期，对比每年中各月的波动次数。具体的对比过程中，我们并不将波动的绝对值作为衡量的标准，而是以相对频率的高低峰作为衡量单种粮食在一年内不同季节的变化情况。除了波动的高低峰，

表 3－2　粮价波动情况统计

地区	月份	小米 上涨	小米 下降	小米 总波动	麦子 上涨	麦子 下降	麦子 总波动	荞麦 上涨	荞麦 下降	荞麦 总波动	高粱 上涨	高粱 下降	高粱 总波动	豌豆 上涨	豌豆 下降	豌豆 总波动
晋北	一月	8	10	18	4	5	9	3	4	7	7	8	15	5	6	11
	二月	13	9	22	11	7	18	6	5	11	10	4	14	8	2	10
	三月	20	3	23	12	4	16	8	2	10	15	3	18	11	2	13
	四月	16	6	22	11	6	17	5	2	7	9	0	9	9	6	15
	五月	11	7	18	10	2	12	4	0	4	13	2	15	11	5	16
	六月	13	5	18	6	7	13	6	1	7	8	3	11	9	7	16
	七月	13	7	20	5	12	17	7	4	11	8	3	11	5	15	20
	八月	12	5	17	5	13	18	6	7	13	10	9	19	5	12	17
	九月	9	15	24	6	11	17	1	16	17	5	20	25	4	14	18
	十月	11	18	29	4	17	21	3	19	22	3	22	25	3	16	19
	十一月	5	18	23	3	13	16	3	14	17	2	18	20	4	11	15
	十二月	7	10	17	2	9	11	3	9	12	6	10	16	3	5	8
晋西北	一月	4	4	8	0	1	1	0	1	1	0	2	2	0	1	1
	二月	4	2	6	0	1	1	0	0	0	0	0	0	0	0	0
	三月	0	0	0	1	0	1	0	0	0	0	0	0	1	0	1
	四月	3	0	3	4	0	4	2	0	2	2	0	2	2	1	3
	五月	7	2	9	4	1	5	4	0	4	5	0	5	3	0	3
	六月	6	2	8	5	0	5	4	0	4	4	0	4	5	0	5

续表

地区	月份	小米			麦子			荞麦			高粱			豌豆		
		上涨	下降	总波动	上涨	下降	总波动	上涨	下降	总波动	上涨	下降	总波动	上涨	下降	总波动
晋西北	七月	7	1	8	3	4	7	6	1	7	6	1	7	5	3	8
	八月	7	4	11	4	0	4	5	5	10	5	5	10	5	5	10
	九月	7	7	14	4	9	13	5	11	16	4	11	15	3	9	12
	十月	10	8	18	5	8	13	7	10	17	5	11	16	6	9	15
	十一月	6	9	15	0	8	8	1	8	9	1	9	10	2	8	10
	十二月	2	7	9	1	3	4	1	6	7	1	4	5	0	4	4
晋中	一月	4	5	9	3	2	5	0	1	1	2	2	4	1	2	3
	二月	10	2	12	14	2	16	3	1	4	9	2	11	12	2	14
	三月	15	1	16	12	2	14	6	0	6	11	3	14	7	3	10
	四月	13	3	16	9	4	13	8	1	9	12	1	13	5	3	8
	五月	14	2	16	15	0	15	7	1	8	7	0	7	4	0	4
	六月	15	2	17	12	6	18	11	0	11	10	2	12	3	2	5
	七月	7	1	8	6	9	15	5	2	7	6	2	8	3	6	9
	八月	4	5	9	4	3	7	2	2	4	5	2	7	3	5	8
	九月	6	11	17	2	13	15	2	10	12	0	16	16	2	12	14
	十月	6	16	22	1	20	21	2	19	21	2	23	25	2	17	19
	十一月	7	16	23	2	12	14	0	15	15	3	16	19	4	10	14
	十二月	5	10	15	3	3	6	1	5	6	3	9	12	2	6	8

续表

地区	月份	小米 上涨	小米 下降	小米 总波动	麦子 上涨	麦子 下降	麦子 总波动	荞麦 上涨	荞麦 下降	荞麦 总波动	高粱 上涨	高粱 下降	高粱 总波动	豌豆 上涨	豌豆 下降	豌豆 总波动
晋南	一月	11	4	15	4	4	8	3	0	3	3	5	8	2	3	5
	二月	18	2	20	15	4	19	20	0	20	18	1	19	17	2	19
	三月	20	2	22	24	1	25	20	1	21	23	2	25	20	2	22
	四月	16	4	20	19	4	23	23	3	26	24	4	28	16	4	20
	五月	10	6	16	6	10	16	7	3	10	8	4	12	4	12	16
	六月	6	10	16	1	25	26	2	6	8	1	15	16	0	23	23
	七月	5	7	12	0	9	9	3	4	7	0	5	5	3	7	10
	八月	5	5	10	2	8	10	3	7	10	2	8	10	3	9	12
	九月	6	15	21	3	18	21	2	24	26	3	24	27	3	17	20
	十月	8	16	24	5	18	23	3	21	24	5	24	29	5	15	20
	十一月	8	11	19	6	9	15	6	8	14	4	14	18	6	8	14
	十二月	10	5	15	7	0	7	6	2	8	7	3	10	4	3	7
晋东南	一月	4	1	5	1	0	1	0	0	0	1	0	1	0	0	0
	二月	14	2	16	9	1	10	8	1	9	11	1	12	24	1	25
	三月	22	2	24	17	1	18	19	1	20	14	1	15	20	1	21
	四月	12	1	13	13	0	13	7	0	7	6	0	6	7	1	8
	五月	10	1	11	8	2	10	5	1	6	5	0	5	2	0	2
	六月	6	1	7	1	20	21	0	0	0	0	0	0	1	2	3

续表

地区	月份	小米			麦子			荞麦			高粱			豌豆		
		上涨	下降	总波动	上涨	下降	总波动	上涨	下降	总波动	上涨	下降	总波动	上涨	下降	总波动
晋东南	七月	4	0	4	0	19	19	0	1	1	2	1	3	0	5	5
	八月	6	8	14	1	4	5	2	1	3	1	4	5	0	2	2
	九月	2	18	20	1	6	7	1	13	14	0	20	20	0	21	21
	十月	5	21	26	3	8	11	3	21	24	3	16	19	3	19	22
	十一月	9	11	20	4	4	8	2	10	12	1	14	15	1	10	11
	十二月	4	6	10	0	2	2	0	3	3	0	6	6	0	2	2

整体波动次数越多则说明此种粮食受到各种因素影响越大，同时此种粮食抗外因影响的能力越差，并通过这个波动次数反映各地各种粮食在不同月内的波动情况。虽然某地的波动频率、波动次数比另一地的波动频率、波动次数都要低，但是此处波动频率的变化体现的是这种粮食的自身情况，对比时不能仅仅从数字层面进行分析，而通过对比道光朝30年中，每年同一个月的波动次数分析粮食的波动频率。通过对单种粮食波动频率的分析，我们可以了解到不同种粮食各自的特征，并且通过对比不同地区同种粮食波动频率的异同，我们可以对当时不同地区粮食种植以及贸易情况进行更加深入的了解。

（二）麦子价格年内波动分析

晋中种植春麦与冬麦。从数据统计表中，我们可以看到，晋中的小麦在二月至七月都出现频率相对较多的价格上涨，每逢七八月份，麦子的价格将会出现明显的下降。同时价格上涨的次数远小于价格下跌的次数，根据小麦生长周期的不同，我们通过粮价的频繁波动可以看出当时麦子的种植情况。晋中粮价上涨的频率并不高，但是，晋中的粮食价格却非常高，这说明，晋中每次粮食价格变动都比较大。

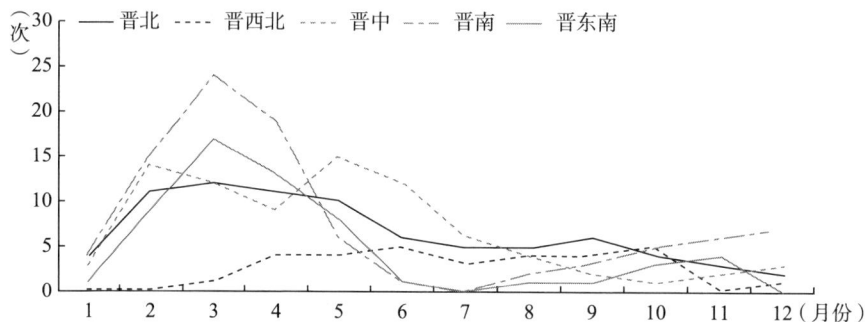

图 3－2　麦子价格上涨频次

总的粮价波动趋势分为三大类，晋北、晋南、晋东南的麦子价格波动趋势相似。晋北、晋东南以及晋南的麦子价格在三月前后均会出现比较大的上涨，同时在六月与十月前后均会出现持续的下降。山西南部会同时种植春麦以及冬麦，麦子在种植前价格会大幅上涨，而在六月份当年的粮食产量基本已经确定，所以对于粮食价格的预期导致粮食价格的下降，十月份粮价的下降是由于当时粮食收获而导致的价格波动。晋西北的麦子价格下降多集中在十月至十二月，而每个月都会有上涨的可能。晋中麦子的价格上涨分为两个时间点，分别是二月以及五月，而在七月与十月均会出现明显的下降趋势。这四个时间点分别对应冬麦、春麦的种植、收获时间，所以晋中麦子价格的波动与种植的情况息息相关，也说明晋中的麦子种类较全，所以价格的波动才符合冬春两种麦子的收获时间。

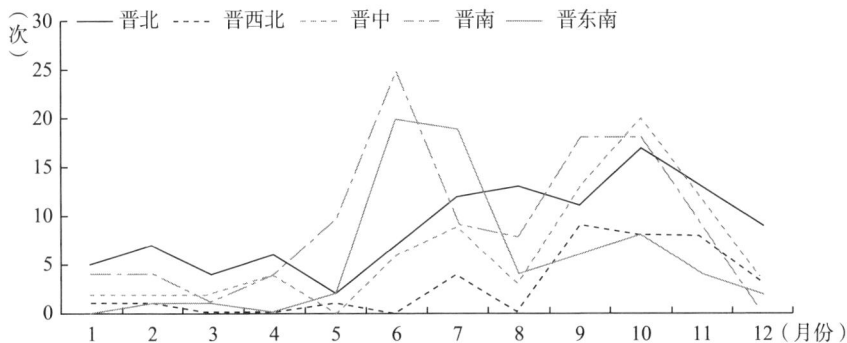

图 3 - 3　麦子价格下降频次

（三）小米价格年内波动分析

通过分析小米的波动情况，可以发现，每年三月的小米都会出现大幅度的上涨，除了晋西北，其他四个地区的小米价格在道光朝 30 年中，三月份均上涨 15 次以上，而下降的次数均不超过 3 次。之前我们在介绍山西省农作物的种植情况中提到，通常每年四五月份为种植小米的时间，所以每逢三月，农民都会购买小米种子，以备之后的种植，于是小米的价格都会上涨，这也是 30 年中，小米价格上涨最频繁的月份。而每年九月开始，小米价格下降的频率开始增高，除晋西北外，各个地区下降次数均不低于 10次。客观分析，小米每年十一月开始收获，但是价格却在九月份就开始出现下降的趋势，这说明道光时期可能存在大宗粮食贸易，商人在农民需要播种的时候哄抬价格，而在小米收获之前开始压低价格，以此盈利。需要注意的是，晋西北的小米波动次数非常少，但是，十月左右的粮价波动次数确实高于其他月份，所以晋西北也同样存在囤积居奇的人，通过操纵粮食价格牟利。

通过对比图 3-4 与图 3-5，我们可以较为直观地了解到各个月小米价格的波动情况。晋北每年的三月是一个循环的开始，此时小米价格开始上涨，五月至八月根据实际情况价格正常波动，而在九月至十一月价格持续下降，之后又再次进入涨价的循环中。晋南以及晋东南的波动趋势也与晋北的相似。而二月至六月都是晋中价格上涨的高峰，而每年九月开始降价。晋西北的小米价格波动相对其他地区来说较少，但是晋西北的小米价格波动情况较为特殊。每年的八月至十一月，上涨与下降的幅度均是道光朝30年中相对较高的，所以归绥道的小米贸易相对混乱，并没有出现类似于其他四个地区由于粮食供需所导致的粮价周期性波动。

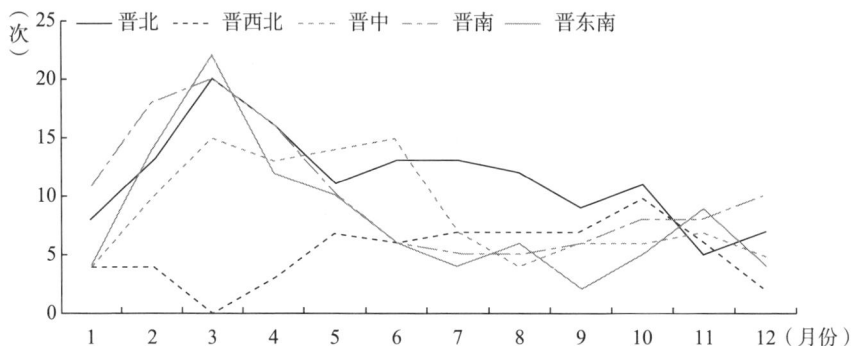

图 3 - 4　小米价格上涨频次

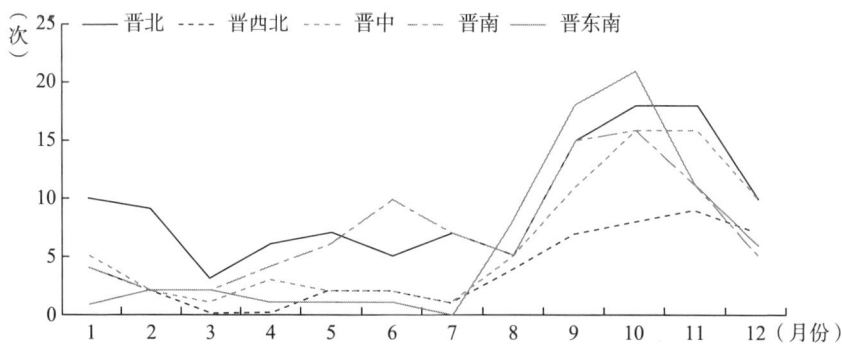

图 3 - 5　小米价格下降频次

（四）高粱价格年内波动分析

高粱虽然在山西各个地区都有种植，但是在晋中以及晋南地区种植相对较少，只有晋北地区由于气候条件适宜，产量相对较大。因而晋北地区的高粱价格波动最为明显，频率也相对较高。从山西高粱价格上下波动的次数与频率分析，十月的价格都会下降，五个地区之间都没有特别的区别。但是价格的上涨各个地区有着明显的不同，晋南与晋东南的价格上涨集中在二月，但是晋北与晋中的价格上涨则在三四月。归绥道的价格上涨则分散在五月到十月，而其他时间的价格相对稳定。高粱的情况相对清晰，由于气候以及生长特征的不同，晋南以及晋东南的高粱处于南方，所以生长的习惯也会促使高粱的种植集中在单个月中，晋中以及晋北的高粱种植时间相对分散，所以价格的上涨持续时间不同。最北的晋西北由于气候原因，所以价格的上涨与下跌产生了重复，在实际的年份中，每年的这几个月份，高粱的价格会相隔出现上涨与下降。

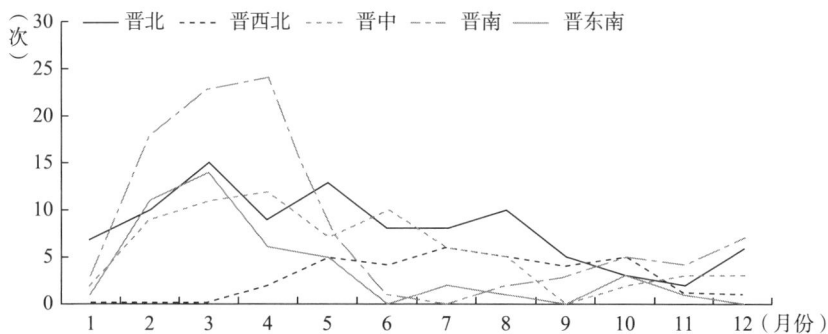

图 3 - 6　高粱价格上涨频次

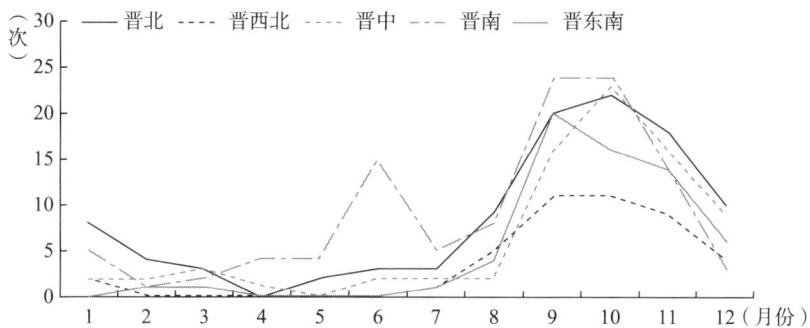

图 3 - 7　高粱价格下降频次

（五）荞麦价格年内波动分析

荞麦种于立秋之后，对应农历的七月左右。图 3 - 8 中，晋东南的荞麦价格从未在七月份出现过上涨，而晋南以及晋东南每年三月前后均会出现荞麦价格上涨的情况，同时晋西北的荞麦价格并没有出现频繁的变化。

晋中、晋南以及晋东南的荞麦价格均在三月份前后出现明显的价格上涨，并且在十月份前后开始规律的下降。但是在其他的月份，价格波动的频率极低。但是三个地区之间又存在差异，晋中荞麦价格上涨从三月开始，持续到六月，七八月的价格波动很少。而晋南的价格上升则主要是从二月持续到四月。晋东南的价格上涨基本集中在三月前后。这里我们也可以发现，山地众多的晋东南的荞麦价格波动非常集中，但是处在太原盆地的晋中的荞麦价格波动则相对分散些，这与作物的生长特性有关。晋北的荞麦价格波动集中程度不高，平均在三月开始的各个月份。晋西北的荞麦价格波动多集中在年底，不论是上涨还是下跌，基本都集中在九十月间。

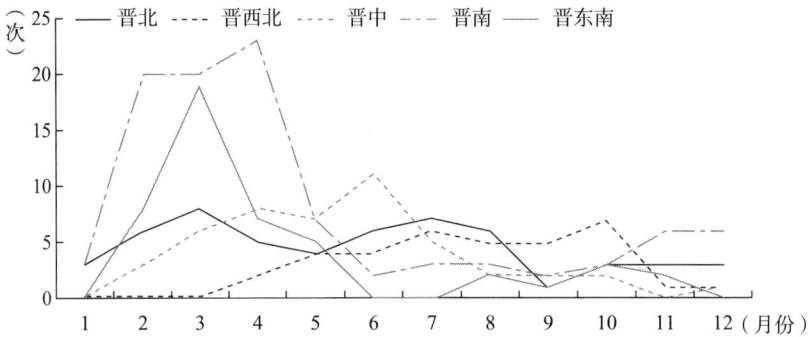

图 3 - 8　荞麦价格上涨频次

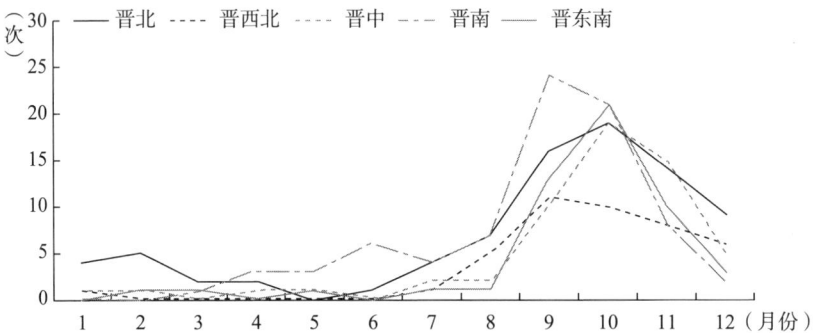

图 3 - 9　荞麦价格下降频次

（六）豌豆价格年内波动分析

豌豆在日常生活中作为辅粮而被广大人民当作菜或者用于制作酱，所以豌豆的价格波动情况与其他四种粮食的波动情况有着明显的不同。首先是波动频率的高低，豌豆的价格波动是五种粮食中较为频繁的，且在各个地区之间的波动情况也难以通过简单的观察进行归类。晋北的豌豆在三月前后上涨次数较多，而在七月前后，上涨与下降的次数都很多。晋西北的豌豆在十月前后上涨的次数较多，在九月前后下降的次数较多。晋中的豌豆在十月前后下降的次数较多。相对应的，十月的价格下降次数也较多。晋南的波动次数比晋东南的次数多，两个地区的豌豆波动情况都较为平均，仅一月、六月的价格波动频率较低，两者在四月以及九月前后的价格波动频率较高。

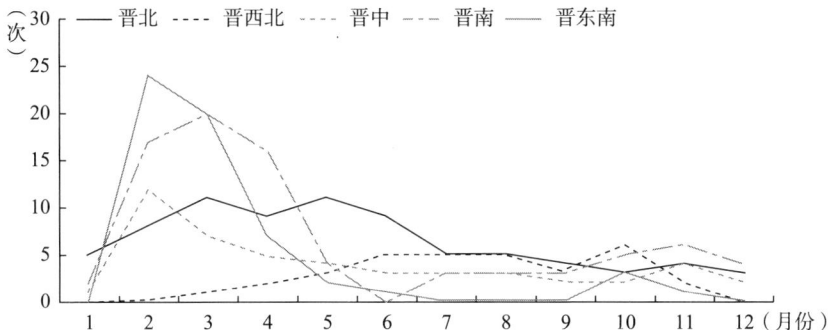

图 3 - 10　豌豆价格上涨频次

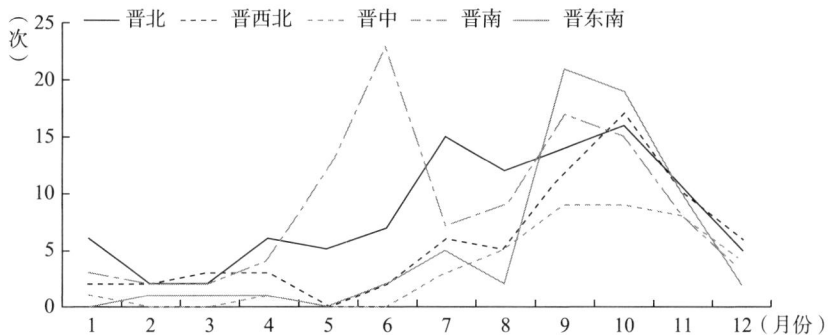

图 3 - 11　豌豆价格下降频次

二　道光年间粮食价格的年度分析

（一）影响粮食价格变化的因素

粮价作为清代经济史的重要史料，受到了经济史学者的重视，因此对粮价的研究涉及面之广、数量之多不容赘言，其中不乏关于粮价年度变化分析的研究。粮价年度变化分析是通过数据能够得到的最直观的认识，价格的高低涨落不仅反映了粮食供求形势、贸易格局等情况，而且从一个侧面能够反映出农业对于民生的影响。就此来看，研究粮食价格年度变化很有意义。但是我们不禁会问粮食价格为什么会产生变化，是受到了哪些因素的影响？搞清楚这一点是我们进行粮价年度分析的前提。

在第一节中我们提到，在以"小农经济"为主体的古代中国社会，自然灾害是影响粮价的重要变量。在以农业立国的古代社会，表现最明显的就是各种农作物的歉收。特别是对环境条件依赖程度较高的水稻、小麦等粮食作物，旱、涝、低温、风暴等灾害，都能破坏其生理机能，降低国家粮食储备能力，导致社会出现供不应求、粮价飞涨的局面。众所周知，山西在古代是一个"十年九灾"的地区，但是程度小的灾害几乎会被完善的救灾制度保障及晋商的积极作用所抵消，以至于使粮价会维持在一个正常的波动范围内。不过当暴发了大的灾害时，这种作用的抵消会放缓，同时由于受到土壤恢复时间的限制，粮价会出现一定时期的上涨，脱离正常水平波动。

另外粮食的产量也是一个重要的因素，它直接关系到粮食的供给。一个地区的粮食亩产值，可以在一定程度上反映出这个地区的农业经济发展水平。在中国古代，农业是最主要的经济部门，因此一个地区的农业经济水平在一定程度上也代表着这个地区整个的经济发展水平。道光二十年（1840）鸦片战争后的山西同其他地区一样，开始逐步向近代化方向发展。一方面引进西方的经济作物——鸦片，由于其价格远高于粮食作物，因此各地大面积种植，这导致粮食产量下降。另一方面，鸦片对中国人的吸引力超乎想象，许多人深陷其中不能自拔，这使得从事农业生产的人数不断下降。所以在这一时期，各个地区的粮价都会出现大幅上涨。

除了受到灾害和战争等客观因素的影响外，一个地区的粮食价格还和本地的一些主观因素有关，比如与其他地区的贸易程度密切相关。我们可以做这样一个假设，一个地区某种粮食出现了过剩需求，而其周边的某个地区该种粮食恰好有过剩供给，那么双方就会进行贸易，贸易最终会导致该地区的粮食总供给增加，进而粮食的价格也会受到或多或少的影响。

其他的影响原因我们不再一一说明，将在后面的章节中进行详细的分析。总而言之，一个地区粮食价格的涨跌会受到多方面因素的影响，每一年的社会条件都会有所不同，粮价亦会呈现出不同的变化特点。所以本节研究的重点就是各个地区不同粮食价格在年度之间的变化。

（二）粮价年度波动分析

上一部分中，我们分析了各个地区年内不同粮食的价格波动频次情况，通过波动频次的分析，我们了解到了不同地区、不同粮食的年内价格波动特征，可以发现大部分地区粮价具有季节性波动规律。

而在本部分，我们将介绍清代道光年间山西省各个地区农业基础条件以及粮价的年度波动情况。清代农业的主要组织形式为小农经济，所以土壤、气候以及水利设施等对农业的影响都非常巨大。本文将主要从地区以及粮食种类两个角度，分析道光朝 30 年间粮食价格的波动情况。

就涉及的山西省内的四个地区（晋北、晋中、晋南以及晋东南）从道光元年至道光三十年，一共 371 个月（粮价奏报按农历月份，其中有 11 年有闰月）的五种粮食最高价格数据，选定一种粮食，取每月的最高价，将四个地区的最高价进行平均，得到山西省当月该种粮食的均价，其他月也如此类推。然后将一年 12（或 13）个月的粮食均价再次求平均，得到山西省当年该种粮食的均价，其他年也如此。其他粮食也按这种方法进行。得到表 3-3。

表 3-3　道光年间山西省的粮食价格

单位：两/石

年份	小米	麦子	荞麦	高粱	豌豆
道光元年（1821）	2.58	2.67	1.34	1.49	2.15
道光二年（1822）	2.53	2.56	1.33	1.48	2.14
道光三年（1823）	2.48	2.51	1.33	1.48	2.1
道光四年（1824）	2.47	2.52	1.33	1.47	2.09
道光五年（1825）	2.44	2.53	1.3	1.44	2.07
道光六年（1826）	2.57	2.68	1.33	1.49	2.12
道光七年（1827）	2.58	2.76	1.40	1.54	2.17
道光八年（1828）	2.43	2.74	1.39	1.46	2.12
道光九年（1829）	2.26	2.58	1.36	1.4	2.08
道光十年（1830）	2.27	2.50	1.35	1.4	1.96
道光十一年（1831）	2.26	2.50	1.35	1.37	1.85
道光十二年（1832）	2.55	2.78	1.52	1.58	2.13
道光十三年（1833）	3.25	3.08	1.81	1.95	2.61
道光十四年（1834）	2.98	3.18	1.65	1.85	2.51
道光十五年（1835）	2.92	3.38	1.64	1.78	2.47
道光十六年（1836）	3.39	3.46	1.82	2.06	2.69

续表

年份	小米	麦子	荞麦	高粱	豌豆
道光十七年（1837）	3.88	3.57	1.94	2.18	2.88
道光十八年（1838）	3.62	3.31	1.86	2.07	2.67
道光十九年（1839）	2.99	3.12	1.68	1.79	2.44
道光二十年（1840）	2.95	3.05	1.70	1.77	2.39
道光二十一年（1841）	2.37	2.90	1.69	1.54	2.13
道光二十二年（1842）	2.49	2.92	1.66	1.60	2.17
道光二十三年（1843）	2.41	2.99	1.48	1.63	2.09
道光二十四年（1844）	2.42	2.99	1.47	1.63	2.05
道光二十五年（1845）	2.36	2.95	1.40	1.56	1.96
道光二十六年（1846）	2.52	3.06	1.41	1.56	2.01
道光二十七年（1847）	2.75	3.24	1.43	1.61	2.11
道光二十八年（1848）	2.52	3.13	1.41	1.55	2.00
道光二十九年（1849）	2.33	3.05	1.35	1.37	1.93
道光三十年（1850）	2.20	2.89	1.26	1.28	1.80

由上述数据，得到折线图 3 – 12。由折线图 3 – 12 可以看到，在道光朝 30 年间麦子价格最高，其次是小米、豌豆和高粱，最后是荞麦，但是在中期某些年份，小米价格曾一度超过麦子价格，成为第一位。此外，还可以看出，就年度的粮价变化而言，道光前期和后期的粮食价格水平相当，而道光中期的粮食价格明显高于前期和后期。

图 3 – 13 是综合五种粮食的价格得到山西全省五个地区（晋北、晋西北、晋中、晋南以及晋东南）的价格波动图。通过分析图 3 – 13，我们首先注意到，道光时期山西地区整体的粮食价格水平在 1.2 – 3.3 两/石。对比直隶州等地的粮食价格，可以发现这个价格在当时是相对较高的。

山西省粮价的整体变动趋势呈现出波动—上升—下降的规律。道光前十年的粮食价格水平变化幅度并不明显，相对稳定，十年中整体的粮食价格甚至出现了一定的下降趋势，整体的下降幅度约为 10%。道光中期，除了晋南的波动幅度较小外，其他地区都出现了大幅度的上涨，其中晋中以及晋西北上涨的幅度较大，山西南部的粮食价格波动幅度较小而北部的波动幅度较大。山西北部地区的粮食价格涨幅在道光十八年的时候达到历史

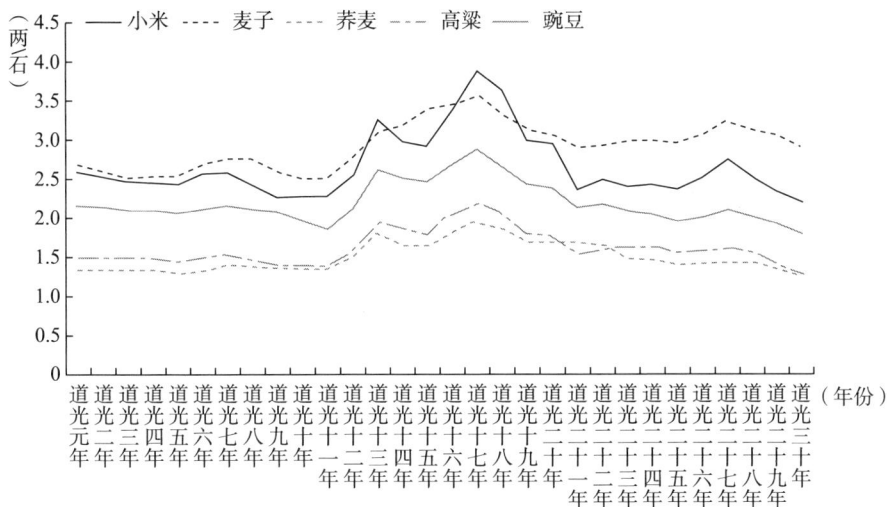

图 3 - 12　道光年间山西省分粮食种类价格波动情况

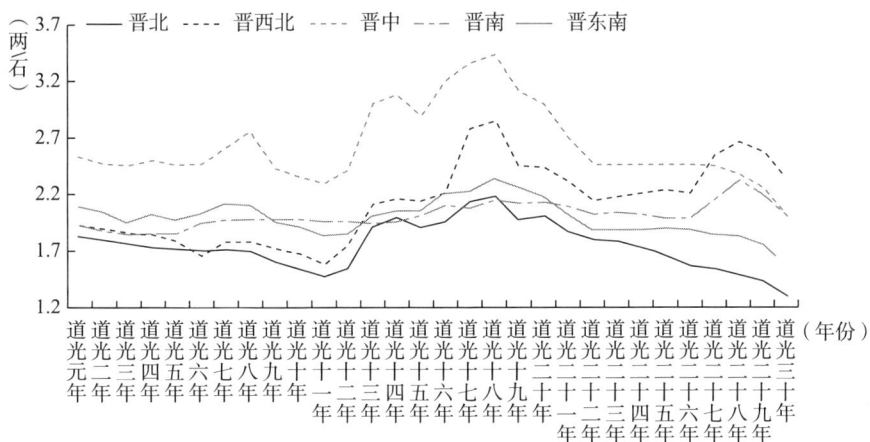

图 3 - 13　道光年间山西各地区粮价波动情况

最高。相对道光元年的粮食价格，道光十八年的晋西北粮价上涨 47.48%、晋中上涨 35.72%、晋北上涨 19.56%、晋东南上涨 11.37%，除了晋南的粮价相对稳定外，其他地区的粮价均为道光时期的最高值。总的来说，道光中期是粮食价格大幅上涨的时期，这个阶段粮价达到了最高峰。而两年后，粮食价格才出现大幅度的下跌。道光末期的粮价整体是下降的。道光二十年之后的一段时间内，粮价的波动呈现两种不同方向的变动。最北的晋西北与最南的晋南呈现同步波动，均在一个较小的上涨之后再次降低，到道光末期两地的粮价相关性系数高达 78.21。而其他三地的粮食价格一路走低，呈现下降的长期趋势。

从相关性角度分析。清代山西共分为五个地区，按照粮价波动的相关程度我们可以将山西整体分为两大部分。第一部分为晋西北与晋南，第二部分为晋中、晋东南以及晋北。晋西北与晋南是今天包头附近的内蒙古地区与晋南的运城附近。两地通过黄河相连，相关性系数为 78.99，而两地的格兰杰因果检验的结果显示，晋西北的粮价影响晋南粮价的可能性为94.59%。所以我们有理由相信，当时晋南的粮价波动受到晋西北的影响。两个地区的地理跨度较大，气候条件差距较大，政治管理也不同，所以两地粮价长期的高相关性并非由于第三方因素的影响。晋南处于晋西北黄河河运的下游，直到光绪年间都有史料记载，"……恒视北路之丰歉为准，由包头一路循河而下，直达蒲绛。……"① 所以，晋西北的粮食通过黄河运至晋南，对当地的粮价影响非常大。

需要注意的是，晋中、晋北两个地区同样可以从晋西北购买粮食，而且两地离晋西北更近，但是晋中、晋北的粮价与晋西北的相关性却没有晋南那么高。地理位置上，晋北与晋西北相邻，但是粮价的相关性反而低于晋中与晋西北的相关性系数。从粮食运输的情况分析来看，晋中可以通过汾河运输，但是晋北的粮食运输则基本依靠陆运，晋南由于水系众多，可以依靠河运。所以从相关性的角度来分析，河运相对于陆运来说，对粮价的影响更大。粮食运输的量化分析将在下文中给出，这里不再深入分析。

表 3 - 4   山西各地区粮价相关性

地区	总相关系数	麦子相关系数	小米相关系数	荞麦相关系数	高粱相关系数	豌豆相关系数
晋北/晋东南	88.14	79.69	77.78	48.21	90.63	48.21
晋北/晋南	4.91	-2.66	3.62	2.61	14.62	2.61
晋北/晋西北	32.80	29.40	56.38	22.92	35.34	22.92

---

① 萧荣爵编《曾忠襄公全集》卷七《奏议·请蠲缓钱粮书》（清末民初史料丛书），台北成文出版社，1969，第 49 页。

续表

地区	总相关系数	麦子相关系数	小米相关系数	荞麦相关系数	高粱相关系数	豌豆相关系数
晋北/晋中	91.51	66.72	95.25	86.50	86.24	86.50
晋东南/晋南	3.53	10.78	−11.58	−49.13	−0.91	−49.13
晋东南/晋西北	15.44	24.39	30.49	−37.55	19.35	−37.55
晋东南/晋中	88.09	84.50	81.52	49.58	76.44	49.58
晋南/晋西北	78.99	71.82	66.55	86.45	79.43	86.45
晋南/晋中	23.92	15.43	16.35	12.22	17.57	12.22
晋中/晋西北	43.31	26.79	61.54	36.26	26.21	36.26

总的来说，晋中与晋西北粮食价格的波动情况较为剧烈，晋中15年间，粮食价格上涨了36.7%，晋西北则上涨了44.4%。粮食价格的波动集中在道光十七年（1837）前后。晋中的交通相对发达，所以晋中不仅是粮食产地，同时也是粮食运输的枢纽，所以晋中的粮食价格在古代交通不甚便利的条件下，有着重要的风向标作用。数据显示，晋南的粮食价格最为稳定，在道光朝30年的时间中最大的价格差仅为24.93%，晋西北的粮食价格波动则达到了64.89%。晋西北主要是归绥道，晋南则是当时河东道的一部分，两个地区之间通过黄河进行贸易。但是不同时期的价格差距不仅仅受两地贸易的影响，同时受到粮食产量、人口等因素影响，对此我们将在后续的章节中深入探讨两个地区之间的贸易及其市场整合对于粮食价格的影响。晋北、晋南、晋东南的粮食价格相对稳定，这说明道光年间山西地区的粮食价格整体来看是稳定的，但是在个别地区也存在粮食大幅波动的情况。晋中不仅仅是运输中心，也是黄河灾害频发的地区，而且太原盆地内河川相对丰富，土壤肥沃，适宜种植罂粟。所以，仅从定性角度进行分析，我们就可以发现，晋中的粮食价格不仅受到道光中期频繁发生的灾害影响，同时良好的种植环境也为罂粟的种植提供了条件，由此粮食的种植必然受到影响，因此晋中的粮食波动情况较其他地区更为剧烈。晋西北地处今天的内蒙古自治区，土地广阔，但是降水量较低。托克托城位于库布齐沙漠北部，农业的发展受到很大的限制，所以粮食的价格波动受降水量的影响较大。从上面的分析中我们可以发现，粮食价格波动剧烈的地区受到自然灾害的影响较严重。

对粮食价格波动情况的分析不能仅分析山西多种粮食整体波动的情况，还需要对各种粮食进行有针对性的分析。山西有记载的五种粮食中，麦子的价格最高，荞麦的价格最低，道光朝30年间五种粮食价格的平均值如表3-5所示。

表3-5　道光年间各种粮食价格均值

单位：两/石

品种	小米	麦子	荞麦	高粱	豌豆
均价	2.56	2.81	1.48	1.53	2.08

通过表3-5我们可以了解到，价格由高到低依次是麦子、小米、豌豆、高粱与荞麦。在第一章中我们已经通过文献了解到道光时期山西各种粮食的种植情况，这里我们将分析各种粮食在不同地区间的价格波动情况以及同种粮食在不同地区的价格波动情况。

（三）粮食价格水平差异以及年度波动

在道光年间，各个地区有各自的粮食价格波动特点以及长时期的波动规律。本书在分析各个地区的年度波动情况时主要对自然条件进行整理以及归纳，并且对一个地区的粮价波动进行分析。由于晋南以及晋东南均属于河东道，故对于自然条件的描述就不再分开进行，而是合并在河东道内进行分析。第二部分中，主要依照各个地区的粮食价格波动特征与相关性、格兰杰因果检验结果对山西省内五个地区进行粗略的分析。

晋西北

晋西北与行政区划的归绥道相同。归绥道的土壤比较肥沃，有记载称："田上高，而且腴，雨雪常调，无荒歉之年，更兼土洁泉甘，诚佳壤"，"微带碱性，得水灌溉，则酥如鸡粪，生殖力甚强"。[1] 黄河流经归绥道境内，冲积形成的表层土壤，土质膏腴，适宜耕种。以临河区[2]为例，

---

[1] 绥远省民众教育馆编辑，韩梅圃调查《绥远省河套调查记》，绥远华北印刷局，民国23年（1934）。

[2] 清初，分属伊克昭盟鄂尔多斯左翼后旗和右翼后旗。乾隆之后，设临河厅，隶归绥道萨拉齐厅。光绪二十七年（1901）隶五原厅。

临河"大多为黄红沙黏，全县土色带红，质多胶泥，宜种小麦、糜子及豆类等，本县土质融合，又距黄河较近，每顷收获量居全绥各县之冠"①。这些记载说明当时晋西北地区的土质优良，适合农耕。

归绥道除了具有优越的自然条件外，还具有发达的水利灌溉系统。清初，修渠灌田并未兴起。乾隆年间，黄河改道，出现了肥田沃壤，靠近河流的农民和渔民，"于近河处用桔槔取水，试行种植，大获其利"②。嘉庆之后旅蒙商人进入河套，在地区之间粮食差价的利益驱动下，纷纷致力于水利开发，以此来提高粮食产量，获取巨额利润。河套地区仅在光绪年间就开挖了23道大小干渠，清末后共形成八大干渠：永济渠、刚济渠、丰济渠、沙河渠、义和渠、通济渠、长济渠和塔布渠。灌溉系统的完善使得归绥道地区的人民开始由靠天吃饭变为人力改造自然。他们通过改变原有的自然条件，为定居提供了条件，同时使得归绥道成为农耕最适宜的地方。

由图3-14可见，归绥道粮食价格波动的整体特点为"后期高于前期"。我们以日常食用最多的小米为例来进行分析。道光元年至道光十年，小米价格呈现出了小幅度的下降趋势，均值为2.53两/石，是一个较低的价格水平。但是从道光十一年至道光十八年，小米价格出现了大幅度的上涨，道光十一年小米的最低价为2.10两/石，这也是道光朝30年间小米价

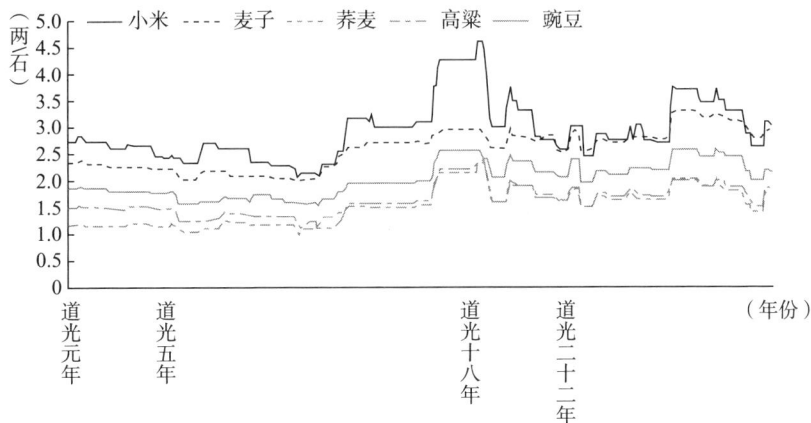

图3-14 道光时期晋西北粮食价格年度波动情况

---

① 绥远通志馆编纂《绥远通志稿》第1册第7卷《土质》，内蒙古人民出版社，2007，第503页。

② 绥远通志馆编纂《绥远通志稿·水利》。

格的最低值。而道光十八年小米价格竟高达 4.60 两/石，这也是道光朝 30 年间小米价格的最高值，涨幅为 119.05%，但是我们同时可以观察到其他粮食的上涨并不像小米这样剧烈。从道光十九年一直到道光三十年，小米价格变动频繁，这期间的均值为 3.09 两/石，相比于前期的 2.53 两/石来说，上涨了 22.13%。此外，从图 3-14 中我们还可以看出五种粮食的价格高低情况。从上到下，依次为小米、麦子、豌豆、高粱和荞麦，但是小米和麦子有一小部分交叉重叠，高粱和荞麦有一大部分交叉重合。

晋北

相比于晋西北地区肥沃的土地，"晋北土质干燥，气候较寒，山田高耸，无川流灌溉，所凭借者雨泽耳。故晴雨稍有失时，便成灾歉，不独偏关然"[①]。而平鲁"北面高山，东西岗阜环绕，其地寒苦瘠薄"。当地不仅农业生产条件较差，而且春迟夏短冬来早。就全省来说，当南边桃李花谢之时，该地区草木方萌。史称：宁武、偏关、神池、五寨等县，"终岁多大风，惟五月后至中秋初则少杀，季春孟夏时尚雨雪旦日，晴霁郡国诸山岚气蒸吐，触之若瘴"[②]。雁北之左云、右玉各县，立春节后仍旧寒风大作，春分节后，东风开始解冻，农事方兴。清明节后，草木甲坼，开始下种。立夏节后，天气方为和暖，坚冰始消。虽三伏盛暑，少穿缟纱。"早晨夜暮不离棉衣，立秋节后，天已深凉"，"寒露节前百草皆枯，人皆衣裘"。[③] 所以与晋中、晋南、晋东南等地区庄稼两年三熟相比，晋北一年仅有一熟。

因温差较大，不仅难栽桑麻，就是水稻也不能种，种植旱稻也很少，所以百姓多种植五谷杂粮。其中，莜麦为主要粮食，适宜当地水土，耐寒耐旱，能相对保证产量。晋北的莜麦播种面积占到总耕地面积的 80%-90%，无论贫富皆食之。在静乐、岚县及宁武府各县，"每百亩之田种者（莜麦）十之八九"，左云县除了莜麦之外，粟谷不过 20%。即使是种植最少的神池县，"莜麦……种百亩者（指农户），即居其半"[④]，意为 50% 的

---

① 卢承业、马振文等：《偏关志》卷上 "风土" 篇，台北成文出版社，1968。

② 山西省宁武县志编纂委员会编《宁武县志·风俗志》，山西人民出版社，1989，第 152 页。

③ 余卜颐、蔺炳章：《左云县志稿》卷一《气候》。

④ 崔长清等修，谷如墉纂，光绪年间修《神池县志·气候》，民国抄本。

农民种植莜麦可以达到 100 亩。因为莜麦耐消化，一天吃一顿就可以，所以当地人认为莜麦是最为经济实惠的粮食。

晋北之所以广种薄收，除了以上因素外，另一个重要原因就是水利系统不发达。山西北部尽为山田坡地，不仅绝少水田，就连平地也是极少。静乐、兴县等处皆为荒山野坡，附近的岚县亦如此。雍正《岚县志》曾记载，"该县四境环山，全无三五里平田，涧湾山转，即为膏腴良田，历年来淫雨漂冲，尽成沟渠，寸土难耕。若夫山田，高者五六十丈，低者二三十丈"，所以这里的灌溉条件较差。应州多水灾，水利状况较差。田地比河水高出 4 尺左右，桑干河周边的田地较河水高出 4 - 8 尺，所以较难将河水引入田中。当雨水多的时候则会出现河水漫入田中的情况。而且由于当地的土地多为盐碱地，井水也不可以用来灌溉，所以晋北地区"不得水利，反罹水害"①。

到了晚清时期，这一地区的水利建设有所发展，民间商人以股份制形式筹集资金，创建了水利公司，通过集中民间分散资金兴修农田水利。道光、同治、光绪年间，开辟了诸多干渠，浇灌大量农田。其中，开辟了"三大渠"，引用桑干河、恢河、源子河水，灌溉农田 30 万 - 40 万亩。② 水利落后的晋北逐渐成为发展农田水利的先进地区，许多旱田变成了水田，农业收成得到了保证。

对于晋北地区的粮价年度分析，我们以大同府为例。由图 3 - 15 可见，道光年间大同府粮价波动比较频繁。前期波动比较不明显，从道光元年至道光七年五种粮食价格几乎没有大的变化，但是到了中期价格波动异常剧烈。从道光八年至道光二十年，最低值为 1.15 两/石，最高值为 3.65 两/石，变化率超过两倍；后期粮价处于持续下降的趋势，至道光末年，粮价低至 1.45 两/石。

从图 3 - 15 中还可以看出不同粮食的价格高低情况，与归绥道不同的是，该地区麦子价格最高，其次是小米、豌豆、高粱和荞麦。

晋中

晋中虽然平地、二阴地居多，但水肥资源仍然不够，制约着当地农业

---

① 李三谋：《清代晋北农业概述》，《古今农业》1998 年第 1 期。

② 张荷：《关于近代山西水利股份公司的探索》，《山西农经》2014 年第 1 期。

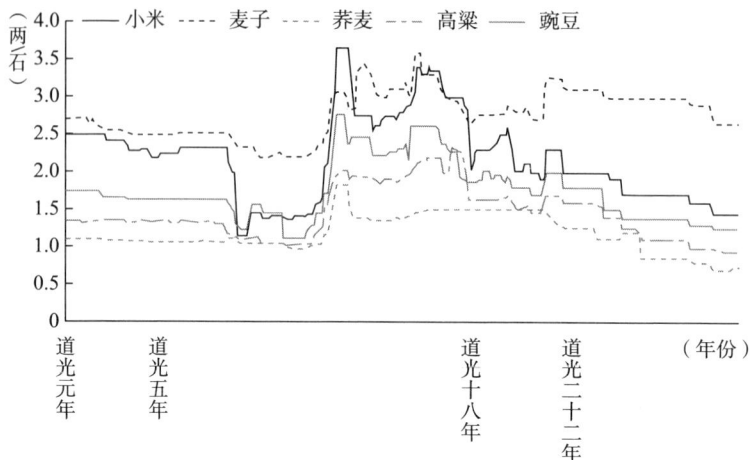

图 3-15 道光时期大同府粮食价格年度波动情况

生产的发展。该地区的耕地主要集中于太原和忻、定两大盆地，地势平坦，气候适中，对农作物生长有利。其中水地占 15%、旱地占 85%，水田亩产杂粮 2 石左右，旱地亩产杂粮 7 斗至 1 石。[①]

该地的自然条件虽然一般，但是水利灌溉却很出色。太原县、榆次县、清源县等处的农民，积极引用汾水、晋水灌田，增进土地肥力，提高粮食产量。当地自康熙初年便开始兴筑汾水第一坝堰——广惠渠（堰），后沿河各县相继效仿，又逐渐建起广济、广义、利义、天义、天顺、公议等大堤坝，号称"汾河十大堰"，是当时开发汾河资源最为典型的灌溉工程。这些水利工程的灌溉范围，包括晋中地方的太原、清徐、太谷、交城、文水、祁县、平遥、介休等县 190 多个村庄的 40 多万亩土地。[②]

与"十大堰"配套使用的是引水沟渠，最为突出的工程在太原县，清朝雍正以后至道光年间，太原县东汾河上先后有用以溉田的引水渠 27 道，其中长安渠、龙首渠、白马渠三渠总长 355 里。[③] 同时，晋中农民在潇河（洞涡河）流域，建起了"上五道、中四道、中三道、下五道和另外十八

---

① 祁隽藻：《马首农言·农谚》，民国 21 年（1932）。
② 海宁辑《晋政辑要》卷三十九《工制·水利》，光绪十三年（1887）本。
③ 山西六政考核处编《山西省各县渠道表》，民国 17 年（1928），山西大学图书馆藏。

道泥渠的灌溉系统，整个流域的灌溉面积达到二十万亩"①，对晋中农业的发展起到了积极的促进作用。其中榆次县农民集中巨大的人力、物力在潇河上修浚了 31 里长的官甲口渠，浩荡之水流向郭家堡、寇村、荣村、高村、韩村等处，溉田 2.6 万亩，成为县民世代所乐道的一个大型水利工程。② 这些水地每年收成都较为可观，平均产量皆在 2 石以上。

对于冀宁道的粮价年度分析，我们以太原府为例。由图 3 - 16 可知，太原府粮价波动的整体特点是"中间高，两边低"，即中期粮价偏高，走势呈现波峰的形状，而道光前期和后期粮食价格相对较低，走势平坦。我们以太原府小米价格波动为例，将道光时期分为三个阶段，即道光元年至道光十年为前期，道光十一年至道光二十年为中期，道光二十一年至道光三十年为后期，计算得出前期太原府小米价格的均值为 2.68 两/石，中期太原府小米价格的均值为 3.85 两/石，后期太原府小米价格的均值为 2.3 两/石，中期小米的价格均值比前期高了 43.66%，比后期高了 67.39%。

此外，从图 3 - 16 也可以看出该地区五种粮食价格的高低情况，与大同府相同，皆为麦子最高，然后是小米、豌豆和高粱，最后是荞麦。

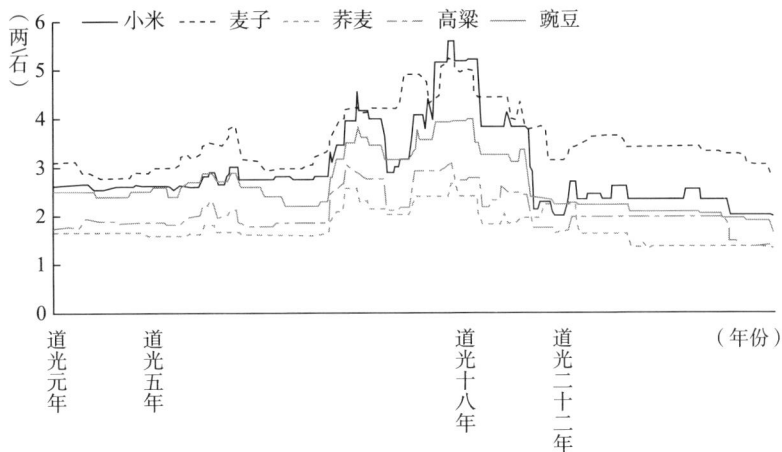

图 3 - 16 道光时期太原府粮食价格年度波动情况

晋南及晋东南

晋南以及晋东南都属于河东盐法道，由于晋东南与晋南地区行政区划

---

① 张荷、李乾太：《山西水利发展史述要》，《山西水利史志》（专辑）1986 年第 4 期。
② 刘泽民等：《山西通史》第 5 卷，山西人民出版社，2001，第 327 页。

面积较小，土地类型很接近，所以这里将晋南与晋东南合并到一起进行分析。相比山西其他地区而言，晋东南以及晋南土地肥沃，水利条件好，水田居多。该地区的农民对农业的投入较多，水肥并进，精耕细作、精收细打，往往能获得较为理想的产量。通常年景，河东地区亩产小麦在 2 石左右，亩产水稻 3 石、玉米 2 石多、棉花 50 – 60 斤（皮棉），农业生产水平较高。[1]

该地区利用汾水和霍泉水浇灌庄稼来改良土壤。其中在平阳府，洪洞县和赵城县农民本着互利的原则，经过官方许可，采取自由联合的形式，合力开发霍山南麓的霍泉水，浇溉两县的农田。雍正年间，霍泉上有引水溉田的水渠 5 条，分别是南霍渠、小霍渠、副霍渠、清水渠、丽泽渠（现在称霍泉渠），灌溉洪洞县李卫、永宁、湾里等 33 村土地和赵城县各村土地 4.5 万亩；到道光五年，洪、赵两县疏引霍泉溉田面积扩大到 7.5 万亩，[2] 创霍泉水溉田的历史之最。霍泉流量比较稳定，当地人民积极利用，不断开发，使霍泉灌区常获丰收，成了洪、赵一带粮食生产的重心所在。下面我们以解州的粮食价格为例进行分析。

由图 3 – 17 可见，解州粮价波动的整体特点是"三高"。"第一高"出现在道光六年，以小米为例，小米价格由年初的 2.52 两/石涨到 3.36 两/石，年末又降到 2.59 两/石，涨幅为 33.33%；"第二高"出现在道光十五年至道光十八年，这时期的均值为 2.68 两/石，与道光十四年的均值 2.42 两/石相比，涨幅为 10.74%；"第三高"出现在道光二十六年和道光二十七年，小米价格高达 3.72 两/石，是解州小米在道光时期的最高值，与道光二十六年初期价格 2.42 两/石相比，涨幅为 53.72%。

此外，从图 3 – 17 可以看出五种粮食的价格高低情况，道光前 15 年，小米、麦子和豌豆价格相差不大，道光后 15 年，豌豆价格明显低于小米和麦子；荞麦价格高于高粱，这一点与前面三个地区相反，而且荞麦价格没有表现出和其他粮食相同的变化特点，在道光朝 30 年来价格一直比较稳定。

---

[1] 《英国皇家亚洲学会中国分会会报》，光绪十四年六月（1888 年 7 月），第 89 – 96 页。
[2] 《洪洞县志》卷十六，雍正八年（1730）刻，同治十一年（1872）补。

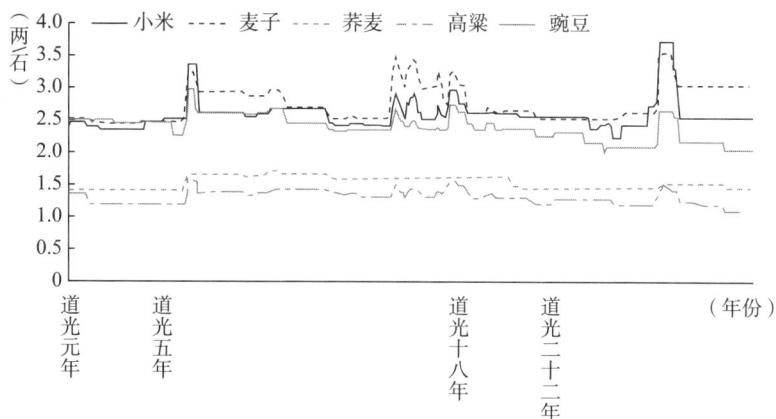

图 3 – 17　道光时期解州粮食价格年度波动情况

（四）年度波动情况分析——按照粮食种类划分

通过对比 30 年间的粮食价格数据我们可以发现整个山西粮食市场之间的变化趋势以及不同种粮食的变化规律。同时，为了保证分析与当时的实际情况更加接近，我们也增加了各种粮食的分析情况，从粮食种类的角度分析各个地区之间的波动情况。

麦子价格差异及波动分析

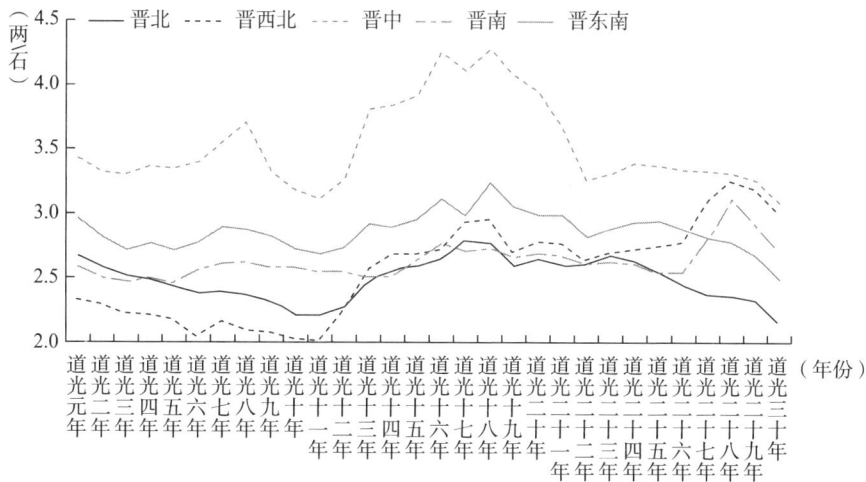

图 3 – 18　麦子价格波动情况

麦子是当时人们的主要粮食，各个地区对于麦子的需求量都非常大。

晋北、晋东南以及晋南的麦子价格相对稳定，晋西北的麦子价格在道光初期持续下降，但是到了道光中后期，麦子的价格开始上升。晋中、晋东南以及晋北都呈现出先下降后上升再下降的趋势。而晋西北与晋南的价格变动情况相对稳定，并且在30年的变化中不断缩小两者的价格差，说明两个市场在互相影响的同时又互相调整。两个地区的麦子贸易在道光时期可能出现了更加深入的发展。

除了变动趋势，我们再次由表3－4分析五个地区之间的相关系数。首先麦子与整个粮食的相关性较高，但是相关系数均出现不同程度的下降，这说明麦子在各个地区间的贸易量在总的粮食贸易中占比相对较低。其次，晋中与晋北的麦子相关系数相比于整体相关系数低了30%左右，说明两个地区之间的麦子贸易情况较差。从种植情况分析，整个山西地区都种植麦子，所以贸易的强度相对低一些，这也说明各个地区的粮食产量对于当地的粮价影响更大。

小米价格差异及波动分析

小米的整体价格水平较麦子低一些，价格差距并不大。道光年间小米价格差距根据时间的不同出现明显不同的三个阶段。道光初期，小米的价格相对平稳，五个地区之中仅晋北的小米价格较低。由于晋北是小米的重要产区，同时晋北以及晋东南多山地，所以粮食运输不便，故价格也相对稳定。道光中期，小米的价格出现明显的波动，其中除了晋南之外，其他地区的小米价格都出现明显的上涨。道光中期是灾害的频发期，水旱灾害频发，所以粮食价格上涨，但是晋南的小米价格却格外的稳定。出现这个现象的原因可能有两个，其一是当时的灾害对晋南的影响比较小；另一个是晋南地处三省交界，会受到河南与陕西地区粮食的接济，所以粮食价格相对稳定。道光后期，晋中、晋北、晋东南的小米价格均呈现持续下降的趋势，但晋南以及晋西北的小米价格却出现波动后上涨的趋势，这从另一个方面说明，晋南的粮食价格受到晋西北的影响。同时晋南的粮价受到其他因素的影响，所以在道光中期晋西北小米价格上涨的时候，晋南的价格却呈现稳定的情况。

从相关性分析来看，值得注意的是晋北与晋西北小米的相关系数为56.38，这说明两个地区间的小米价格相关性强，一方面可能是由于两个地区的小米贸易频繁，另一方面可能是两个地区的小米种植同时受到气候等

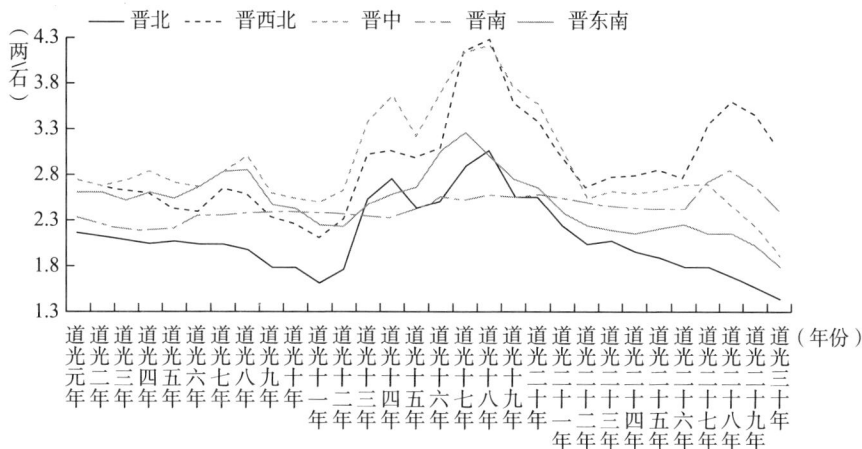

图 3 - 19　小米价格波动情况

因素的影响，所以两个地区的小米相关性更强。

高粱价格差异及波动分析

高粱作为耐寒作物，在山西山地中多有种植，同时收了麦子之后也会补种高粱。高粱的价格是五种粮食中较低的，且价格差相对稳定，除了晋西北之外，其他地区的价格波动并不剧烈。从相关性上来看，晋北与晋东南的相关性比较强，其余各地区的价格波动情况与整体的波动情况基本相似。

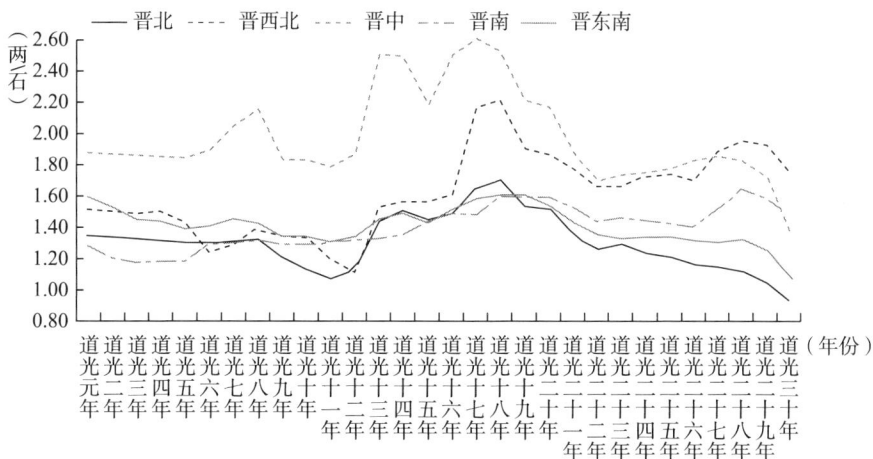

图 3 - 20　高粱价格波动情况

荞麦价格差异及波动分析

山西省荞麦的价格是五种粮食中最低的，各个地区间的价格差距比较明显，除了晋西北，各自都有着相对稳定的波动区间。晋中、晋北、晋东南这三个地区的荞麦价格在道光前期呈现下降的趋势，之后在道光中期上涨后又开始下降。晋南的荞麦价格在道光朝30年中呈现稳定的上涨趋势，即使在粮食出现稳定上涨的道光中期，也并没有出现大的价格波动。晋西北的荞麦价格除了在道光十八年前后出现了大规模的涨跌外，其他时间基本呈现上涨的趋势，说明当时晋西北荞麦的种植量渐渐减少，并且晋北的荞麦价格整体呈现缓慢下降的趋势，这可能是因为当时的荞麦种植由晋西北向晋北转移，或者是因为其他地方的供给使晋西北的本地供给下降从而促使荞麦价格呈现明显的上涨趋势。

各地区之间荞麦的相关性与总的粮食市场的相关性差距比较大。总的粮食市场中，晋东南与晋南的相关系数非常弱，仅为3.53，但是两地荞麦的相关系数为 -49.13，两个相邻地区的粮价呈现负相关，且晋东南是晋南的格兰杰因，所以可能存在非自然的因素在影响两个地区的价格波动。晋南是晋西北粮价波动原因的可能性超过90%，同时结合两地的粮食价格差，我们可以推断当时的晋南可能是晋西北荞麦的供应方。但是具体的分析需要包括当时的运输情况以及灾害情况，这些问题将在后文予以详细的分析。

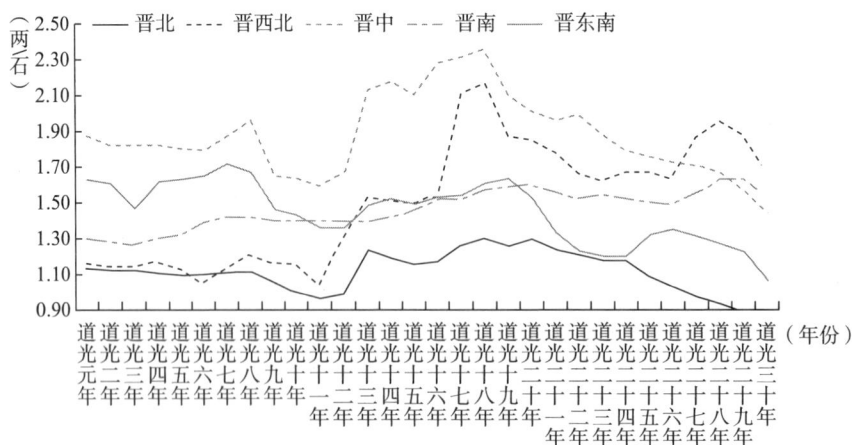

图 3－21　荞麦价格波动情况

豌豆价格差异及波动分析

道光初期晋北、晋西北、晋东南的豌豆价格几乎是重叠的，价格差并不大。在上文的记载中，晋南及晋东南都种有豌豆，不同于其他粮食，豌豆价格相对平稳，价格波动相比于其他几种粮食并不大。主要因为豌豆对于人们来说并非最基础的粮食，多是用作配菜，所以对于豌豆的需求相对其他粮食弱一些（见图3-22）。

此时的晋东南与晋南呈现负相关，具体原因需要进一步的分析，同时也需要更多地了解当时的实际情况。

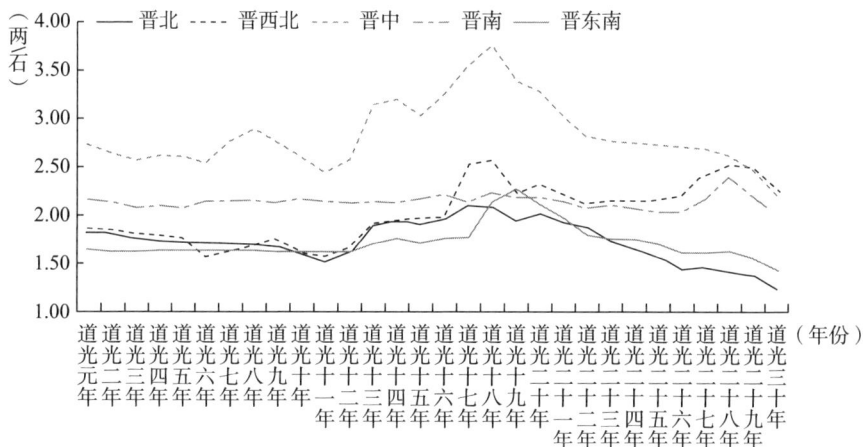

图3-22 豌豆价格波动情况

通过上文的分析，我们对各种粮食年内与年度的波动情况都有了一定的了解，但是上文使用的数据均为粮食最高价，缺少对最低价的分析。因为我们认为最低价为政府对于粮食价格的影响所导致的价格，所以对于最低价的分析需要结合当地的相关情况。在此我们以太原府为例对每个月的最高价与最低价进行分析。由于受到贸易、环境等的综合作用，所以粮价不是一成不变的。由粮价数据可做出折线图3-23。

由图3-23可以看出，在道光时期五种粮食的最低价几乎没有规律可循。太原府小米和麦子的最低价较高，其中小米最低价波动剧烈，在道光元年骤然由1两/石上升到1.76两/石，上涨幅度较大，在道光五年才回落到之前的价格水平，一直持续到道光十七年，小米的最低价又开始出现上涨，但此次上涨不如之前的剧烈，价格维持在1.4两/石左右，到了道光二十五年出现回落，甚至比之前的价格还要低，一直到道光朝结束，小米的最低价一直在小幅波动；而麦子的最低价一直维持在 1 两/石到 1.2 两/石之间，处于一个相对平稳的状态；高粱和荞麦的最低价波动几近一致，且价格水平较低，在 0.4 两/石到 0.5 两/石的范围内；豌豆的最低价波动情况比较独立，与其他粮食没有明显的相关关系，最低价高于荞麦和高粱，低于小米和麦子。

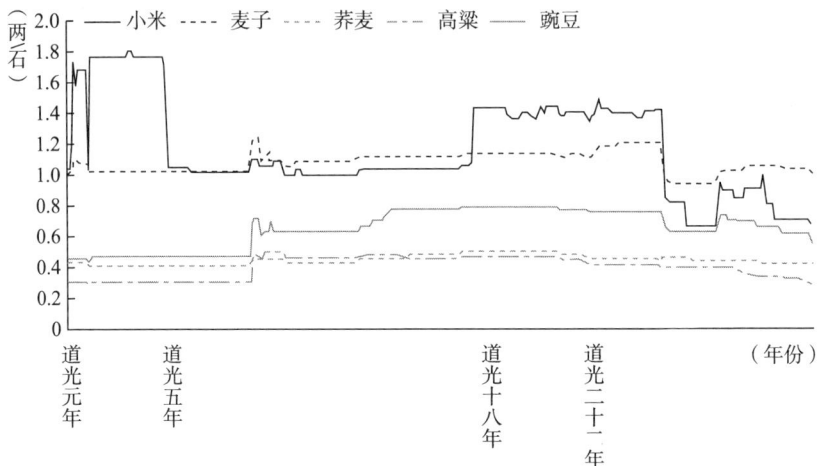

图 3 - 23 道光年间太原府五种粮食最低价

从图 3 - 24 可以看出在清代道光朝 30 年的时间里，太原府的粮食最高价经历了大小不一的四次上浮，分别是道光七年、道光十二年、道光十五年和道光二十二年。其中道光十二年由于山西遭受了道光朝最大规模的雪冻，波及了 23 个州府，所以，这一年的受灾状况是相当严重的。据载，道光十三年夏，岁饥，米贵，巡抚林则徐在饬各属办赈的疏略中说："自道光三年水灾以来，岁无上稔，十一年又经大水，民力愈见拮据。是以今年漕欠最多……"[1]；道光十五年的上涨更为显著，至十七年，粮价突破 30 年间的新高。这一年的粮价变动似乎也离不开灾害的影响。据《清史讲义》载，"道光十五年，栗毓美督河东河道，时串沟久为河患……今十八年盛涨，较二年、十二年尤为猛迅"[2]。再加上当时正值鸦片战争前夕，鸦

---

① 梁绍壬：《两般秋雨盦随笔·林抚军奏疏》，清道光振绮堂刻本。
② 孟森：《清史讲义》，中华书局，2010，第425页。

片大量涌入中国，各商户无一不准备鸦片以备待客，吸食鸦片和种植罂粟的人增多。然而罂粟种植极其耗费土壤肥力，大量的农田被用来种植罂粟，用来种植粮食的良田骤减，从而导致五谷减产，粮食耕作也受到了影响。从图3－24中还可以看出，包括小麦、小米、高粱、荞麦、豌豆在内的五种粮食作物的价格波动在时间上具有相对一致性，所以，可以初步认定，这四次粮价的变化是整体粮食市场变化的反映，而非个别某种作物。

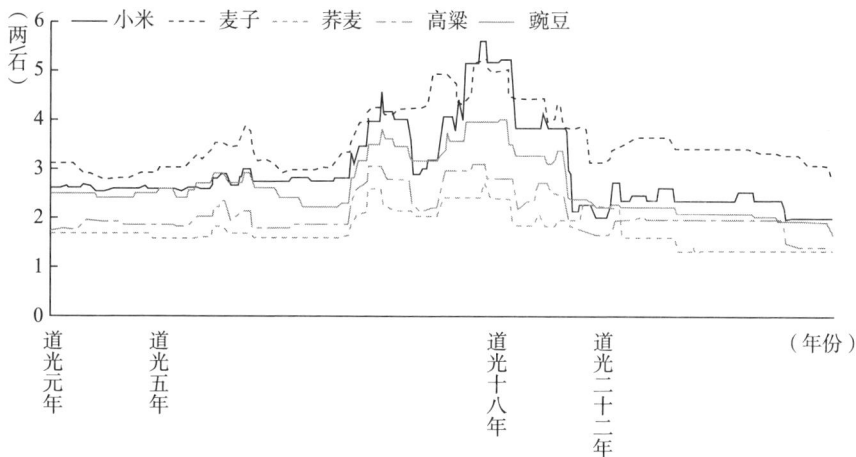

图3－24　道光年间太原府五种粮食最高价折线

综上，通过对四个道的粮食价格进行年度分析，我们可以看出山西省各个地区的粮食价格在年度之间的波动均表现为在中期波动较前期和后期剧烈，而小米的波动剧烈程度明显高于其他粮食。五种粮食中，麦子价格最高，其次为小米、豌豆和高粱，最后是荞麦，也由此可以判断出小米和麦子几乎为当地的精粮，而高粱和荞麦为粗粮。

本章采用的原始数据为《清代道光至宣统间粮价表》中道光年间山西省的粮价数据，主要用到直观分析、推估分析、计量分析以及门限检验等方法对数据进行预处理，得出几种较为可靠的可以用于研究的粮价数据。进而根据各地区五种粮食在道光前十年平均价格的高低划分出了高价区、中高价区、中低价区和低价区，通过对比不同地区同种粮食波动频率的异同，分析了当时不同地区粮食种植及贸易情况。具体而言，短期内，麦子、小米、高粱、荞麦四种粮食作物的价格波动与种植情况息息相关，作物播种时粮价升高，作物收获时粮价降低，并且在道光时期小米可能存在大宗贸易，而豌豆的价格波动则更多地与人们的饮食习惯相关联，呈现出频繁的波动现象。长期内，山西省粮食的整体价格变动呈现出波动—上升—下降的规律性，南部的粮食价格波动幅度较小而北部的波动幅度较大，并且河运相对于陆运来说，对粮价的影响更大。就价格高低而言，全省麦子价格最高，其次是小米、豌豆和高粱，最后是荞麦，其中小米的波动程度最为剧烈。

第四章　山西省粮价影响宏观因素

影响粮价变动的因素有很多，我们将它们分为宏观和微观两个层面来考察，本章主要探讨宏观因素对道光年间山西省粮价的影响。粮食供需是决定粮食市场价格的基础因素，宏观方面影响粮食供给的因素为自然灾害，影响粮食需求的因素为货币，此外对调节粮食供需起很大作用的晋商和以控制粮食最低价为标志的政府干预等社会行为也是决定粮价的主导因素，因此本章主要从自然灾害、货币和社会行为等三个层面考察其对山西省粮食价格波动的影响。

第一节　自然灾害对粮价的影响

自然灾害是影响粮食价格波动的重要因素，特别是在种植技术有限、农业基础设施极为不健全的古代。自然灾害频发严重影响粮食的产出或供给，破坏粮食价格体系，最终影响宏观经济运行状况。本节通过分析灾害发生波及州县数和粮价变动之间的关系，来考察自然灾害对山西省粮食价格的影响。

一　自然灾害对粮价影响的定性和定量分析

山西自古以来就是灾害频发之地。依据第一章第一节对于自然灾害的描述，道光年间山西发生的重大自然灾害主要有七种，按照发生频次由多到少排列为旱灾、雹灾、涝灾、蝗灾、雪灾、霜冻、瘟疫和其他自然灾害（包括风灾和震灾等），与张杰编的《山西自然灾害史年表》结论大致一致，"历史上对农业生产危害较大，范围较广和机遇最大的首推干旱，其次为冰雹、霜冻、大风、洪涝和病虫害，这是山西历史上威胁农业生产常见的六种自然灾害"。山西省一直饱受灾害带来的各种不良影响，有"三岁一饥，六岁一衰，十二岁一荒"之说，具有灾害种类多、受灾面积广、成灾比例大的特点。自然灾害不仅给山西人民带来巨大的生命财产损失，也成为制约山西经济发展的重要因素之一。因此，对自然灾害对于粮价的波动是否有影响、影响程度如何，这种影响又是否能被量化这一系列问题做了如下的探讨。

自然灾害频发在很大程度上影响着山西省的粮食产出或供给。在以"小农经济"为特点的中国古代社会，农业生产是人类努力与自然环境共同作用的结果。自然环境主要由气候与土地组成，气候对农业生产的影响又以光、温、降水等因素最为重要，自然灾害的发生就是对这些因素的破坏，它极易造成各种生产、生活因素的稀缺。其中表现最明显的就是农作物的歉收，特别是一些对环境条件要求高的农作物，如小麦、荞麦等。适逢灾害之年，粮食歉收，就会使粮食市场供不应求，在古籍资料中就可见"民大饥"的字样。

但是，以上分析只是从定性的角度描述了自然灾害对灾害发生地粮食价格影响的可能性，为了定量地衡量自然灾害对粮食产出或供给的具体影响程度，需要借助一定的计量手段，因此需要对粮食价格和自然灾害进行量化转换。

首先考虑粮食价格的确定规则。受粮价数据的限制，未能得到真实有效的道光年间山西全省粮食价格的波动数据，一般的做法是根据其产地来求取各种粮食的全省均价，再根据它们分别在道光年间山西省百姓生活中的主要用途划分其重要程度并且赋予权重，计算其加权平均值代替全省粮食平均价。根据第一章第二节的叙述，就植物种类在山西省内的分布而言，麦子在晋北、晋中和晋南地区种植广泛，小米在晋北和晋东南地区的山地大量种植，高粱和荞麦在清代山西各地遍种，豌豆则通常分布于晋南和晋东南地区的山地。但是，这并不代表对其所有广泛种植地区粮价取平均值，就可以代替该种粮食在山西省的平均价，主要原因有两点：第一，由于各种植物的生长习性、各个地区内的地形地势不同，以及粮价数据统计范围的限制，即使一种植物在某地区内种植广泛也可能存在不适合其生存的个别地带，因而直接加权平均可能造成数据虚低；第二，根据本书第一章的叙述，各种粮食作物在不同地区人民的生活中的用途多种多样，比较零散，不便于统计量化，因此赋予权重这一步骤的可行性值得商榷。不过由于在此处求得的全省粮食价格只是为了考察其与自然灾害之间的关系，并不要求过高的精确度，因此本章沿用上一章的计算方法（对全省各地各种粮食价格取平均值）求得的数据，将之当作全省粮价的替代。图4-1是道光年间山西省粮价统计图。

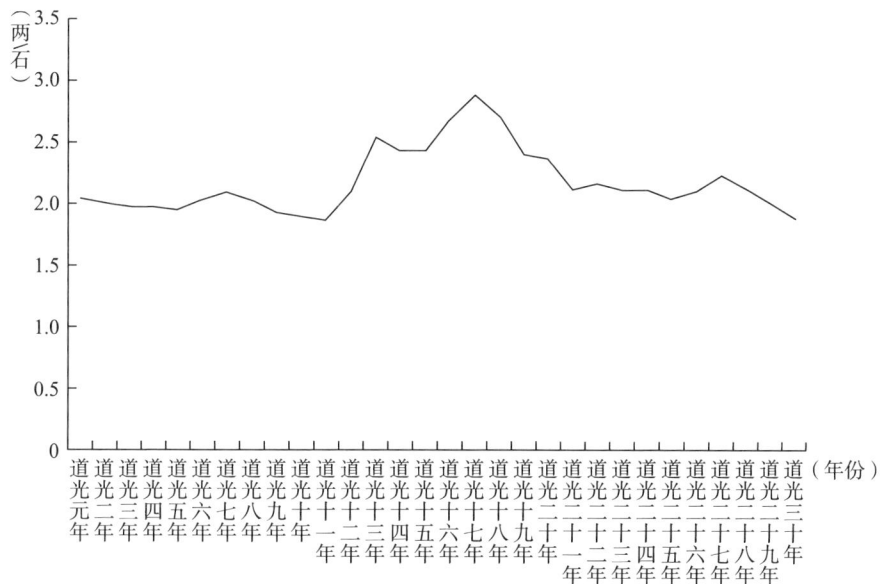

图4-1 道光年间山西全省粮价统计图

对灾害的量化则更为复杂。由于道光年间山西省存在的灾害不止一种，而每种灾害对不同粮食生产的具体影响又有所不同，因此我们有必要讨论不同种类的自然灾害对不同粮食价格的影响程度，之后再按照各种灾害造成损失的严重程度赋予权重进行加权平均，以此来量化自然灾害。

根据第一章第二节的叙述，就灾害种类而言，旱灾、蝗灾和瘟疫在山西全省范围内均有发生，雹灾主要分布在晋东南、晋中以及晋北地区，涝灾、雪灾和霜冻则主要分布在晋南、晋东南以及晋中地区。在灾害学中认为，多种自然灾害之间可能会存在自然灾害链，即当自然界中某一种自然要素发生异常变化造成灾荒的时候，通常也会引起其他自然要素发生异常变化从而形成次生灾害，甚至衍生灾害。道光年间山西省的自然灾害具有很强的关联性和连续性，"旧伤未复，新灾又起"是非常普遍的现象。所以我们为了量化自然灾害，必须考察各种自然灾害之间的相关关系。相关系数可以表明两种自然灾害之间的相关性，衡量出这两种灾害发生的关联性和连续性。按照统计学关于相关度的标准，相关系数的数值应在 -1 和 $+1$ 之间。计算结果带有正号表示两种灾害的发生具有正相关关系，即某种灾害的发生频次越高，另一种灾害的发生频次也越高；相反，计算结果带有负号则表示两种灾害的发生具有负相关关系，即一种灾害的发生频次越高，另一种灾害的发生频次反而越低。相关系数的数值越接近于 1 或 -1 表示两种自然灾害发生的相关关系越强，越接近于 0 表示其相关关系越弱。在此认为相关系数的数值在 $-0.3 \sim 0.3$ 表示无相关关系，即两种灾害的前后发生并无关系，相关系数的数值在 0.3 以上或 -0.3 以下为有相关关系，其中相关系数的数值为 $0.3 \sim 0.5$ 或 $-0.5 \sim -0.3$ 之间表示两种自然灾害发生频次之间呈现低度相关关系，相关系数的数值处于 $0.5 \sim 0.8$ 或 $-0.8 \sim -0.5$ 表示两者为显著相关关系，相关系数在 0.8 以上或 -0.8 以下则表示二者高度相关。

表 4 - 1 和表 4 - 2 分别是道光年间山西境内各种自然灾害发生频次及其相关系数统计。

表 4 - 1　道光年间山西省各种自然灾害发生频次

年份	旱灾波及州县个数（X_1）	雹灾波及州县个数（X_2）	涝灾波及州县个数（X_3）	蝗灾波及州县个数（X_4）	雪灾波及州县个数（X_5）	霜冻波及州县个数（X_6）	瘟疫波及州县个数（X_7）
1821	0	0	1	0	0	0	5
1822	1	5	10	0	1	0	2
1823	2	0	2	1	1	0	0
1824	1	0	0	1	0	0	0
1825	4	2	1	3	1	0	0
1826	4	0	0	1	0	1	0
1827	4	1	1	0	1	0	1
1828	2	1	2	0	1	0	0
1829	2	3	5	0	0	0	0
1830	2	4	1	0	1	2	0
1831	1	5	1	0	18	6	0
1832	20	5	3	3	1	6	0

年份	旱灾波及州县个数(X_1)	雹灾波及州县个数(X_2)	涝灾波及州县个数(X_3)	蝗灾波及州县个数(X_4)	雪灾波及州县个数(X_5)	霜冻波及州县个数(X_6)	瘟疫波及州县个数(X_7)
1833	5	4	1	0	0	0	0
1834	9	2	1	0	0	0	0
1835	19	5	4	1	0	2	0
1836	10	1	0	10	0	0	1
1837	7	1	3	7	0	0	0
1838	0	3	2	0	0	0	0
1839	11	1	3	0	0	2	0
1840	3	3	3	0	0	0	0
1841	0	2	1	0	0	0	0
1842	2	1	1	0	0	0	0
1843	4	3	2	1	0	0	1
1844	2	2	4	0	0	0	0
1845	4	4	0	0	0	1	0
1846	21	5	1	0	0	0	0
1847	10	7	2	0	0	0	0
1848	2	1	0	0	0	0	0
1849	2	4	1	0	0	0	1
1850	2	4	3	0	1	0	0
合计	156	79	59	28	26	20	11

表4-2 道光年间山西省各种自然灾害发生频次相关性

	旱灾	雹灾	涝灾	蝗灾	雪灾	霜冻	瘟疫
旱灾	1.000	-0.207	0.036	0.384	-0.145	-0.350	0.276
雹灾	-0.207	1.000	0.340	-0.224	0.242	0.359	-0.181
涝灾	0.036	0.340	1.000	-0.108	-0.053	0.007	0.126
蝗灾	0.384	-0.224	-0.108	1.000	-0.081	0.023	0.011
雪灾	-0.145	0.242	-0.053	-0.081	1.000	0.658	-0.069
霜冻	-0.350	0.359	0.007	0.023	0.658	1.000	-0.160
瘟疫	0.276	-0.181	0.126	0.011	-0.069	-0.160	1.000

从表 4-2 可以看出，首先，旱灾和蝗灾的关联性较强，相关系数为 0.384，为低度相关关系。但从分布地域看，旱灾、蝗灾的分布地区重合度却接近 70%。其实，道光年间山西人民已经注意到了这一现象，在各地县志中对于灾害的记载常常存在着"旱蝗"、"旱极而蝗"之类的字眼。例如，道光十六年垣曲"旱蝗蔽天食禾"，道光十七年泽州府"旱蝗"。这一现象可能与蝗虫喜干不喜湿的生活习性有关。其次，涝灾与雹灾的关联性较强，相关系数为 0.340，表示两者低度相关。山西全年降水主要集中在七八月份，强度大，持续时间短，通常夹杂着冰雹，涝灾与雹灾并发现象明显。例如道光十八年，泽州府"雨雹损禾"；道光二十六年，平定州"六月朔韩村大雨雹，形如鸡卵"。再次，我们还注意到雹灾与雪灾、霜冻的相关性也比较高，为 0.359，我们推测这可能主要和雹灾所带来的低温有关。最后，瘟疫往往是伴生在其他灾害之后的，这是因为大灾之后大量尸体得不到有效处理而导致病菌扩散。因为山西地区旱灾居多，所以相比其他灾害，旱灾与瘟疫的关联性最强，为 0.276。

衡量自然灾害对粮食生产所造成的损失需要从两方面进行计算。一方面，灾害会直接造成粮食减产，可称之为直接损失，可以通过一定的统计大致估算出这部分损失的具体数值。另一方面，干旱等各种自然灾害的频繁发生对山西省当地的粮食生产还有一系列的次生灾害损失或衍生灾害损失，可称之为间接损失，这部分是难以计算或是常常容易被人们所忽略的。例如自然灾害频繁发生造成的严重水土流失导致的土壤土层变浅、肥力下降，以及各种自然灾害对生态环境造成的破坏等，这些都是难以计算和估计的，而它们造成的损失往往比直接损失要大得多。并且，不同种类的自然灾害对农业生产所造成的损害大小也不同，因此从这个角度来说，灾害对于粮食的影响不可估量。

此外，自然灾害导致的受灾面积和成灾面积对粮食产量有较强的削弱作用，对粮食的生产或供给有一定影响。这是由于对于清代的山西而言，农业占据绝对的主导地位，"靠天吃饭"的传统观念深入人心并且人口又持续增加，因此自然灾害所带来的粮食播种面积的减少必然会直接影响当地的粮食生产规模和供给水平。而自然灾害导致的受灾面积在山西省所有县级地区的面积相差不太大的情况下，可以通过自然灾害波及的州县数进行衡量。

对附表 1（道光年间山西省各类灾害发生情况）中的数据进行归纳统计，可得到道光年间山西自然灾害波及州县数的统计数据。

结合图 4 - 1 所显示的道光年间山西全省粮价波动情况和图 4 - 2 所显示的道光年间山西省灾害波及州县的数目变动，可以看出两者的变动趋势大致相同，可能存在一定的相关关系或者因果关系。

接下来重点通过计量方法来考察两者之间的关系。

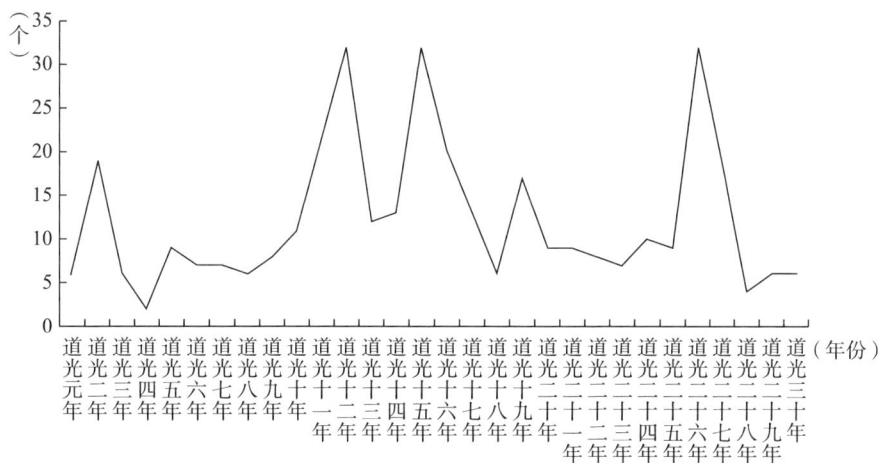

图 4 - 2　道光年间山西省灾害波及州县数统计

二　自然灾害对粮价影响的计量分析

为了考察自然灾害对于粮价波动的影响情况，首先引入自然灾害波及州县数与粮价的相关系数（r）。相关系数在这里可以表明自然灾害波及州县数与粮食价格变动情况的相关性，衡量出自然灾害波及州县数和粮食价格波动的同步性。相关度标准与前文叙述一致。

表 4 - 3　道光年间山西省自然灾害波及州县数及粮价

年份	波及州县数（个）	每市石均价（两/石）
1821	6	2.046
1822	19	2.008
1823	6	1.980
1824	2	1.976

年份	波及州县数（个）	每市石均价（两/石）
1825	9	1.956
1826	7	2.038
1827	7	2.09
1828	6	2.028
1829	8	1.936
1830	11	1.896
1831	22	1.866
1832	32	2.112
1833	12	2.54
1834	13	2.434
1835	32	2.438
1836	20	2.684
1837	13	2.890
1838	6	2.706
1839	17	2.404
1840	9	2.372
1841	9	2.126
1842	8	2.168
1843	7	2.120
1844	10	2.112
1845	9	2.046
1846	32	2.112
1847	19	2.228
1848	4	2.122
1849	6	2.006
1850	6	1.886
合计	367	—

由表4-3计算出了自然灾害波及州县数与粮食价格之间的相关系数为 $r=0.207$。根据上文对于相关系数数值的划分，可以判定0.207属于无相关关系，即自然灾害波及州县数与粮食价格的变动无关。因此，对于清道光年间的山西而言，自然灾害波及州县数对于粮价波动影响很小或者几乎

无影响。这个结论与第一节关于自然灾害和粮食价格的定性分析所得出的结论不符，猜测主要原因可能有两种：一种是选择进行相关性分析的时间段不合理，另一种则是没有考虑自然灾害对粮价影响具有时间上的滞后性。

首先讨论第一种情况的可能性。假设成立的原因是时期选择不当造成的低相关性数据将整体相关程度掩盖了之后的假性结果，因此对数据进行重新分期后可能就会显示出比较高的相关性。由图4-1可见，山西省粮价波动的整体特点是"中间高，两边低"，因此根据其波动特征，可将道光时期分为三个阶段，即道光元年至道光十年为前期、道光十一年至道光二十年为中期、道光二十一年至道光三十年为后期。图中反映出的粮价变动趋势即为中期粮价偏高，走势呈现波峰的形状，而前期和后期粮食价格相对较低，走势平坦。经过计算，道光前期太原府小米价格的均值为2.00两/石，中期太原府小米价格的均值为2.44两/石，后期太原府小米价格的均值为2.10两/石，中期小米的价格均值比前期高了22%，比后期高了16.19%。

图4-2的变动曲线显示，道光中期自然灾害波及的州县数远比前期和后期的州县数多，其中道光前期自然灾害波及州县数最少为81个，后期灾害波及州县数次之为110个，中期灾害波及州县数最多为176个，且道光中期灾害波及州县的个数是前期的2.2倍，是后期的1.6倍，可见道光中期山西省的受灾情况比较严重。这说明，总体而言道光中期自然灾害较前期和后期频繁。也就是说，道光年间自然灾害波及州县数的变化情况也同粮食价格类似，呈现中期受灾情况最为严重，后期其次，前期最轻的特点。因此，接下来按照三个时期分别分析各个时间段自然灾害对粮食价格的影响程度。

经过计算可得道光前期的相关系数（r_1）、道光中期的相关系数（r_2）和道光后期的相关系数（r_3），分别为：$r_1 = -0.152$，$r_2 = -0.494$，$r_3 = 0.339$。

与之前所得到的 r 相比，道光后期的相关系数比以往略有增高，但是道光前期和道光中期的相关系数都显示出了负相关关系，并不能解释前文所述定性分析与计量分析不符的情况，因此可以排除这种假设。

接下来讨论第二种假设的合理性。之前仅仅假设自然灾害对当年粮食供给可能会产生影响，却忽略了自然灾害对未来一段时间内的粮食供给和需求也会产生一定影响。自然灾害可以通过灾害发生当年的粮食生产的直接损失和次生灾害或衍生灾害对粮食生产造成更长时间的间接损失，从而对粮食价格产生影响，并且自然灾害还可以通过这种粮食产量与粮食价格的相互作用对未来较长时间的居民粮食消费需求产生影响。因而自然灾害与粮食价格波动的相关性可能存在着一定的滞后期。根据这样的思路，对自然灾害波及州县数和滞后一期、滞后二期、滞后三期的粮食价格进行相关性分析，得到的相关系数分别为：$r_{-1} = 0.561$，$r_{-2} = 0.571$，$r_{-3} = 0.383$。

可以看到，自然灾害波及州县数与滞后二期的粮食价格之间的相关系数最高，为0.571，属于显著相关关系，即自然灾害波及州县数与粮食价格的变动呈显著的正相关关系，自然灾害波及的州县数越多，两年后山西省的粮食价格也就越高。因此，可以据此判断自然灾害对粮食价格有影响，并且这种影响反映在粮食价格上可能存在为期两年左右的滞后性。

从相关关系仅仅能判断出自然灾害对粮食价格存在着显著影响的可能性，却不能衡量自然灾害对粮食价格的具体影响程度。因而接下来通过对自然灾害波及州县数（X）和滞后二期的粮食价格（Y）数据进行回归分析，探讨二者之间可能存在的因果关系，得到的结果如下：

$$\ln Y = 0.10\ln X + 0.53$$
$$(3.56) \qquad (7.59) \qquad\qquad (4-1)$$

拟合度 $R^2 = 0.33$，表明粮食价格变动的33%可以由自然灾害波及州县数的变动来解释。截距项表示其他因素对粮食价格的影响。根据上述结果，自然灾害和其他因素所对应的t统计量的值分别为 $t_x = 3.56$ 和 $t_c = 7.59$，在显著性水平 $\alpha = 0.01$，自由度 $n-2 = 28$，所以临界值 $t_{\alpha/2}(28) = 2.763 < t_x$、$t_c$，因此自然灾害和其他因素对粮食价格的影响均显著。这证明自然灾害波及州县数对两年后的山西省粮食价格有影响，并且自然灾害波及州县数每增加1%，两年之后山西省的粮食价格就会上升0.1%。

第二节　货币制度对粮价的影响

道光年间银钱并举，没有一个统一的货币标准，使得粮价研究的展开很难进行。因此为进一步厘清道光朝30年间实际粮价变动趋势，有必要从货币角度进一步分析。本节从银钱比和通货膨胀率角度展开，旨在观察其对粮价的影响与否、影响机制和影响程度。

一 银钱比对粮价的影响

清朝的粮价报告单是以银为基础的，在向皇帝呈报时都要换算成银。银钱兑换比价的变化对粮价会有什么影响呢？有学者认为银钱比与粮价呈反向关系，[1] 也有学者认为"白银和铜钱完全不能相互替代，存在双重的价格体系，粮价影响银钱比，而不是反向的关系"[2]。更有学者将以银计量的粮价数据换算成以钱计量的粮价数据来进行研究，同时考虑货币制度的变化对粮食价格所产生的影响。[3] 本节主要比较用钱折算的粮价与用银折算的粮价变动趋势上的差异，尤其是用钱衡量的粮价变动趋势，并结合当时的社会背景，试图通过计量分析说明银钱比对粮食价格的影响。

表 4-4 道光年间粮价和银钱比

年份	粮价指数	银钱比价（华北）
1821	2.015	1267
1822	1.966	1252
1823	1.942	1249
1824	1.943	1269
1825	1.922	1253
1826	1.962	1271
1827	2.029	1341
1828	2.004	1339
1829	1.915	1380

[1] Chen, Chau-nan, *Fluctuation of Bimetallic Exchange Rates in China*, *1700 - 1850*: *A Preliminery Survey*, *Nankang*, Taiwan: Institute of Economics Academia Sinica, Economic Papers, Selected Series, Vol. 2, No. 3, 1968, pp. 20 - 30.

[2] Chen, Chau-nan, *Fluctuation of Bimetallic Exchange Rates in China*, *1700 - 1850*: *A Preliminery Survey*, *Nankang*, Taiwan: Institute of Economics Academia Sinica, Economic Papers, Selected Series, Vol. 2, No. 3, 1968, pp. 20 - 30.

[3] 马国英:《1736 - 1911 年间山西粮价变动趋势研究——以货币为中心的考察》,《中国经济史研究》2015 年第 3 期。

续表

年份	粮价指数	银钱比价（华北）
1830	1.880	1365
1831	1.833	1388
1832	2.025	1387
1833	2.412	1363
1834	2.349	1356
1835	2.305	1420
1836	2.478	1487
1837	2.658	1559
1838	2.583	1637
1839	2.352	1679
1840	2.309	1644
1841	2.138	1547
1842	2.092	1572
1843	2.069	1656
1844	2.067	1724
1845	2.005	2025
1846	1.985	2208
1847	2.057	2167
1848	2.043	2299
1849	1.894	2355
1850	1.775	2230

粮价数据沿用第二章，银钱比价来源于彭信威的《中国货币史》。由表4-4可以看出，1821-1850年，银钱比一直处于上升阶段，1850年的银钱比几乎相当于1821年银钱比的一倍，尤其是在1840-1850年鸦片战争爆发后的十年间，银钱比从1644一路飙升至2230，增长迅猛，市场上出现银贵钱贱的局面。

清代银钱关系，嘉庆年间是一个转折点。以前是钱贵银贱，嘉庆以后变为银贵钱贱了。钱贱的原因在于私铸小钱和外国轻钱的流入。道光年间，外国钱除日本的宽永钱外，还有安南的景舆、光中、嘉隆等，更加轻薄。嘉隆通宝的重量只有一分八上下，不到中国之前标准的一半。

银贵的原因在于白银的大量外流，这和鸦片贸易、战争赔款、白银减产等因素有关。1840 年鸦片战争中国战败，大量战争赔款使得中国第一次出现短时间内大量白银外流，与此同时，战争使得中国国门大开，大量舶来品进占中国市场，中国白银随之外流。

实则，不仅在鸦片战争爆发以后，在战争以前中国白银就一直处于输出的状态。私货泛滥及鸦片贸易的盛行，使得白银大量外流。史学上一直论证"道光萧条"的存在，其中白银外流也是一个重要的因素。林则徐给道光帝的奏折中说：（对鸦片泛滥）若犹泄泄视之，是使数十年后，中原几无可以御敌之兵，且无可以充饷之银。据郭卫东（2011）的研究，"当 18 世纪末美洲白银出现问题后，绝大多数原先和中国进行贸易的西方国家淡出中国市场，只有英美等少数国家仍能保持其对华贸易不败。英国先是依靠印度的棉花，继而依靠鸦片重建对华贸易体系"。

其间 1820 年是一个关键年份，从此开始，英国输华棉花和鸦片的份额有了逆转，鸦片输出值首超棉花。据记载，雍正七年（1729），当时输入鸦片的数量每年只有 200 箱，到乾隆（1736 - 1795）时，年输入量增到 1000 箱，嘉庆年间（1796 - 1820）每年约 4000 箱，道光年间（1821 - 1850）增至 35000 箱以上。由于鸦片输入额的激增，中国失去了对外贸易的长期优势，由原来出超国变为入超国，使白银大量外流。吴承明（1999）估计了 1800 - 1834 年间，白银外流的数量，他认为 1800 - 1834 年，中国白银外流数量为 2941.6 万两。其中，仅 1800 - 1809 年，中国白银外流数量就达 1168.5 万两。[①]

除了白银外流，银量减少还由于银量减产。据杨寿川等（2011）的研究，国内最主要的银产区——云南的白银产量在道光朝急剧下降。康熙末年至乾隆前期，滇银产量逐渐下降，每年额课银也随之减少。如道光九年云南额课银已经锐减为 21142.17 两，当年银产量下降至 140947.8 两，仅占乾嘉时的 13.38%。鸦片战争后，由于"银之行用日广，煎炼日多，地宝之泄日甚，则矿砂有时或竭"；全国的银厂日渐减少，迄至道光二十八年，云南先后新开银厂仅 9 个，且产量也"未大臻成效"。[②]

① 吴承明：《经济史学的理论与方法》，《中国经济史研究》1999 年第 1 期。
② 杨寿川、张永俐：《中外矿业史上的云南白铜》，《思想战线》2011 年第 1 期。

另外，正如第二章所述，铜钱在铸造方面也遇到问题，主要是材料缺失、铸钱成本过高。宝晋局于 1821 - 1822 年、1829 - 1831 年、1843 - 1856 年开铸，其余几年均停铸。钱局铸钱一方面为政府日常行政支付费用，另一方面常备铜钱以调控银钱比。清政府对于银并没有非常有效的调控手段，所以主要通过调控制钱维护银钱平衡。但事实上这样的方式只能增加制钱的数量，难以自如地控制银钱两种货币的增减。

铜钱减重，白银减少，结果是银价上涨。清初白银一两易制钱七八百文，嘉庆年间可以换到一千多文，道光、咸丰年间，有换到两千文的。如果是小制钱（即所谓京钱）还要更多，于是人民就重银轻钱了。

而银贵钱贱的局面意味着银的购买力相比之前上升了，即可用更少的银子购买与之前同等价值的商品，那么在其他影响因素不变的情况下，用银衡量的粮价是下降的。相同的道理，银贵钱贱同样意味着钱的购买力降低，即需用更多的制钱购买与之前同等价值的商品，那么用钱衡量的粮价相应的是上升了。

在这里我们把以银衡量的粮价折算成以钱衡量的粮价，观察其变化趋势上的差异。1821 - 1850 年间山西省货币兑换比率数据缺失，故借用华北地区的银钱比价数据。粮食价格指数沿用第二章中计算得到的山西省道光30 年间粮食价格指数。其变化趋势如图 4 - 3 所示。

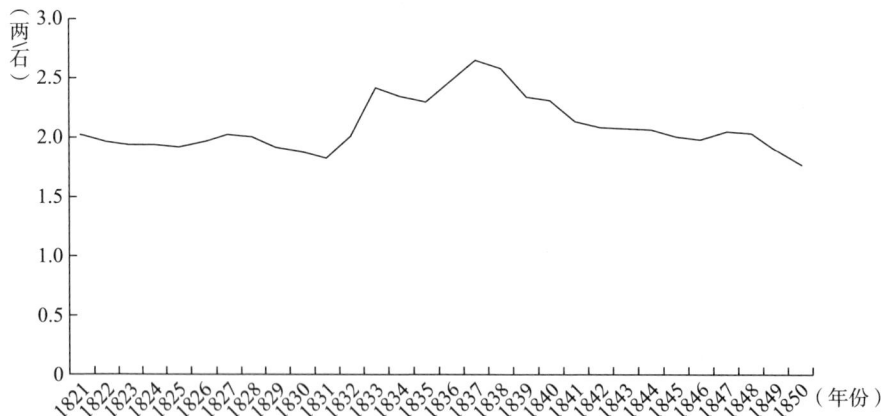

图 4 - 3 道光年间山西全省粮价指数统计 （一）

1831 年前粮食价格波动都较为平稳，从 1831 年开始，出现第一次大幅度增长，在 1833 年达到增长顶点。从 1835 年开始第二次大幅度增长，在 1837 年达到 30 年的最高峰，之后几年粮价持续下降，直至平稳。

　　如果把粮食价格折算成以钱计量的单位，那么 1821－1850 年间山西粮食价格仍然是上升的（参见图 4－4）。而就银钱兑换比例来看，在清朝道光 30 年间虽有个别年份小幅下降，但总体趋势是上升的。这就意味着，钱相对于银存在贬值的过程。相对于银，钱的购买力是下降的。理论上将以银衡量的粮价折算成以钱衡量的粮价是上升的，而本身以银衡量的粮价是下降的。事实上计算得到的结果确实如此，尽管以钱衡量的粮价有下降但总体趋势是一直上升的，这对于小民的生活是不利的。百姓交纳田赋税收均需折钱换银，钱的购买力下降，说明要交纳与之前同等的税收需要更多的制钱，无形中加重了百姓的负担。清统治者根据荒政在灾年歉收时减免田赋，但未考虑到货币购买力变动，因此造成道光时期的社会危机。而以银衡量的粮价除了在 1831－1840 年波动较为频繁外，总体的变化趋势较为平稳，且有所下降。1831－1840 年这一时期银钱比是在上升但上升幅度不是很大，几乎可以看作保持不变，那银钱比对于粮价的影响还需进一步判定。

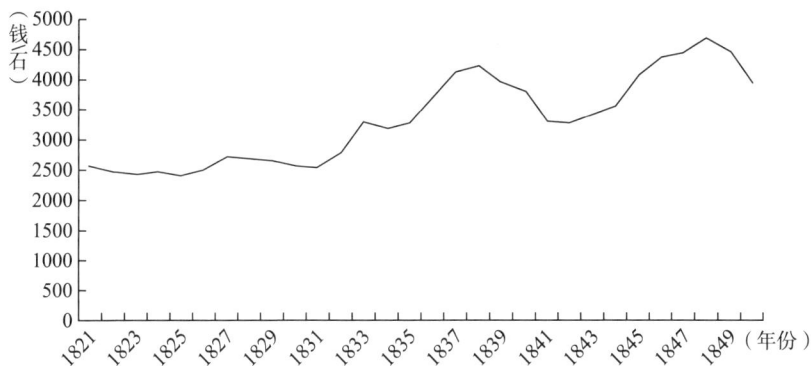

图 4－4　道光年间山西全省粮价指数统计（二）

　　因此采用回归的计量方法进一步探讨银钱比是否影响粮价波动。在这里取道光三十年山西省最高价的粮食价格指数和道光三十年的银钱比，先讨论两者之间的相关系数，比较其是否存在一定的相关性，其中价格指数数据沿用第二章计算得到的。具体结果如下：

　　r＝－0.10，小于 0.3，属于基本不相关，说明银钱比对于粮食价格影响很小甚至几乎没有影响。但为了进一步判断其不相关程度，对其做进一步的回归分析，得到的结果如下：

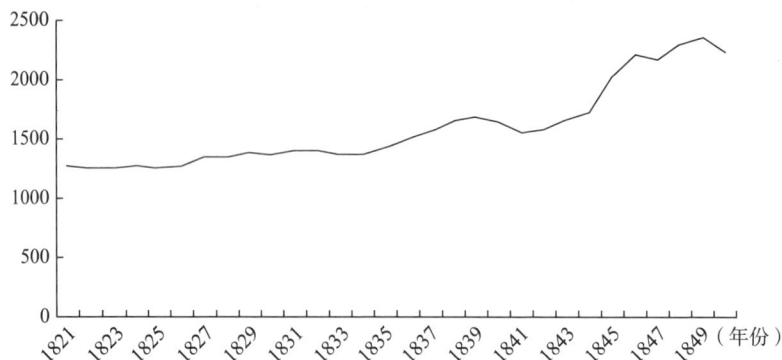

图 4-5 道光年间银钱比价统计

$$Y = -158.90X + 1923.347$$
$$(-0.55) \qquad (3.13) \qquad\qquad\qquad (4-2)$$

$R^2 = 0.01$，表明粮食价格的 1% 可以由银钱比来解释，99% 要由其他因素来解释。根据上述结果，通货膨胀率和其他因素所对应的 t 统计变量的值分别为 $t_x = 7.08$ 和 $t_c = 0.18$，在显著性水平 $\alpha = 0.005$，自由度 $n-2 = 28$，所以临界值 $t_{\alpha/2}(28) = 2.763 < t_c$ 但大于 t_x，其中 c 代表截距项也就是其他因素，因此银钱比对粮食价格的影响小且不显著，其他因素对于粮食价格的影响显著。但两者之间负相关的关系却验证了上文中有关"银钱比上升，以银衡量的粮价是降低的"这一结论。

二 通货膨胀率与货币购买力

通货膨胀是现代信用制度下的一个概念，指流通中的货币数量超过实际需要而引起的货币贬值和物价水平全面而持续的上涨，货币购买力降低，商品市场上供不应求。通货膨胀对居民收入和居民消费有一定的影响，具体影响如下：

（1）实际收入水平下降。

（2）价格上涨的收入效应和替代效应导致福利减少。

（3）通货膨胀的收入分配效应。具体表现为：低收入者（拥有较少禀赋者）福利受损，高收入者（拥有较多禀赋者）却可以获益；以工资和租金、利息为收入者，在通货膨胀中会遭受损害；而以利润为主要收入者，却可能获利。

通货膨胀率是货币超发部分与实际需要的货币量之比，用以反映通货膨胀、货币贬值的程度，即货币购买力的下降速度。实际上一般不直接也不可能计算通货膨胀，而是通过价格指数的增长率来间接表示。由于消费者价格是反映商品经过流通各环节形成的最终价格，它最全面地反映了商品流通对货币的需要量，因此，消费者价格指数是最能充分、全面反映通货膨胀率的价格指数。世界各国基本上均用消费者价格指数（我国称居民消费价格指数，也即 CPI）来反映通货膨胀的程度。尽管通货膨胀率的指标主要应用于现代经济学体系，但是可以用现代的计算方式去衡量当时的经济情况。

银钱比价的变动，势必会对物价产生影响，但影响的性质则要看物价是根据什么计算，用什么支付；如果是用银支付，物价应当有下跌的倾向，至少不会上涨；如果是用钱支付，则应当有上涨的趋势。正如上文所述，银钱关系以嘉庆朝为转折点，嘉庆之后是银贵钱贱，因此道光年间处于银贵钱贱的局面，那么银的购买力应该是增加的，钱的购买力是减少的。也就是说以银来衡量的物价水平较之前是下降的，以钱来衡量的物价水平是上升的。粮价的变动亦如此，其变动趋势上文已有叙述。实际上在道光年间以白银计算的物价还算是低廉，但铜钱的标重因为民间私铸和外国钱币的流入都已降低。虽然道光年间有十一省停铸铜钱，而且自嘉庆元年到道光末年的 50 年间，全国人口增加了一半左右，但是在 19 世纪前半期，用铜钱计算的物价比 18 世纪后半期增加了约一倍，不过这种增加是渐进的。清朝大部分物价是以制钱计算的，以此可基本判断道光时期有通货膨胀的倾向。

在清粮食市场发展明显的情况下，通货膨胀率与粮食价格存在着密不可分的关系，通货膨胀率所引起的货币贬值会引起更多的货币去追逐有限的商品，因而会使粮食价格产生波动。可通过下面的计量对具体的影响情况进行更深入的考察。

表 4 - 5　1821 - 1850 年米价及物价指数

年份	米价指数（1760/80 = 100）	物价指数（1760/80 = 100）
1821	134.20	112.890
1822	134.74	118.000

年份	米价指数（1760/80 = 100）	物价指数（1760/80 = 100）
1823	135. 28	121. 460
1824	135. 28	143. 710
1825	135. 28	116. 610
1826	123. 37	109. 360
1827	117. 42	108. 670
1828	117. 96	109. 710
1829	120. 13	109. 820
1830	123. 37	108. 740
1831	135. 82	117. 790
1832	140. 69	120. 480
1833	149. 89	148. 950
1834	160. 17	130. 390
1835	128. 24	131. 360
1836	121. 75	113. 710
1837	117. 42	112. 820
1838	112. 55	110. 030
1839	121. 21	112. 610
1840	135. 82	119. 330
1841	139. 07	122. 080
1842	137. 98	119. 480
1843	122. 29	104. 330
1844	128. 78	104. 820
1845	121. 21	98. 820
1846	103. 35	87. 870
1847	105. 52	96. 500
1848	107. 14	85. 240
1849	119. 04	97. 470
1850	129. 33	116. 740

因资料有限在这里用米价指数来代替粮价指数，银钱比价沿用彭信威《中国货币史》的资料。对两者进行简单的线性回归来判断它们之间的相关关系，先根据两者之间的相关系数判断其是否存在一定的相关性，具体

结果如下：

相关系数 r = 0.80，可以看到粮食价格与通货膨胀率的相关系数较高，属于显著相关关系，因此可以据此判断通货膨胀率对粮食价格可能有影响。但从相关关系仅能判断出通货膨胀率对价格存在着显著影响的可能性，却不能衡量通货膨胀率对粮食价格的具体影响程度。因而接下来通过对通货膨胀率（X）和粮食价格（Y）数据进行回归分析，探讨二者之间可能存在的因果关系，得到的结果如下：

$$Y = 0.87X + 2.86$$

$$(7.08) \qquad (0.18) \qquad\qquad (4-3)$$

拟合度 $R^2 = 0.64$，表明粮食价格的64%可以由通货膨胀率来解释。根据上述结果，通货膨胀率和其他因素所对应的 t 统计变量的值分别为 $t_x = 7.08$ 和 $t_c = 0.18$，在显著性水平 $\alpha = 0.005$，自由度 $n - 2 = 28$，所以临界值 $t_{\alpha/2}$（28）= 2.763 < t_x 但大于 t_c，其中 c 代表截距项也就是其他因素，因此通货膨胀率对粮食价格的影响显著，其他因素对于粮食价格的影响不显著。

第三节　社会行为对粮价的影响

清朝对粮食价格比以往任何朝代都要关注，但没有形成专门应对粮食价格变动的政策，甚至有些时候对粮食价格波动不予干涉。[①] 尽管这样，社会行为对于粮食价格产生的影响还是不可忽视的。

仓储制度是其中重要的调节手段，主要分为以常平仓为主的官仓体系和以义仓、社仓为主的民仓体系。清代在各省普设常平仓，遇丰年时，政府以高价收购过剩粮食，以免谷贱伤农，待荒年，政府便以低价出售积谷，赈济贫农。在乡村立社仓、市镇立义仓，推举本乡敦重善良者负责管理，春季青黄不接时借贷，秋后偿还。

从康熙年间建立仓储体系起，随着国家形势的稳定，仓储体系日趋完善。但乾隆末年仓储制度逐渐遭到破坏，常平仓等对市场价格的调剂也日渐失效。从乾隆末期开始，地方常平仓已经出现积银代谷的情况，严重制

---

① 〔日〕岸本美绪：《清代中国的物价与经济变动》，第283页。

约了其作用的发挥。嘉庆朝以后，尽管政府多次下诏令开仓平粜，但实际效果并不理想。只有京畿地区还稍起作用。因仓储空虚，各省常平仓谷即便是灾荒年份，也需查明确系农民后，才可当面借给，平常年份不得出借。嘉庆二十三年（1818），拨京仓麦、粟米各二万石给顺天府，令其在大兴、宛平和顺天府内减价平粜。又拨天津北仓米给直隶，令减价平粜。道光朝，京通二仓仓储不能足额，岁岁告急，存谷仅够一年支取。常平仓的亏空则更加严重，由于平粜中的各种弊病日益严重以及仓谷缺乏，各地常平仓这一平抑粮价的作用更加有限，尤其是一遇灾歉，米价即大涨。

综合第二章所述的全国主要省份常平仓储额的变化情况，道光年间的仓储数量减少，甚至不能足额，特别是常平仓储，其对于粮价的调节作用是有限的。本节主要对粮价和常平仓储的时间变动趋势加以比较，分析差异，以期得到一般规律，同时也将通过计量分析对其做进一步的讨论。

表 4 - 6　清代全国粮价

时期	每市石均价		价格指数
	单位：银两	单位：银克	
顺治	1.15	42.90	100.00
康熙	0.59	22.00	51.30
雍正	0.87	32.45	75.15
乾隆	1.48	55.20	128.70
嘉庆	2.10	78.33	182.60
道光	2.16	80.57	187.83
咸丰	1.99	74.23	173.04
同治	2.27	84.67	193.39
光绪	2.17	80.94	188.70
宣统	4.04	150.69	351.30

注：山西省的粮食价格和全国均价在一定程度上应具有可替代性。
资料来源：余耀华：《中国古代价格史概述》，《价格月刊》1988 年第 7 期。

表 4 - 7　清代平常粮价（以每十年为期）

时期	每市石之价格（银克）	每市石之价格（银两）	价格指数
1641 - 1650 年	47.11	1.26	-
1651 - 1660 年	44.81	1.20	100

时期	每市石之价格（银克）	每市石之价格（银两）	价格指数
1661－1670 年	31.94	0.86	71.29
1671－1680 年	24.31	0.65	54.25
1681－1690 年	32.22	0.86	71.90
1691－1700 年	27.50	0.74	61.37
1701－1710 年	36.10	0.97	80.36
1711－1720 年	34.53	0.93	77.06
1721－1730 年	32.84	0.88	73.29
1731－1740 年	37.37	1.00	83.40
1741－1750 年	42.69	1.14	95.27
1751－1760 年	61.06	1.64	136.26
1761－1770 年	64.22	1.72	143.32
1771－1780 年	56.75	1.52	126.65
1781－1790 年	60.01	1.61	133.92
1791－1800 年	73.28	1.96	163.53
1801－1810 年	81.13	2.17	181.05
1811－1820 年	80.19	2.15	178.96
1821－1830 年	72.44	1.94	161.66
1831－1840 年	90.19	2.42	201.27
1841－1850 年	84.13	2.26	187.75
1851－1860 年	63.72	1.71	142.20
1861－1870 年	97.84	2.62	218.34
1871－1880 年	64.88	1.74	144.79
1881－1890 年	53.72	1.44	119.88
1891－1900 年	89.72	2.41	200.22
1901－1910 年	145.28	3.89	342.21

注：原表中没有每市石之价格（银两）这一列，作者在这里是根据表4－6的银克与银两的比例计算得到。

资料来源：彭信威：《中国货币史》，上海人民出版社，1958。

表4－8　清代全国常平仓总额与每市石之价格变化情况

时期	常平仓总额（万石）	每市石之价格（银两）
乾隆十年（1745）	2800	1.14

时期	常平仓总额（万石）	每市石之价格（银两）
乾隆十三年（1748）	3379	1.14
乾隆三十一年（1766）	3134	1.72
嘉庆十年（1805）	2941	2.17
道光十五年（1835）	2400	2.42
咸丰十年（1860）	523	1.71
光绪三十四年（1908）	348	3.89

注：每市石价格（银两）由表 4 - 7 对应时期的粮食均价得到。

表 4 - 9　清代山西省常平仓总额变化情况

时期	常平仓总额（万石）
康熙六十年（1721）	40
乾隆十三年（1748）	131
乾隆三十一年（1766）	230
乾隆五十四年（1789）	-
嘉庆十七年（1812）	220
光绪三十四年（1908）	41
宣统二年（1910）	-

由表 4 - 9 可知山西省的常平仓储额从康熙六十年开始逐年增加，嘉庆十七年相比乾隆三十一年略有下降，光绪三十四年常平仓总额大幅下降，与康熙六十年总额相差无几。总的来说山西省常平仓总额变化趋势与全国变化较为一致，故在常平仓储额对于粮价的影响这一问题上，可用全国常平仓总额变化来代表山西省常平仓总额变化。

对比图 4 - 6 与图 4 - 7 可以发现，全国常平仓总额在乾隆十三年达到最多，与此同时，全国粮食均价达到历年最低。从乾隆十三年开始，全国常平仓总额逐年下降，相对应的，全国粮食均价逐年上升，在道光十五年达到第一次顶峰。说明常平仓总额对于粮价的调节有一定的作用，当常平仓总额增加，则粮价有所降低；当常平仓总额减少，则粮价有所上涨。光绪三十四年常平仓储额和粮价的变动证实了这一结论，该年的常平仓储额达到历年来最低水平，而粮价达到历年来最高水平。而咸丰年间常平仓总额大幅减少，全国粮食均价也在剧烈下降，该情况与前面分析得到的规律相悖。可能此时常平仓总额太少，对于粮价的调节作用有限，甚至几乎不发生作用。

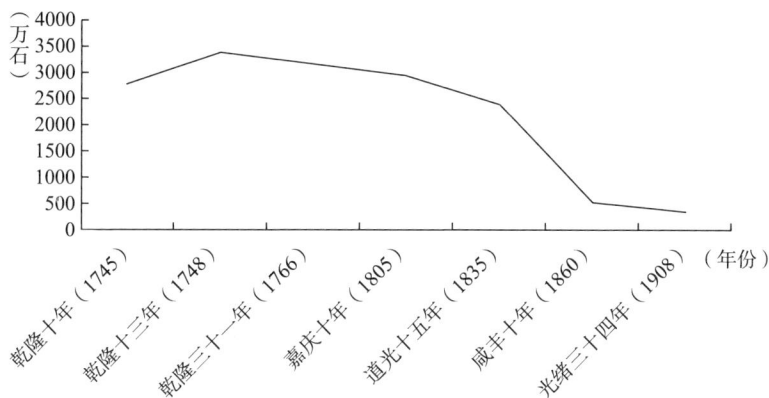

图 4-6 清代全国常平仓总额变化统计

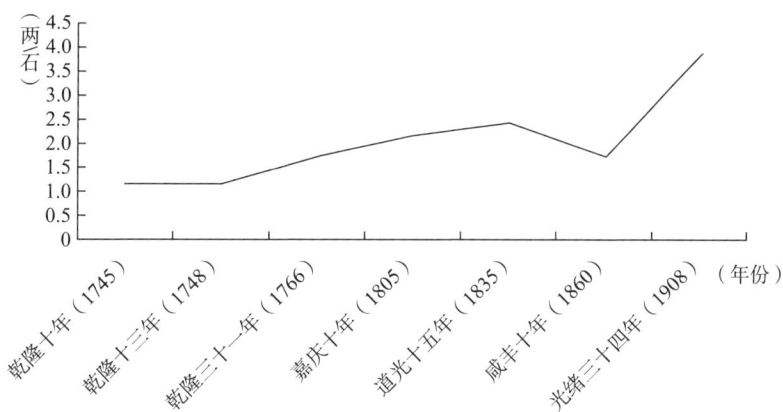

图 4-7 清代全国粮食均价变化统计

对于具体常平仓额是否真正影响到粮价，下面通过简单回归分析方法对此做进一步探讨。对于数据的处理，由于资料缺失，未找到道光年间山西省各府州确切的常平仓储额，但根据《晋政辑要》整理得到乾隆四年山西省各府州常平仓储额，虽然时期不一致，但常平仓储对粮价的影响机制是一致的。由于粮食最高价是市场主导形成的，而最低价则加入了政府调控等因素，故在数据的选取上本节采用粮食价格的最低价。因此本节主要是做乾隆四年（1739）山西省各府州常平仓储额与道光年间山西省粮食价格的最低价的相关分析，其中粮食价格指数的计算方法同第二章。具体的回归结果如下：

r = - 0.36，其绝对值大于 - 0.5 小于 - 0.3，属于低度相关关系，即常平仓储额与粮食价格的变动呈负相关关系，常平仓储额越多，山西省的粮食价格也就越低。因此，可以据此判断自然灾害对粮食价格可能有影响，虽然从相关系数看其影响的可能性较小。相关关系仅仅能判断出常平仓储额对粮食价格存在着影响的可能性，但却不能衡量常平仓储额对粮食价格的具体影响程度。因而接下来通过对常平仓储额（X）和最低价粮食价格（Y）数据进行回归分析，探讨二者之间可能存在的因果关系，得到的结果如下：

$$Y = - 0.02X + 1.32$$
$$(-1.65) \qquad (12.39) \qquad\qquad (4-4)$$

拟合度 $R^2 = 0.13$，表明粮食价格的 13% 可以由常平仓储额来解释，87% 要由其他因素来解释。根据上述结果，常平仓储额和其他因素所对应的 t 统计变量的值分别为 $t_x = - 1.65$ 和 $t_c = 12.39$，在显著性水平 $\alpha = 0.005$，自由度 n - 2 = 28，所以临界值 $t_{\alpha/2}$（28）= 2.763 小于 t_c 但大于 t_x，其中 c 代表截距项也就是其他因素，因此常平仓储额对粮食价格的影响不显著，其他因素对于粮食价格的影响显著。

常平仓储额与粮价有一定关系，且呈负相关关系，但其显著性略小，也就是说常平仓储额对于粮价的影响较小，常平仓对于粮价的调节并没有显著作用。事实上，常平仓即使在其发展阶段，也并未发挥控制市场粮价的作用。巨大的内耗使它仅能使个别地区的谷价平抑、灾情有所缓和。比如，乾隆十四年、嘉庆十七年、道光十五年全国总人口分别为 1.7 亿、3 亿和 4 亿，排除人口统计中的不实成分，其增长趋势仍是显而易见的。而同一时段里的全国仓储量却呈下降趋势。假设由于康雍乾盛世的基础，社会需要救济的人口相对减少，单就平稳粮价来说，仓储量的减少势必会影响其投入市场调节粮价的能力。道光年间爆发鸦片战争，咸丰年间爆发太平天国运动，之后几个朝代更是战争不断，这对仓储造成极大的破坏。因此，常平仓储额对粮价的调节作用有限。

第五章　粮价影响微观因素
——以太原府为例

　　粮食的市场价格是市场上的粮食供给与粮食需求共同决定的均衡值，因而粮食价格的波动趋势一方面可以反映粮食的供给与需求，另一方面能够在一定程度上调节粮食的供给量与需求量。

　　市场上的粮食需求增加或者供给不足会导致粮食价格呈上升趋势，反之，粮食需求不足或者供给增加则会导致粮食价格呈下降趋势。例如，正如我们所了解的那样，正常年内（非灾年）粮价波动受季节性因素影响明显。秋收时粮食的供给量会在短时间内大量增加，因而粮价会有一定程度的下降；春夏时粮食产量则相对较低，粮食供给不足，自然粮价会有一定程度的升高。

　　我们在此处谈到的粮价波动主要是针对较长的一段时间内（十年以上）的粮价变动趋势，因而在我们对粮食价格变动的影响因素的探讨中，不包括类似于上述季节性因素这样可以对短期内（一年内）粮价造成影响的因素，仅仅关注年度之间的粮价变动。

　　此外，粮食作为一种生活必需品，价格弹性较小。也就是说人们对于粮食的需求总是存在的而且基本保持不变，只是当一种粮食的价格升高的时候，一部分人会消费不起这一种粮食，因此他们会把原本对该种粮食的一部分需求转移到另一种价格更低的替代品上。即粮食市场上一种商品价格的变动会促使人们改变自己的消费结构，但对粮食市场总需求的影响却不大。但是对于粮食市场上的任意一种具体粮食来说，我们又会产生这样的设想：粮食价格对于其需求量的调节作用是否即时，即一种粮食的需求量是否取决于本期的粮食价格。

　　一般而言，某种粮食的市场价格会与该种粮食在市场上的需求量成反向变动，粮食的市场价格越高消费者对其的需求量越小，粮食的市场价格越低消费者对其的需求量就越大。然而事实往往并非如此——一旦某种粮食的价格呈现上涨趋势，消费者和经营者就会产生涨价心理预期，从而对该种粮食进行大量抢购，以期囤积居奇；当某种粮食的价格下跌时，消费者和经营者会产生降价的心理预期，因而会现需现买来降低库存量。

当然，现实生活中粮食价格对于供给的调节还不可避免地会有一个滞后期——因为粮食的生产周期很长，所以排除生产函数的变动之后，即使粮食价格上涨，也无法推动粮食立刻实现超量供给。这是由于粮食的生产周期较长，一旦生产者的种植决策改变，或者农田被占用，或者土壤肥力由于不可控因素遭到破坏而耽误农时，就需要等待较长的一段时间（半年甚至一年）才可以恢复生产，此时的粮食价格再高，产量也无法增加，供给自然无法保证。因此粮食的种植决策就很自然地会取决于生产者对粮食未来价格的预期。

鉴于上述存在于粮食市场价格与市场上粮食供给、需求之间种种关系的特殊性，讨论起来有一定的困难。而且清代道光朝距今已有将近200年，粮食市场的相关史实的记载缺失且无法精确考证，故考虑对道光年间的粮食市场做简化处理。

事实上，处于道光年间的中国尚可以算作自给自足的小农经济社会。我们对当时存在的市场价格机制是否能对外部变动做出敏捷迅速的反应尚且存疑，而且市场上的粮食供给量和需求量是否受市场自发调节也未能确定，因而只能简单就当时的情况做一个假设。在这里我们先假设山西省是一个封闭的区域，粮食价格只受粮食供求的影响，并且粮食价格能迅速随外部影响因素的变化做出反应，且不存在由消费者、商家所具有的心理预期而导致的囤货居奇或者去库存的现象。在后文我们会对太原府内价格机制的有效性，即粮食价格随外部影响因素的变化做出反应的敏感程度，用计量方法做一简单的分析。

本章以太原府为例，取道光年间五种主要粮食（小米、麦子、荞麦、高粱、豌豆）的价格作为主要数据，根据粮价数据在道光年间的不同年份所显示出的或上升或下降的趋势，研究影响太原府粮价波动的微观层面因素。由于我们采集到的数据中粮食价格有最高价和最低价之分，而粮食的最高价通常情况下是由市场供求均衡形成的，最低价基本源于政府的调控，因此本章采用最高价数据来探讨影响市场上的粮食供给和需求，进而影响粮食价格波动的市场性因素。其中，在供给方面的微观层面的因素主要有土地、劳动力、技术变迁，在需求方面的微观层面的因素主要是替代品、人口。

另外对数据还要进行一些预处理。首先，正如上文所说，为了得到一个长期内粮价波动趋势的影响情况，对原有的粮价数据进行 X_{12} 季节性平检。其次是在进行 X_{12} 季节性平检后，沿用第三章年度分析中对粮价数据的处理，将月度粮价数据转换为年度粮价数据。

第一节　总供给和总需求

一　太原府种植情况概述

粮食种植决策与当地的光照、气候、土壤等条件息息相关，因此，要想对太原府粮食种植情况有一个初步的了解，首先应该了解一下太原府的地区环境。

太原府地势开阔，位于山西省中部地区。自乾隆二十年（1755）后，太原府辖 1 州 10 县，府治阳曲，终至清亡。《晋政辑要》曾有如下描述："太原府属太原府知府，省会首郡，地当冲要，管辖十一州县，分别是阳曲县、文水县、太谷县、交城县、徐沟县、太原县、榆次县、祁县、岢岚州、岚县、兴县。因各区域的地理、生态环境不同，物产也有些许不同。"[1]

阳曲县、太原县、榆次县、太谷县、祁县、徐沟县、交城县、文水县等八县地处太原盆地，阡陌相连，加以有潇河、文峪河等较大支流，灌溉方便，为农业发展提供了有利条件，可广泛种植各种作物，"谷（即粟）为秋稼之主，东北一带村庄半居岗阜，地瘠苦寒，种麦者仅十分之一，惟河西及南乡泽卤之地多种麦"[2]，"小麦以宿麦为大宗，麦收在夏季时，约迟省南一节气，高粱面与小米俱常食，大宗，亦常食但非大宗"[3]。其中，太原县与阳曲县、榆次县相近，气候极其相似，"其气候与太原同，常以仲春种二麦，夏至获。四月种谷粟杂禾，秋后获。源涡有水

---

① 海宁辑《晋政辑要》卷九《户制》，光绪十三年（1887）本。

② 李培谦、华典修、阎士骧、郑起昌纂《阳曲县志》，清道光二十三年（1843）。

③ 成连增：《文水县乡土志》卷八《格政类》，清宣统元年（1909）。

田，泽艺晚稻"①。但是，总体而言，这八个地区内的作物种植以谷为主，小麦以春麦为主，同时开始了宿麦的种植。除少数几个县如文水县外，小麦仍以春麦为主。

岢岚州、岚县、兴县等三县则处在吕梁背斜山地区以及黄河东单斜高原区，由于受地理条件的限制，粮食生产较为有限。作物种植以莜麦为主，其次为谷子，春麦种植不广。光绪十七年（1891），岢岚州"农地广人稀，耕作必藉佃户，每岁所获分给其半，其余所收仅足以糊一家之口"。

二 总供给

由于我们掌握的资料不全并且没有具体的产量数据作支撑，所以只能暂且根据县志里的只言片语对道光年间太原府地区粮食丰足与否的情况做一个合理且粗略的推测。根据上文我们对太原府粮食作物种植情况的描述，为了判断太原府总体的粮食供给状况，首先需要明确太原府所辖11个县的粮食生产情况。

《晋政辑要》对太原府下辖各县的描述如下："阳曲县（省会首邑，路当孔道，旗民杂处，钱谷刑名事务纷纭）、徐沟县、太原县（南达陕豫，北连省会，事务繁多，民刁俗悍）、榆次县（四达冲衢，政务纷纭，民俗顽悍）、太谷县（民多事繁）、祁县（地当孔道，事务纷纭）、交城县（该县僻处山谷）、文水县（该县事务纷纭，民情刁诈，实为难治）、岢岚州（该州地处山谷，既属偏僻，节年钱粮又无拖欠，实不为疲疚）、岚县（地僻事少）、兴县（地僻事少）。"这里可以看出，各县与府治的距离远近决定了各县在府内所处的地位，地位不同因而所承担的职能也有所不同，造就了大相径庭的民风民俗，各县的粮食生产状况也有所差异。各县县志中有关田赋、风俗、物产等的记载也体现了这一点。

太谷县人多地丰，粮食生产能力强，粮食产量能实现自给自足，甚至可以实现自给有余。乾隆三十年（1765）《太谷县志》序记载，"阳邑（太谷县）荒服二万里外将来户口之殷庶，田赋之广充"，"（阳邑）地多，水平坡沙共5867顷，上等水地11顷，中等平地1040顷，次等坡地889顷，下等沙地3576顷，下次等地326顷，下等瘠薄地23顷（均取整数）"。

---

① 俞世铨、陶良骏纂《榆次县志》，清同治二年（1863）。

　　岢岚州则因地僻田瘠，几乎没有粮食产值，百姓生活贫苦。光绪《岢岚州志》中记载，"岢岚州僻处山间，山高田瘠绝少平原，地广人稀苦无产殖，土人俭而不勤，贾者率多他乡外省之人，以故直豫秦陇川楚客民借址于境，来往靡常而客当于主，又人丁欠旺恒以外姓"，"苛人赋重，田确寒窭刺骨"。虽然政府重视农黍免除田赋，曾实行了休养生息的政策，然而始终入不敷出，基本处于粮食短缺的状态。

　　岚县地理位置偏僻，土地贫瘠物产稀少，丰收的人家差不多是十分之一，而且经常有涝灾毁坏庄稼、民居。雍正《重修岚县志》中记载，"岚在岩僻之区，土性硗瘠物产凉薄，素丰之家十不得一，地之所出年康足供正赋，欠则逋逃比比。或其雨多浸溢，则崖塌水冲不知其几明，饥馑频仍，地之荒闲者益多，夫地有荒塌，籍有荒亡，而粮数如故，是以催科难而逋诏多"。因此饥馑频发，人民生活贫苦，常因不堪重负而逃亡他乡，据此可以判定该县粮食生产能力弱，处于严重缺粮的状态。

　　交城地广瘠薄，但是民勤俭朴。光绪《交城县志》中记载，"地瘠邑衡"，"交虽山邑而幅员之广，岁五百里土则谈文讲艺，农则犁涧开荒，商则贸远异域，工则习于皮革，野无游民山无弃地，生齿日以繁，衣食日以足"，全县几无荒地，生息可供日常，故而判定交城县已基本实现自给自足的粮食生产状态。

　　祁县土地广阔肥沃，百姓安居乐业，生活富庶。光绪《祁县县志》中，记载，"况禹迹所衍、冀州之近地，出贡赋以供天地宗庙社稷之祀之壤者哉？及入境，览其山川：麓峰峙其南，昌源绕其北，慨然于大夫奚之食报远焉。问其风俗，男务力稼，妇职女红。唐魏勤俭之德，犹有存者。稽其人物、选举：汉晋以来，贤士大夫代不乏有。以至田赋有乐利之遗"，故可判定祁县已基本实现自给自足，粮食生产能力强。

　　光绪《补修徐沟县志》中记载徐沟县为藩南首邑，省会要衢，地狭民贫，物产寡。

　　榆次县土地多数贫瘠，水灾频繁。光绪《榆次县续志》中记载，"榆之地土戴于石硗确而瘠，植物不茂，惟城之南北四十余里较为平坦，土亦肥润，而为漳水冲击，每当夏潦盛涨洪涛怒吼，田虞菽麦转瞬漂没，一年数徙种而无获，逋粮逃亡"。由此基本判定榆次县的粮食生产可自给自足，但逢灾害尤其是水灾，则会一年种而无获、粮食短缺。

兴县地广民富，粮食生产能力较强。光绪《兴县续志》记载，"道光五年折色银 8010 两 5 钱 4 分，内加丁银 2226 两 2 钱 6 分，屯粮内加粮不加丁。兴邑近年并未成炎，并未因炎新荒地亩，亦无水冲石积不堪耕种之老荒。丁口不减于前而征银已减一半。故自道光年间以后，丁粮尚不苦累，逃亡亦属无多"。综上可判定兴县在道光年间基本可实现自给自足。

阳曲县为全府中心，阡陌纵横，灌溉便利。道光《阳曲县志》记载，"冀州故冠九野而设山西省，而阳曲一邑又为全晋之枢"。

文水县土地肥沃，气候适宜。光绪《文水县志》记载，"文邑庶矣哉，虽年延册靡，编审无稽。第查近年土著，视前明奚啻倍徙。惟光绪三年大礼后，几去三分之一。户口之逃亡既众，土地之荒芜必多。牧斯民者，宜何如休养而生息之也"。可以之推断文水县农业生产能力较强，基本可实现自给自足。

由于缺乏资料，我们假设太原县与这个府本身一样，粮食也可以自给自足。

综上所述，清代太原府所辖的 11 个州县中，3 个县（阳曲县、太谷县、太原县）基本已实现自给有余，5 个县（交城县、兴县、榆次县、文水县、祁县）基本已实现自给自足，3 个州县（岢岚州、岚县、徐沟县）粮食短缺，其中岚县严重缺粮。

三　总需求

对于粮食的需求状况则可以根据公式 $D = P_u \times A$ 做定量计算。其中 D 表示某时期某地区内的粮食总需求，P_u 表示该时期该区域内总人口数，A 表示平均每人每年的粮食需求。

但由于古籍中对于人口的记载大多是户和丁，很少精确到口，故只能对道光年间太原府各县人口做大体的估计。

在这里我们拟采用梁方仲先生的平均每户口数对太原府总人口做一个合理的推测。梁方仲先生的《中国历代户口、田地、田赋统计原论》[1] 中记载：清道光十年至十九年山西省人口密度平均数为 97.81 人/平方公里，

---

[1]　梁方仲：《中国历代户口、田地、田赋统计原论》，《学术研究》1962 年第 1 期。

二十年至三十年人口密度平均数为 99.42 人/平方公里（附表 4 中 1820 年山西省太原府面积为 16500 平方公里），由此计算得到道光十年至十九年太原府人口数约为 1613865（97.81×16500），二十年至三十年太原府人口数约为 1640430（99.42×16500），假设在道光年间太原府的人口数均值取两者平均值，约为 1627148 人，即约为 160 万。

《退想斋日记》中对太原府田地、粮数、人口数有如下描述："田地五万九千五百七十二顷五十五亩九分有奇，额征地丁正银四十万四千七百八十二两五钱四分二厘。粮二万四千六百三十三石一斗二升有奇。户口原额人丁三十二万三千七百一十七。今滋生男丁共二百八万六千六百四十名口，计三十三万一千七百八十五户。"[1] 梁方仲先生在《中国历代户口、田地、田赋统计》中记载道光年间每户人口数约为 5 人，为取整计算所以我们在这里取一户五口计算。故太原府人口为 1657925 人，约为 165 万。

再由县志整理得到的各县人口相加，得到太原府人口数总计约为 127 万，其中因阳曲县资料缺失，故未将阳曲县人口数计入，故得到的数字偏小。阳曲县为全晋之枢，地域辽阔，其人口数介于榆次县（最多）与太原县（较多）间，假设其为 250000 人，则太原府总人口约为 152 万。综上得到的 152 万、165 万，取均值约为 160 万，故在这里取太原府人口 160 万。

梁方仲先生在《中国历代户口、田地、田赋统计》中写到，1952 - 1958 年和 1977 - 1981 年中国的人均谷物消费量每年为 230 公斤。这个重量化为容量单位，约为 2.6 石（清代标准），彭慕兰在《大分流》中提到 18 世纪全中国粮食消费的平均值为每年 2.2 石左右稻米当量。由于梁方仲先生的研究更为细致具体，所以我们更倾向于梁方仲先生的研究结果，故取 2.6 石，因此可计算得到太原府每年粮食总需求约为 416 万石。

第二节 供给层面分析

本节将从供给层面探究影响粮价波动的微观因素。根据微观经济模型，如果将生产主体模型化为厂商，那么一定技术条件下厂商的生产函数是 $Y = f(L, K, \cdots)$，由于资本、劳动力等因素影响产出，进而影响供给

---

① 刘大鹏著，乔志强标注《退想斋日记》，山西人民出版社，1990，第 335 页。

（其中这一转化过程涉及厂商行为与市场结构理论，较为复杂且无益于我们所要分析的问题，因此在这里不赘述），所以可以将我们的问题转化为考察粮食产出的影响因素。

在不同的时代，土地的作用是不同的，或者说土地对生产的影响程度是不同的。考虑到道光年间的太原府仍属于传统的农业社会，土地的数量与生产收益近乎呈现严格的正比例关系，显然土地对于地区的经济发展起着显著作用，因此在这里我们将土地作为生产要素引入生产函数，作为独立要素，与资本和劳动力并列，进行相应的估计分析。所以我们将从土地、劳动和技术三方面逐一分析其对粮食供给的影响，进而推导出其对粮价的影响。

一　土地

土地是人类社会生存和发展的基础，是一切生产和经营活动不可缺少的基本要素。普遍意义上的粮食生产是农民耕种的过程，为使研究方便，我们现在假设存在一个厂商雇用农民进行粮食生产，厂商要得到产出，就需要投入一定的生产要素，具体来说雇用农民即劳动力（L），花费金钱即资本（K）去购买种子、肥料以及田地（N），那么厂商的生产函数是 Y = f（L，K，N）。如果将这个厂商看做是地主（清代地主作为大土地拥有者，其对于劳动力、生产资料的安排，生产成本的计算以及对于市场情况都有一定了解，所以基本可以将其认定为理性人），那么他将获得农民劳作下产出的一部分，即封建地租，因此地租在一定程度上可以表征产出。目前由于地租数据的缺乏，故不能施行。但是正如上文所说，传统的农业社会中土地的数量与生产收益近乎呈现严格的正比例关系。因此土地数量的变化表征着产量的变化，根据土地数量可以得到产量对于粮价的影响。在古代，有田与地之分，田地之别有民田有更名地有屯田，皆丈而实其顷亩之数。北方曰水田为田，余皆为地。在文中一律称田地。

由表5-1可以看到，首先清代太原府各地区的田地数量在康熙二十四年（1685）相较顺治十四年（1657）大多有所增加，在光绪十三年（1887）大多有所减少。特别地，徐沟县的田地数量在光绪十三年较康熙二十四年反而有一定的增加，且增长1倍多；太原市地区的田地数量在光绪十三年相较康熙二十四年也有所增加，但幅度不是很大。

表 5 - 1　清顺治、康熙、光绪年间太原府田地数变化情况

单位：亩

	顺治十四年 （1657）	康熙二十四年 （1685）	光绪十三年 （1887）
太原市地区	1657387	1701079	2032298
太原县	586342	569240	538871
阳曲县	792172	845817	825782
徐沟县（并入清源乡）	278873	286022	667645
晋中地区	2082731	2077492	1974394
榆次县	920860	919483	919990
太谷县	624598	619909	616298
祁县	537273	538100	438106
吕梁地区	1659485	1638235	1581513
交城县	359505	397967	343660
文水县	805028	803803	803803
兴县	135079	147252	146840
岚县	359873	289213	287210
忻县地区	24143	196987	192862
岢岚州	24143	196987	192862

其次，局部而言，太原府各地区中晋中地区的田地数量在顺治十四年和康熙二十四年始终高于太原市地区、吕梁地区和忻县地区，在光绪十三年仅次于太原市地区田地数量；忻县地区只有岢岚州一个州，其田地数量始终是最少的；吕梁地区的田地数量在四个地区中居中，在顺治十四年与太原市地区的田地数量相差无几。之后几年太原市地区的田地数量有所增加，而晋中地区的田地数量反而一直在减少，因此太原市地区后来居上。

以太原县为例，由表 5 - 2 可见，太原县田地数量在明洪武到嘉靖年间，数量逐年减少，天启年间有所增长。到清代顺治年间略有增长，但增长幅度较小。康熙年间田地数量变化幅度较大，之后乾隆、道光时期有所下降，但变化不大。太原县田地数量在康熙和雍正年间一致，乾隆和道光年间也一样。可能原因是清代实行财政预算，对于田赋丁银的征收是根据前几年的情况确定一个定额数，对于田地数量的统计也是如此。

表 5 - 2   明洪武至清道光年间太原县田地变化情况

年份	田地（顷）
洪武	4830
永乐	4787
成化	4779
嘉靖	4749
天启	5200
顺治	5215
康熙	5710
雍正	5710
乾隆	5692
道光	5692

总体来看，太原府各县的田地数量在清代前期均有所增长，在光绪年间有一定幅度的减少。但田地数量基本维持稳定，变化也较为平稳。

考虑到缺乏太原府各县的粮价数据，但作为封闭区域的山西省，其境内土地对粮食产量的作用系数相差不大。因此，用全省田地数量代替太原府田地数量，比对全省粮价变化趋势，以期得到一个普适的规律，从而可以根据道光 30 年的粮价数据，反推出道光年间山西省田地变化情况。

根据第二章清代山西省田地数量变动趋势和第四章的清代粮价数据，做如下折数图描绘两者的变动趋势。

由图 5 - 1 和图 5 - 2 可知，清代山西省田地数量从顺治十八年开始逐年增长，至雍正二年达到一个顶峰。随后在乾隆十八年迅速下降到一个低谷，但在嘉庆十七年实现反弹，田地数量不断攀升，之后几年逐渐趋于平稳。而同阶段粮价先是趋于平稳，后在雍正二年开始有所增长，且幅度较大。在嘉庆十七年达到顶峰，之后逐年下降，虽在同治十二年较咸丰元年有所增加，但始终低于峰值。尽管如此，咸丰、同治和光绪年间的粮价较清代初期还是有所提高。

因此综合来看，当田地数量有所减少时，粮价反而是上升的；当田地数量有所增加时，粮价反而是下降的。据此可以认为田地数量与粮价存在一定负相关关系。

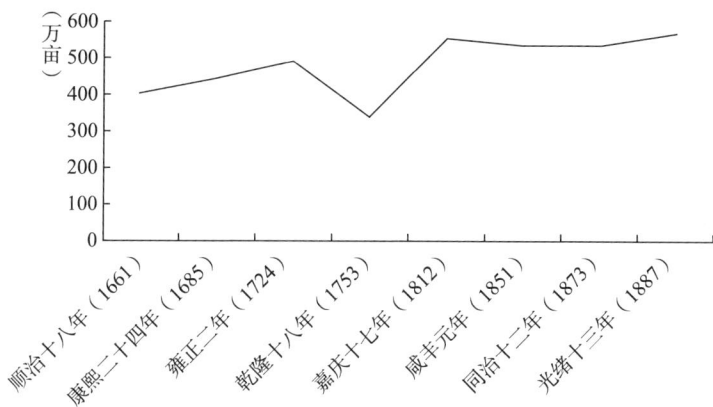

图 5 - 1 清代山西田地数量变化

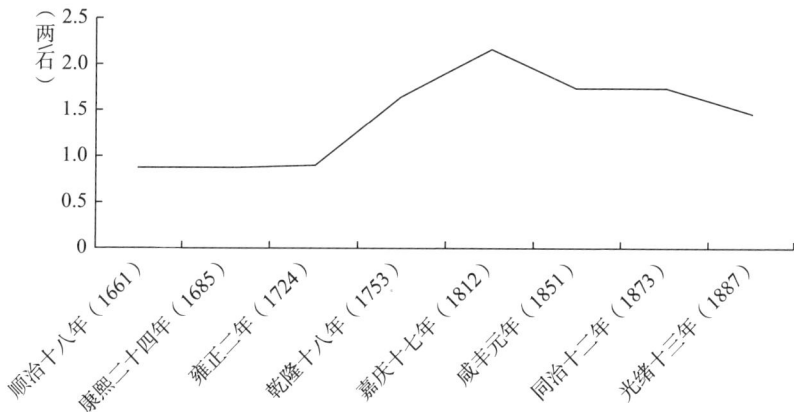

图 5 - 2 清代山西省粮食均价

二 其他作物影响

在清代，农业的发展没有出现明显的工业化，但是农业也存在技术的发展，我们将探讨这些技术发展对粮食价格的影响。道光年间的农业技术发展项目较多，本书主要从引进农作物的角度进行分析，针对玉米和罂粟的引进，分别分析其对不同作物的粮食价格来说有什么不同的影响。

鸦片在中国的大范围种植始于清代，其中山西是私种鸦片的重灾区，这对山西省来说影响重大。因为种植鸦片不仅仅占用大量土地，而且耗费大量的劳动力。而山西省总体来说粮食生产较为紧张，尤其逢连年灾害，粮食价格会大幅上涨，这时往往需要从归绥道、河南省以及陕西省调配粮食救助山西。人们受利益驱动，总会将有限的资源投入到收益最高的项目中，因此鸦片的暴利导致人们相较于粮食作物倾向于种植经济作物罂粟等。但是在这个过程中，由于鸦片的侵占，市场上粮食的供给势必受到一定影响。从经济学原理来说，当粮食的产量下降到一定程度，粮食对人们的效用将会急剧扩大。但是在实际生活中，需要考虑到人们在进行粮食生产时需要遵循自然规律，但也存在一定的盲目性。这种盲目性会使得人们在不完全了解信息的情况下，忽视粮食生产的规律，而一味追求利益最大化，因此极易产生粮食短缺，难以维系生产的情况。有学者就认为，罂粟的大面积种植是"丁戊奇荒"的重要原因。[1]

道光十一年时山西开始出现罂粟，大面积种植是在咸丰年间。道光十一年，有记载的鸦片种植始于河津地区，[2] 河津所在的绛州是第一个出现罂粟种植的府州。咸丰至光绪年间，山西大部分地区都有明确的且大规模种植罂粟的记载。仅平定府没有罂粟种植的相关记载，因此推断平定府很少甚至没有种植罂粟。

通过对比两个地区在同一时间点，在其他因素都不变的条件下，仅有某因素变化后的反馈，可以了解到该变化对于测试因素的影响。因此，将平定府作为参照，绛州作为比较对象。选取某一时间点，对比两个地区在出现罂粟种植后的变化，采用双重差分模型（Difference-in-Difference Model，即 DID 模型），来分析罂粟的种植对于粮食价格的影响。使用 Stata14 软件，分析结果见下表 5 - 3。

表 5 - 3　DID 模型分析结果

year	Robust					
	Coef.	Std. Err.	t	P > t	[95% Conf.	Interval]
did	− 1.07E − 13	1.852305	0	1	− 3.668724	3.668724
time	15	1.604143	9.35	0	11.82279	18.17721

---

① 吴朋飞、侯甬坚：《鸦片在清代山西的种植、分布及对农业环境的影响》，《中国农史》2007 年第 3 期。

② 吴朋飞、侯甬坚：《鸦片在清代山西的种植、分布及对农业环境的影响》，《中国农史》2007 年第 3 期。

续表

year	Robust					
	Coef.	Std. Err.	t	P > t	［95% Conf.	Interval］
treated	7.19E－14	1.066739	0	1	－2.11281	2.11281
_cons	5.5	0.923823	5.95	0	3.670253	7.329747

从结果可以看到，罂粟对于粮食价格波动的影响是非常明显的，尽管影响的相关系数较低。这说明罂粟对于粮食价格的影响是确实存在的，只是影响程度较低，可能是由于道光十一年的罂粟种植量不高。

第三节 需求层面分析

本节从需求层面探究影响粮价波动的微观因素。根据微观经济学的观点，个人需求不同即消费偏好不同，购买不同商品组合获得的效用就不同即心理满足感不同。可能你喜欢吃土豆，他喜欢吃红薯，他喜欢一次性购买多个，你喜欢一次购买一个。

根据需求函数可知，该商品的价格、其他商品的价格（主要是替代品的价格）和收入的多少是影响消费者需求的主要因素。但是根据上文的分析，可以认为清道光年间山西省的农民基本是用种粮所得满足基本生活，很少有其他收入。所以在对需求的分析中，相应忽略了收入的因素，而加入人口变动情况。即从人口变动和替代品两个方面分析它们对粮价的影响。

在接下来的讨论中我们将从人口变动情况和替代品两个方面分析其对粮食需求的影响，进而推出其与粮价波动之间的关系。此外我们还将利用恩格尔系数探讨当时的生活水平。

另外，由于中国的传统小农经济是以个体家庭为单位进行的农业生产，自给自足，因而从宏观层面来看这样的经济结构是稳定坚固的，但从微观的家庭层面来看极可能是脆弱的，因为个体家庭意味着只能靠天吃饭。基于此我们在下文讨论的主体是以家庭为单位。

一 人口（出生率、死亡率）

以山西省太原府太原县明洪武到清道光年间的人口波动情况为例，明朝时人口基本在 5 万 - 8 万之间波动，天启年间达到最多 8.1 万。清初顺治、康熙年间丁口数在 3 万上下波动，以一户两丁、一户五口对人口数进行估计，基本在 6 万 - 8 万之间。以康熙作为人口波动的节点，太原县人口数在雍正年间达到 21 万，相较明朝实现了 3 倍左右增长。之后乾隆、道光时的人口数基本平稳，但仍有小幅度的增长。

表 5 - 4　明洪武至清道光年间太原县田地、户、口统计

年份	田地（顷）	户（户）	口（人）
洪武	4830	9053	53719
永乐	4787	8256	50228
成化	4779	9422	51662
嘉靖	4749	9656	79068
天启	5200	9800	81200
顺治	5215	27339（丁）	
康熙	5710	31735（丁）	
雍正	5710	40212	213434
乾隆	5692	40396	220928
道光	5692	40436	224253

表 5 - 5　道光年间太原府各县户数、人口数统计①

	户（户）	口（人）
太原市地区	75861	456002
太原县	40436	224253
阳曲县	- ①	-
徐沟县（并入清源乡）	35425②	231749
晋中地区	63450	414893
榆次县	19543③	97715④
太谷县	38586	289225
祁县	5321	27953
吕梁地区	77338	386330
交城县	20500⑤	150000

---

① 由各县县志整理得到。

续表

	户（户）	口（人）
文水县	51254⑥	188312
兴县	2074	30000
岚县	3510	18018
忻县地区	2595	12978
岢岚州	2595⑦	12978
总计	219244	1270203

注：①阳曲县资料缺失故无确切的数据。

②徐沟县实在户 3226 户。清源乡乾隆时户 15500、口 125000；咸丰时户 32199、男口 131636、女口 83983；光绪四年大祲，贫民逃走及病毙者甚多，光绪六年查户 15810、男 43844、女 33908。

③《清朝山西赋役全书》，原额人 38064 丁，实在共人 55451 丁。雍正十年实在共人 58630 丁。清乾隆丁口数 5162351，每户平均丁口数 2.90，约为 3。而雍正距乾隆相差不多，故对于户的计算取每户 3 丁。

④由于人口数据缺失，道光十八年嘉兴府每户平均口数 5.42，太原府较嘉兴地贫人稀，故对于人口的计算取每户 5 口，下同。

⑤光绪三年以前计土著有 20500 余户，男女大小有 15 万名口，客籍不计。

⑥顺治八年蠲免伤亡人 104 丁，十一年编审共 36183 丁，十四年编审共 34317 丁，蠲免逃亡人 53 丁。康熙元年编审共 34695 丁，六年编审共 34245 丁，十一年编审共 34725 丁，光绪二年实在土著户 51254，口 188312。

⑦《清朝山西赋役全书》，原额人 5672 丁，实在共人 2622 丁。雍正十年定为常额，实在共人 2595 丁。岢岚州地僻人少，取每户 1 丁。

太原府下辖 11 州县，清源乡后并入徐沟县。就户口情况来看，其中文水县户口数最多，达到了 5 万多。太原县的户口数仅次于文水县，达到 4 万多。太谷县、徐沟县的户口数仅次于太原县，分别是 38586 和 35425。两个县都在 3 万以上，太谷县的户口数接近于 4 万。交城县的户口数 2 万多，榆次县的户口数将近 2 万，其余各县户口数均在 1 万以下，其中兴县的户口数最少，仅为 2074 户，岢岚州、岚县的户口数略高于兴县。就人口数来看，太谷县的人口数最多，将近 30 万。徐沟县和太原县的人口数相差不多，均为 20 多万。交城县和文水县的人口数接近 20 万。榆次县的人口数接近 10 万，其余各县的人口数均远小于 10 万。岢岚州的人口数最少，仅为 1 万多，岚县的人口数略高于岢岚州，将近 2 万。

延续上文对太原府各县区域的划分，太原县、徐沟县、阳曲县属于太原市地区，文水县、兴县、交城县、岚县属于吕梁地区，祁县、太谷县、榆次县属晋中地区，岢岚州属忻县地区。

尽管缺失阳曲县数据，太原市地区的户数、人口数在全省范围内仍是较高的，吕梁地区的户口数高于晋中地区，但人口数略低于晋中地区。忻县地区只有岢岚州一个州，故其户口数、人口数都是最低的。其中，不算阳曲县，太原市地区的人口达到45万多，晋中地区的人口达到41万多，吕梁地区的人口有38万多，忻县地区的人口有1万多。

如图5-3所示，山西省人口逐年上涨，尤其是在雍正二年后人口数量大幅度增长，乾隆十八年的人口密度几乎是雍正二年的3倍。而同期的粮价波动较为频繁，有上升有下降（见图5-4）。同样的是在雍正二年开始有一定的增长，增长幅度较大，乾隆十八年的粮价大概是雍正二年的2倍。但在乾隆五十一年至五十六年有所下降，之后粮价在道光十年至十五年继续上涨，达到2.418的峰值，道光二十年至三十年和咸丰元年的粮价呈下降的趋势。但从整体来看，粮价呈上涨的趋势，对应人口的大幅上涨，可就此得出人口对于粮价有正相关的影响，在这里同样通过计量中线性回归的方法对人口与粮价这一问题进行进一步的讨论。

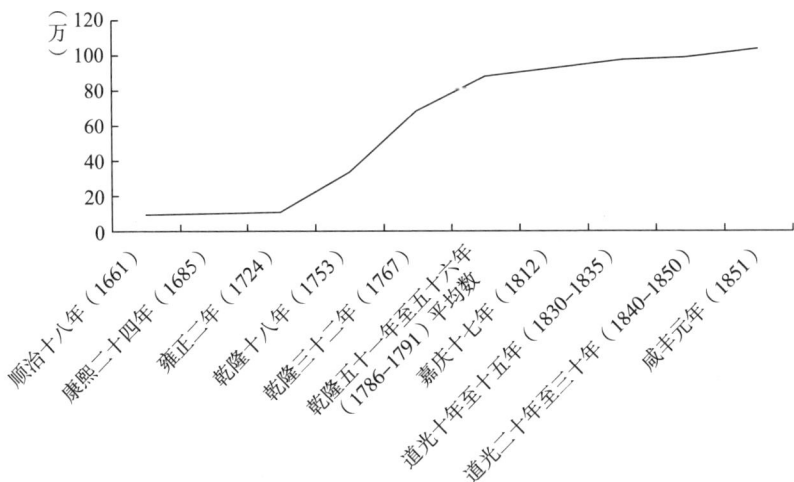

图5-3　清代人口密度

在对人口与粮价的计量分析中，选取道光三十年山西省连续的粮食价格指数，具体计算方法和数据沿用第二章。人口的数据选取较为麻烦，正如第二章所述，清代人口统计制度存在诸多弊病，如不计流民，只统计当地土著居民，那么统计得到的人口数应该是小于实际人口的。另外，由于清道光年间山西省已基本普及摊丁入亩政策，且征收定额税，所以对于人

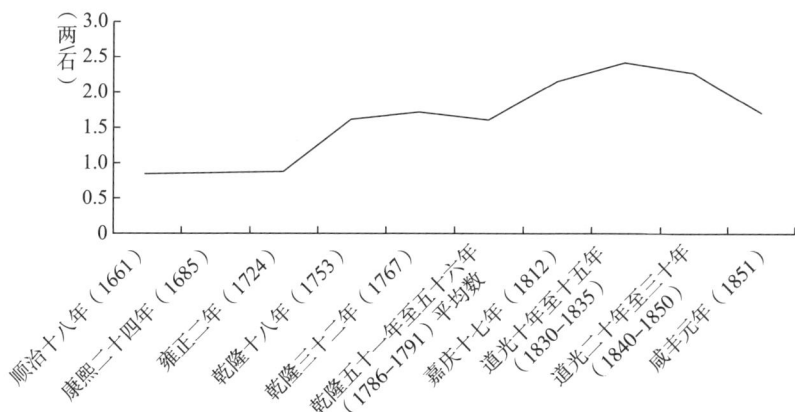

图 5-4 清代粮价波动

口的统计失去了它原有的意义，故人口数据的真实性值得怀疑。而且因为资料缺失，未查到道光朝 30 年间连续的人口数据，因全国范围的人口在年度之间的变动趋势与山西省的大致相同，故我们选用全国人口数来代表山西省人口数。综上，对数据的选取上，粮食价格选用第二章计算得到的全省粮食价格指数，人口数选用道光 30 年连续的全国人口数据，尽管数据不对应，但人口对于粮价的影响机制是根本的，是不随数据的变化而改变的，故可以采用上述处理方法。

理论上讲，人口意味着需求，人口增加意味着需求增加。如果供给不变，当期的需求增加，则市场供不应求，商品价格随之上涨。粮食生产周期长，供给不能随时改变，农民只能根据前一年市场的状况安排种植，所以供给的改变有一定的滞后性。即从理论上讲，当粮食需求随着人口增加而增加时，当期的粮食供给基本是不变的，因此粮价上涨，也就是说若清道光时人口与粮价之间存在一定关系，则应该是呈正相关关系。

计量结果显示人口与粮价呈负相关，与理论推测不同，我们认为有以下两种原因：一是人口增加带来的新增劳动力创造的生产大于新增人口带来的消耗。虽然人口增加不一定会带来劳动力的增加，其中存在着人口结构的问题，若人口增加的部分中新生儿占比降低，则劳动力数量整体上是降低的。但在当时尚不存在老龄化问题，所以不可否认劳动力增加对于供给增加的作用。若新增的生产大于消耗那么粮价市场整体上是供大于求的，也就是粮价应该是降低的。二是区域间的人口流动尤其是外出经商人口的增加对于当地人口数量的影响，正如第二章所述，晋中地区商业发达，晋中商人遍及全省，甚至全国都有他们的足迹。晋北地区人口流动普遍，多流向口外的内蒙古地区。晋南地区乡村人口多流向陕西、河南等地。人口向外流出，当地人口数量会有一定的减少，相应的需求会随之减少，粮价会有所下降。

二 替代品

正如上文所述，价格对于粮食需求的调节是即时的。当一种粮食 H 价格变动，人们对该种粮食 H 的需求也会随之变化。此外，与之相关的粮食替代品 M 的价格势必也会跟着变化，虽然变化在时间上有滞后，但趋势总体上是一致的。因为价格变动就存在着人们对于粮食的选择，选择即意味着消费比例的变化，也就是说替代品 M 的存在对于粮食 H 的价格是有影响的。所以在正式的叙述开始之前，先就某种粮食的替代品对该种粮食的影响做一个简单的分析。此处我们选取小米为基准粮食，采用多变量回归方程的方式观测当小米的价格变动时，哪种粮食与之相关甚密，期望得出具体的回归方程明确影响的大小。

我们采用小米与其他四种作物逐一进行线性回归，并比较五种作物之间的相关系数，其中拟合度最高、相关系数最高的作物作为我们的替代品进行下一步的研究。

设太原府小米的最高价为 TYXM，麦子的最高价为 TYMZ，荞麦的最高价为 TYQM，高粱的最高价为 TYGL，豌豆的最高价为 TYWD，运用 Eviews 软件对五种粮食进行相关系数分析得到的结论如表 5 - 6 所示。

表 5 - 6　五种粮食相关系数分析结果

	LNTYXM	LNTYGL	LNTYMZ	LNTYQM	LNTYWD
LNTYXM	1.000000	0.905413	0.759265	0.759261	0.930859
LNTYGL	0.905413	1.000000	0.799944	0.732094	0.865826
LNTYMZ	0.759265	0.799944	1.000000	0.660216	0.743975
LNTYQM	0.759261	0.732094	0.660216	1.000000	0.844285
LNTYWD	0.930859	0.865826	0.743975	0.844285	1.000000

小米和高粱、小米和豌豆相关系数最高，所以选定小米作为被解释变量，其余作为解释变量。

（一）用普通最小二乘法估计模型

$$\ln \hat{Y} = 0.01 + 0.499LNTYGL - 0.127LNTYQM + 0.043LNTYMZ + 0.787LNTYWD$$

$$(0.491)(10.72)(-3.26)(0.84)(16.45)$$

$$R^2 = 0.9087, \overline{R}^2 = 0.9077, F = 906.10, D.W. = 0.19。 \tag{5-1}$$

（二）检验简单相关系数

表 5-7　四种粮食简单相关系数分析结果

	LNTYGL	LNTYMZ	LNTYQM	LNTYWD
LNTYGL	1.000000	0.799944	0.732094	0.865826
LNTYMZ	0.799944	1.000000	0.660216	0.743975
LNTYQM	0.732094	0.660216	1.000000	0.844285
LNTYWD	0.865826	0.743975	0.844285	1.000000

其中高粱（LNTYGL）与豌豆（LNTYWD）存在高度相关性。

（三）找出最简单的回归形式

分别作 LNTYXM 与 LNTYGL、LNTYMZ、LNTYQM、LNTYWD 间的回归：

$$\ln \hat{Y} = 0.211 + 1.176LNTYGL$$
$$(9.98)\quad(40.86)$$
$$R^2 = 0.82, D.W. = 0.126。 \tag{5-2}$$

$$\ln \hat{Y} = 0.724 + 1.463LNTYMZ$$
$$(43.39)\quad(22.35)$$
$$R^2 = 0.58, D.W. = 0.064。 \tag{5-3}$$

$$\ln \hat{Y} = 0.497 + 0.99LNTYQM$$
$$(19.14)\quad(22.35)$$
$$R^2 = 0.58, D.W. = 0.060。 \tag{5-4}$$

$$\ln \hat{Y} = 0.005 + 1.104LNTYWD$$
$$(0.23)\quad(48.81)$$
$$R^2 = 0.87, D.W. = 0.153。 \tag{5-5}$$

（四）逐步回归

将其他解释变量分别导入上述初始回归模型，寻找最佳回归方程：

表 5-8　逐步回归分析结果

	C	LNTYWD	LNTYMZ	LNTYQM	LNTYGL	$\overline{R}^2$	D. W.
Y = f（TYWD）	0.005	1.104				0.866	0.153
T 值	(0.23)	(48.81)					
Y = f（TYWD, TYMZ）	0.066	0.972	0.288			0.876	0.165
T 值	2.764	29.813	5.436				
Y = f（TYWD, TYMZ, TYQM）	0.044	1.076	0.303	-0.145		0.879	0.182
T 值	1.832	23.746	5.775	-3.248			
Y = f（TYWD, TYMZ, TYGL）	0.028	0.692	0.026		0.504	0.906	0.175
T 值	1.357	17.948	0.510		10.725		

第一，在初始模型中引入 TYMZ，模型拟合优度提高，且参数符号合理，变量也通过了 t 检验，D. W. 检验也表明不存在 1 阶序列相关性；

第二，引入 TYMZ，拟合度再次提高，且参数符号合理，变量也通过了 t 检验；

第三，引入 TYQM，修正的拟合优度反而略有下降，同时参数符号不合理；

第四，去掉 TYQM，引入 TYGL。

因为缺乏有效办法就上述小米与豌豆相关性做进一步讨论，特别是观察豌豆价格的波动滞后几阶而与小米价格的波动同步，无法判断两种粮食的确切滞后阶数，也就没办法了解豌豆价格如何引起小米价格的变动，故对于替代品的探讨只能止步于此。

第六章 市场整合问题：以太原府和汾州府为例

前面我们研究了道光年间山西省各个区域各自市场的粮食价格波动情况，接下来我们讨论山西省各区域之间的市场整合情况。在讨论之前，我们先来界定市场整合的划分层次。

根据市场整合程度的不同，我们将市场整合程度分为三个层次：完全整合、不完全整合和市场隔离。

完全整合是指在某种粮食在两地市场之间贸易量大于或等于零的情况下，并且两地该种粮食市场价格之间的价格差等于该种粮食在这两个市场间进行交易的交易成本，即：

$$\Delta R_t = 0, G_t^{MN} \geqslant 0 \qquad\qquad (6-1)$$

这里的 $\Delta R_t = P_t^M - P_t^N - C_t^{MN}$，t 代表时期，$\Delta R_t$ 为 t 时期出发地 N 和目的地 M 两地同种粮食价差与交易成本的差值，P_t^N 和 P_t^M 分别代表 t 时期该种粮食分别在出发地 N 和目的地 M 流动的单位价格，C_t^{MN} 是该种粮食在 t 时期由出发地 N 流通到目的地 M 的单位交易成本，G_t^{MN} 是该种粮食在 t 时期由出发地 N 流向目的地 M 的贸易流量。

为了简化问题，我们假定贸易单向流动，但这并不妨碍对于实际中双向贸易存在时的情况的分析。式（6-1）中 $\Delta R_t = 0$ 表示 M、N 两地同种粮食价差等于交易成本，此时对套利商人来说，进行该种粮食贸易可以获得的边际套利收益为 0，也就是说商人将该种粮食从出发地 N 地运输到目的地 M 地所能获得的利润为 0。这时两府间粮食市场处于完全整合的状态，无论此时两府间是否存在贸易流动。因此，从式（6-1）中我们可以看出，某种粮食具有零边际套利收益是使该种粮食在出发地 N 和目的地 M 两地市场间达到完全整合的必要条件，某种粮食具有零边际套利收益和该种粮食在出发地 N 和目的地 M 之间有贸易流动是 M、N 两地市场达到完全整合的充分条件,而出发地 N 和目的地 M 之间有贸易流动不是 M、N 两地市场间达到完全整合的必要条件。比如 $G_t^{MN}=0$ 所反映的就是一种在出发地 N 和目的地 M 之间存在零贸易状态下的完全整合的市场状态,在这种情况下,该种粮食在 M、N 两地之间贸易发生与不发生对套利者来说无差异。

不完全整合指在某种粮食在两地市场之间存在贸易流动时,并且两地该种粮食在市场上市场价格之间的价格差不等于该种粮食在这两个市场间进行交易的交易成本,即:

$$\Delta R_t \neq 0, G_t^{MN} > 0 \qquad\qquad (6-2)$$

这里的 $\Delta R_t = P_t^M - P_t^N - C_t^{MN}$,t 代表时期,$\Delta R_t$ 为 t 时期出发地 N 和目的地 M 两地同种粮食价差与交易成本的差值,P_t^N 和 P_t^M 分别代表 t 时期该种粮食分别在出发地 N 和目的地 M 流动的单位价格,C_t^{MN} 是该种粮食在 t 时期由出发地 N 流通到目的地 M 的单位交易成本,G_t^{MN} 是该种粮食在 t 时期由出发地 N 流向目的地 M 的贸易流量。

在式(6-2)中 $G_t^{MN} > 0$ 表示 M、N 两地该种粮食存在贸易流动,在这种情况下,$\Delta R_t \neq 0$ 表示边际套利收益不为零。既然存在 M、N 两地该种粮食的贸易流动,那么说明该种粮食在 M、N 两地之间进行流通贸易是有利可图的,因而对套利商人来说从事该种粮食在两地之间的贸易的边际套利收益不为 0。另外,在 M、N 两地有该种粮食贸易流动的情形下,进行该贸易所能获取的边际套利收益仍然大于零,意味着该种粮食在 M、N 两地间的正常贸易流通可能受到了一定的阻碍,因而存在套利者的获利空间。即套利商人可以通过整合贸易中的阻碍环节来获取套利收益,因此此时在 M、N 两地间关于该种粮食的贸易流通是可以得以进行的。同理,在 M、N 两地进行某种粮食贸易流通时所能获得的边际套利收益小于零,则表明该种粮食在 M、N 两地间的贸易流通在套利商人进行该项贸易时所能获取到的利润为负时才能发生,造成这种情况的原因可能是目的地 M 对于该种商品的稀缺性。关于这一点,比较典型的例子是在中世纪欧洲与亚洲之间进行的有关茶叶和丝绸的贸易。郭卫东(2013)认为:"生丝市价高涨至每担银 180 两。由于美洲和欧洲市场的需求,中国丝品脱颖而出,与美洲白银一并成为转运货物的最大宗,从而在国际市场上演出了一幕丝绸流向世界，白银流向中国的货物对流的大剧，被学者称为'丝银之路'。并且，在很多年份，茶叶的出口额约占中国全部外贸出口额的 90% – 95%。当时清朝的有识之士对此深有体会，一份鸦片战前的文人策论说：英吉利'最获利者，莫如出口之茶叶，每年大小数十舶，航运回国'。"①由此我们可以看到，虽然欧洲商人在茶叶丝绸贸易中所能获取的利润为负，但是基于当地对于茶叶和丝绸等商品的稀缺性，该贸易仍然得以进行。虽然以上这两种情况都说明了两地市场之间具有一定程度的关系，但它们却都不是帕累托有效的，所以我们称之为不完全整合市场。

市场隔离是指某种粮食在两地市场之间没有贸易流动时，并且两地该种粮食市场价格之间的价格差不等于该种粮食在这两个市场间进行交易的交易成本，即：

$$G_t^{MN} = 0, \Delta R_t \neq 0 \qquad\qquad (6-3)$$

这里的 $\Delta R_t = P_t^M - P_t^N - C_t^{MN}$，t 代表时期，$\Delta R_t$ 为 t 时期出发地 N 和目的地 M 两地同种粮食价差与交易成本的差值，P_t^N 和 P_t^M 分别代表 t 时期该种粮食分别在出发地 N 和目的地 M 流动的单位价格，C_t^{MN} 是该种粮食在 t 时期由出发地 N 流通到目的地 M 的单位交易成本，G_t^{MN} 是该种粮食在 t 时期由出发地 N 流向目的地 M 的贸易流量。

式（6-3）是指无论套利商人在 M、N 两地之间进行该种粮食的贸易活动时所能获得的边际套利收益是大于零还是小于零，M、N 两地之间该种粮食都没有贸易流动。这反映出了 M、N 两地该种粮食的市场间没有互相连接的关系。而边际套利收益大于零，小于零之间的不同在于：前者表明 M、N 两地之间该种粮食的贸易活动中是有一定套利空间存在的，但是因为在两地交易市场间存在着各种阻碍该种粮食贸易流通顺利进行的因素，从而使得 M、N 两地之间没有发生任何关于该种粮食的贸易流通活动。后者则表明 M、N 两地市场间进行该种粮食的贸易流通活动时不存在套利空间，故在两地市场间不发生该种粮食贸易。

我们由式（6-1）到（6-3）对市场整合程度划分层次的界定表明，

---

① 郭卫东：《丝绸、茶叶、棉花：中国外贸商品的历史性易代——兼论丝绸之路衰落与变迁的内在原因》，《北京大学学报》（哲学社会科学版）2014 年第 4 期。

来自贸易流动和市场价格关系两方面的信息都能够反映两地市场整合的程度和效率。当然在这种情况下，后者需要以两地同种粮食的市场价格差减去该种粮食在两地间流通贸易所产生的全部交易成本的差值与零之间的大小关系来衡量。当然，影响这两者的因素首先包括两地该种粮食供需状况的变化、季节性粮食价格变化以及该种粮食在两地间进行流通所需要的交易成本的变化等。另外一个与市场效率的衡量直接相关的因素是两地该种粮食各自市场内部的竞争程度，竞争程度高的市场其贸易流动和价格波动关系一般更能反映一价定律。[①] 除此之外，还存在阻碍贸易有效流动的其他原因。比如两地存在的政府对当地该种粮食市场价格的干预政策（包括各自的关税比例和非关税贸易壁垒等）、运输瓶颈、信息不完全和风险厌恶规避等。以上我们所述的因素都有可能导致市场的分隔并偏离一价定律，从而降低两地间市场整合度。

另一个仍然需要我们在这里回答的问题是当两地市场价格关系符合一价定律的时候，即两地某种粮食的市场价格间的价格差减去交易成本等于零时，是否就意味着两地该种粮食市场的完全整合。例如公式（6-2）中的情况，但这有一个前提是曾有过该种粮食的贸易发生，否则很可能在那两个地区间存在着地区性价格垄断的情况。所以，虽然在某个特定时间点上存在贸易流动只是达成市场整合的充分条件而不是必要条件，但其对我们对于整体贸易流动情况的了解，以及对市场是否有效的判断仍然是必要的。这一点我们将在本章第四节中做探讨。再比如式（6-2）所反映的价格关系，在市场上现存的买者和卖者都比较分散、在区域内运输成本比较高、没有明显的贸易流动的情形下，这也有可能是寡头定价行为的结果。因此，对一个市场整合状况的检验是个比较复杂的过程，我们需要根据不同情况来进行综合判断，一般需要三个方面的信息：价格（P_t^N 和 P_t^M）、交易成本（C_t^{MN}）、和贸易量（G_t^{MN}）。所以我们接下来分别从交易成本和贸易的角度来考察道光年间五种粮食作物在山西省内的市场整合情况。因为贸易或者交易最基本的单元就是相邻府间的贸易，所以本章就先从省内贸

[①] 一价定律（the law of one price）即绝对购买力平价理论，它是由货币学派的代表人物弗里德曼（1953）提出的。一价定律可简单地表述为：当贸易开放且交易费用为零时，同样的货物无论在何地销售，用同一货币来表示的货物价格都相同。

易中抽取两个相邻的州府——太原府和汾州府，以太、汾两地之间的交易成本和贸易来考察它们之间的市场整合程度。

第一节　交易费用

粮食在不同地区市场间流通是存在交易成本的，比如运输费用、搜索成本等，这一节我们从交易成本的角度来衡量汾州府与太原府粮食市场整合的状况。

但是基于现实经济的复杂性，我们无法对交易成本进行直接观察和衡量，这就需要借助适当的计量手段来模拟交易成本。一般而言，同种粮食在不同地区间的价格关系是非线性的，所以我们应采用非线性方法研究市场空间整合。因而我们在这一节中使用具有更多经济含义的误差修正模型（VECM）对粮价进行分析研究。

一　模型的构建

假设某种粮食在 T（太原府）、F（汾州府）两地交易过程中存在交易成本 C（C > 0），那么 T、F 两地商品价格差 $P_F - P_T$ 满足如下三种状态：

（1）$P_F - P_T > C$；（2）$-C < P_F - P_T < C$；（3）$P_F - P_T < -C$。

其中，P_T 表示某种粮食在太原府的市场价格，P_F 表示某种粮食在汾州府的市场价格，C 表示两府市场间的交易成本。

在状态（1）中，$P_F - P_T > C$，即该商品在太原府的价格与其在汾州府的价格之差超过该种粮食在汾州府和太原府两地之间流通所需要付出的交易成本 C。由于我们假设该种粮食在太原府价格较低，汾州府该种粮食价格较高，因而此时会有商人将该种粮食从太原府运输到汾州府进行交易，以获取利润。在价格差 $P_F - P_T$ 不低于交易成本 C 的情况下，这一活动会持续进行。随着时间的推移，汾州府该种粮食数量逐渐增加，太原府该种粮食数量逐渐减少。由于粮食是正常品，因此，根据马歇尔需求曲线，随着汾州府该种粮食数量的增多，汾州府该种粮食的市场价格会逐渐下降，同理，随着太原府该种粮食数量的减少，太原府该种粮食的市场价格会逐渐上升。这样就使得两个地区间该种粮食的市场价格差距逐渐缩小，最终导致该种粮食在两地之间市场价格的价格差等于该种粮食在两地之间贸易流通所产生的交易成本，因此原本存在于两地市场间的套利机会消失。此时汾州府和太原府两地商品市场处于完全整合状态，见图 6 – 1 中的点 A。

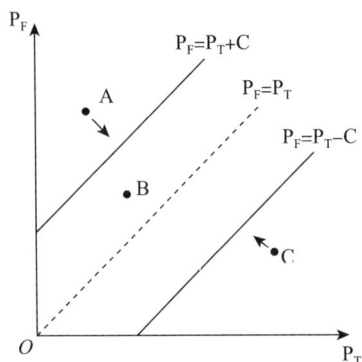

图 6 – 1　P_T、P_F 与 C 之间的关系

　　类似地，在状态（3）中，$P_F - P_T < -C$，即某种粮食在汾州府的市场价格与其在太原府的市场价格之差超过该种粮食在它们之间进行流通的交易成本 C，此时会有商人将该种粮食从汾州府运输到太原府进行交易，以进行套利。在时间的推移下，随着太原府该种粮食在市场上数量的增加及汾州府该种粮食在市场上数量的减少，使得两个地区间该种粮食的市场价格差逐渐缩小，最终导致该种粮食在两地之间的市场价格差等于该种粮食在两地之间贸易流通所产生的交易成本，原本存在的套利机会消失，此时两地间该种粮食的市场处于整合状态，见图 6 – 1 中的点 C。

　　在状态（2）中，$-C < P_F - P_T < C$，即该种粮食在汾州府和太原府两地之间的市场价格差低于该种粮食在两地之间贸易流通所需要的交易成本 C，此种状态下在两地市场上不存在套利机会，因而我们将状态（2）称为该市场的"非贸易"状态，见图 6 – 1 中的点 B。

　　基于跨地区价格之间所呈现的非线性关系，由于我们发现数据具有协整关系的非平稳时间序列，我们下面建立门限向量误差修正模型（VECM）：

$$\Delta P_{F_t} = \alpha^{(d)} Fecm_{t-1} + \sum_{n=1}^{k} \varphi^{(d)} 11, n\Delta P_{F_{t-n}} + \sum_{n=1}^{k} \varphi^{(d)} 21,$$

$$n\Delta P_{T_{t-n}} + \varepsilon^{(d)} 1t, ecm_{t-1} < -\gamma \qquad (6-4)$$

$$\Delta P_{T_t} = \alpha^{(d)} Tecm_{t-1} + \sum_{n=1}^{k} \varphi^{(d)} 12, n\Delta P_{F_{t-n}} + \sum_{n=1}^{k} \varphi^{(d)} 22,$$

$$n\Delta P_{T_{t-s}} + \varepsilon^{(d)}1t, \mathrm{ecm}_{t-1} < -\gamma \tag{6-5}$$

$$\Delta P_{F_t} = \alpha^{(c)}Fecm_{t-1} + \sum_{n=1}^{k}\varphi^{(c)}11, n\Delta P_{F_{t-s}} + \sum_{n=1}^{k}\varphi^{(c)}21,$$

$$n\Delta P_{T_{t-s}} + \varepsilon^{(c)}1t, -\gamma < \mathrm{ecm}_{t-1} < \gamma \tag{6-6}$$

$$\Delta P_{T_t} = \alpha^{(c)}Tecm_{t-1} + \sum_{n=1}^{k}\varphi^{(c)}12, n\Delta P_{F_{t-s}} + \sum_{n=1}^{k}\varphi^{(c)}22,$$

$$n\Delta P_{T_{t-s}} + \varepsilon^{(c)}1t, -\gamma < \mathrm{ecm}_{t-1} < \gamma \tag{6-7}$$

$$\Delta P_{F_t} = \alpha^{(u)}Fecm_{t-1} + \sum_{n=1}^{k}\varphi^{(u)}11, n\Delta P_{F_{t-s}} + \sum_{n=1}^{k}\varphi^{(u)}21,$$

$$n\Delta P_{T_{t-s}} + \varepsilon^{(u)}1t, \gamma < \mathrm{ecm}_{t-1} \tag{6-8}$$

$$\Delta P_{T_t} = \alpha^{(u)}Tecm_{t-1} + \sum_{n=1}^{k}\varphi^{(u)}12, n\Delta P_{F_{t-s}} + \sum_{n=1}^{k}\varphi^{(u)}22,$$

$$n\Delta P_{T_{t-s}} + \varepsilon^{(u)}1t, \gamma < \mathrm{ecm}_{t-1} \tag{6-9}$$

上面的式（6-4）到式（6-9）的门限向量误差修正模型描述了汾州府和太原府两地粮食市场价格的变动如何被误差修正项 $\mathrm{ecm}_{t-1} = P_{F_{t-1}} - bP_{T_{t-1}}$ 决定。其中，t 表示时期，ΔP_{T_t} 表示 t 时期比 t-1 时期太原府某种粮食市场价格的变化量，ΔP_{F_t} 表示 t 时期比 t-1 时期汾州府某种粮食市场价格的变化量，$\alpha_T^{(d)}$ 表示两府粮食价格差位于下区间内时太原府的粮食价格调整的平均速度，$\alpha_F^{(d)}$ 表示两府粮食价格差位于下区间内时汾州府的粮食价格调整的平均速度，$\alpha_T^{(c)}$ 表示两府粮食价格差位于中区间内时太原府的粮食价格调整的平均速度，$\alpha_F^{(c)}$ 表示两府粮食价格差位于中区间内时汾州府的粮食价格调整的平均速度，$\alpha_T^{(u)}$ 表示两府粮食价格差位于上区间内时太原府的粮食价格调整的平均速度，$\alpha_F^{(u)}$ 表示两府粮食价格差位于上区间内时汾州府的粮食价格调整的平均速度，ecm_{t-1} 为误差修正项。

为了更加直观地观察两地粮食市场价格间的非线性关系，我们对协整参数施加 b=1 的约束。施加约束后，误差修正方程等价为汾州府和太原府两地粮食价格差。那么，受约束三状态向量误差修正模型描述了两地粮食价格的变动如何被两地粮食市场价格差 $P_{F_{t-1}} - P_{T_{t-1}}$ 所决定，如下所示：

$$\Delta P_{F_t} = \alpha^{(d)}F(P_{F_{t-1}} - P_{T_{t-1}}) + \sum_{n=1}^{k}\varphi^{(d)}11,$$

$$n\Delta P_{F_{t-n}} + \sum_{n=1}^{k} \varphi^{(d)} 21, n\Delta P_{T_{t-n}} + \varepsilon^{(d)} 1t \qquad (6-10)$$

$$\Delta P_{T_t} = \alpha^{(d)} T(P_{F_{t-1}} - P_{T_{t-1}}) + \sum_{n=1}^{k} \varphi^{(d)} 12,$$

$$n\Delta P_{F_{t-n}} + \sum_{n=1}^{k} \varphi^{(d)} 22, n\Delta P_{T_{t-n}} + \varepsilon^{(d)} 1t \qquad (6-11)$$

$$P_{F_{t-1}} - P_{T_{t-1}} < -\gamma \qquad (6-12)$$

$$\Delta P_{F_t} = \alpha^{(c)} F(P_{F_{t-1}} - P_{T_{t-1}}) + \sum_{n=1}^{k} \varphi^{(c)} 11,$$

$$n\Delta P_{F_{t-n}} + \sum_{n=1}^{k} \varphi^{(c)} 21, n\Delta P_{T_{t-n}} + \varepsilon^{(c)} 1t \qquad (6-13)$$

$$\Delta P_{T_t} = \alpha^{(c)} T(P_{F_{t-1}} - P_{T_{t-1}}) + \sum_{n=1}^{k} \varphi^{(c)} 12,$$

$$n\Delta P_{F_{t-n}} + \sum_{n=1}^{k} \varphi^{(c)} 22, n\Delta P_{T_{t-n}} + \varepsilon^{(c)} 1t \qquad (6-14)$$

$$-\gamma < P_{F_{t-1}} - P_{T_{t-1}} < \gamma \qquad (6-15)$$

$$\Delta P_{F_t} = \alpha^{(u)} F(P_{F_{t-1}} - P_{T_{t-1}}) + \sum_{n=1}^{k} \varphi^{(u)} 11,$$

$$n\Delta P_{F_{t-n}} + \sum_{n=1}^{k} \varphi^{(u)} 21, n\Delta P_{T_{t-n}} + \varepsilon^{(u)} 1t \qquad (6-16)$$

$$\Delta P_{T_t} = \alpha^{(u)} T(P_{F_{t-1}} - P_{T_{t-1}}) + \sum_{n=1}^{k} \varphi^{(u)} 12,$$

$$n\Delta P_{F_{t-n}} + \sum_{n=1}^{k} \varphi^{(u)} 22, n\Delta P_{T_{t-n}} + \varepsilon^{(u)} 1t \qquad (6-17)$$

$$\gamma < P_{F_{t-1}} - P_{T_{t-1}} \qquad (6-18)$$

上面的方程组中参数和变量的含义与之前的式（6－4）至式（6－9）所包含的参数和变量含义相同。并且，式（6－10）至式（6－18）中，式（6－12）是式（6－10）、（6－11）两式的适用条件，式（6－15）是式（6－13）、（6－14）两式的适用条件，式（6－18）是式（6－16）、（6－17）两式的适用条件。$P_{F_{t-1}} - P_{T_{t-1}}$ 表示上期汾州府和太原府两地粮食市场价格之差，以 $-\gamma$ 和 γ 为阈值将其分为三个状态。若两地该种粮食价差处于上、下两区间，则下期价差将分别向上、下阈值调整（见图6－1中的点 A 和 C），上机制中两地调整速度分别为 $\alpha_F^{(u)}$ 和 $\alpha_T^{(u)}$，下机制中两地调整

速度分别为 $\alpha_F^{(d)}$ 和 $\alpha_T^{(d)}$。中间机制在图 6-1 中被描述为点 B 所处的"非贸易区"。

二 府间贸易的交易费用

下面我们运用上一节建立的模型对汾州府和太原府在道光年间的粮食市场交易进行实证分析。首先需要判定数据是否符合模型的适用条件。表 6-1 为原时间序列进行 X_{12} 季节性调整之后数列的单位根检验结果。ADF 检验拒绝价格序列平稳的原假设，认为原序列均为一阶单整。

表 6-1 单位根检验结果

变量	差分次数	D. W. 值	ADF 值	10%临界值	5%临界值	1%临界值	结论
太原麦子	1	2.004	-17.751	-2.571	-2.869	-3.448	I (1) *
太原小米	1	2.002	-18.830	-2.571	-2.869	-3.448	I (1) *
太原高粱	1	2.019	-16.528	-2.571	-2.869	-3.448	I (1) *
太原荞麦	1	2.003	-18.043	-2.571	-2.869	-3.448	I (1) *
太原豌豆	1	1.998	-19.218	-2.571	-2.869	-3.448	I (1) *
汾州麦子	1	2.044	-25.422	-2.571	-2.869	-3.448	I (1) *
汾州小米	1	2.008	-16.198	-2.571	-2.869	-3.448	I (1) *
汾州高粱	1	2.001	-21.200	-2.571	-2.869	-3.448	I (1) *
汾州荞麦	1	2.022	-23.076	-2.571	-2.869	-3.448	I (1) *
汾州豌豆	1	2.014	-22.988	-2.571	-2.869	-3.448	I (1) *

注：* 表示变量差分后在 1%的显著性水平上通过 ADF 平稳性检验。

表 6-2 为协整检验结果。在对原序列进行协整检验值后，原假设为序列间不存在协整关系，其最大特征值统计量和迹检验统计量拒绝原假设，因此我们可以认为两序列间存在协整关系。

表 6-2 协整检验结果

检验统计量	麦子	小米	高粱	荞麦	豌豆
最大特征值统计量	9.53 * *	9.11 * *	7.85 *	19.39 * * *	8.72 *
迹检验统计量	7.25 *	9.03 * *	7.51 *	13.47 * *	6.55 *
协整关系	$P_{fm}=0.05P_{tm}$	$P_{fx}=0.35P_{tx}$	$P_{fg}=0.32P_{tg}$	$P_{fq}=0.25P_{tq}$	$P_{fw}=0.17P_{tw}$

注：协整检验的原假设为两序列间不存在协整关系。*、* *、* * * 分别表示在 10%、5%、1% 的显著性水平下显著。

表 6-3 为门限检验结果。麦子、小米、高粱、荞麦和豌豆的 Wald 统计量分别为 61.97、28.08、25.35、29.98 和 44.61，且均满足在 10% 的显著性水平下拒绝模型为线性模型的原假设，因此本文数据适用于门限协整模型。

表 6-3　门限检验结果

检验统计量	麦子	小米	高粱	荞麦	豌豆
Wald 统计量	61.97*	28.08**	25.35**	29.98**	44.61*

注：协整检验的原假设为两序列间不存在协整关系。滞后阶数选为 1 阶。*、**、*** 分别表示在 10%、5%、1% 的显著性水平下显著。

在上述对粮价数据进行了 Wald 检验的基础上，我们运用 Bootstrap 方法模拟统计量的渐进分布，然后用极大似然法估计出门限阈值 γ。最后使用格点搜索法确定最优门限阈值 γ 分别为 -0.658 两/石、0.023 两/石、-0.449 两/石、0.266 两/石、0.287 两/石，此门限阈值使得对两府间同种粮食作物的市场价格进行最小二乘回归拟合之后得到的方程的残差平方和（SSR）最小（见图 6-2 至图 6-6）。

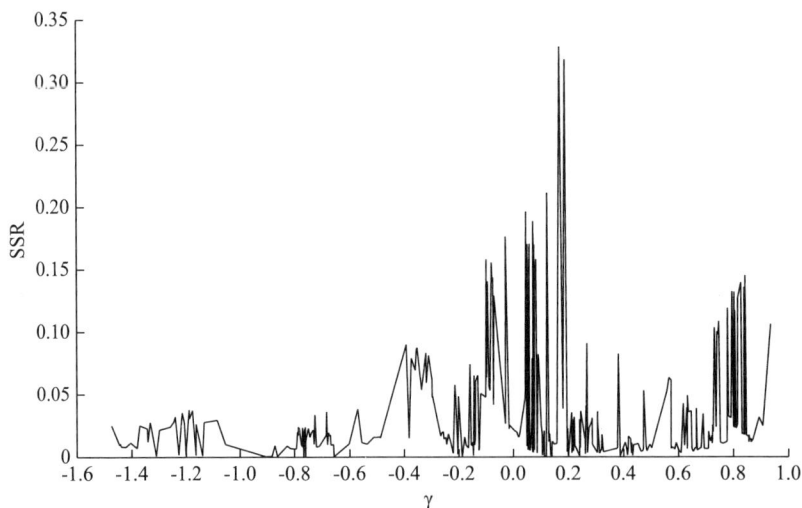

图 6-2　汾州府和太原府间麦子阈值（γ）与残差平方和（SSR）

约束每一机制的观测量不少于样本总量的 5%，且运用 AIC 准则确定滞后阶数为 1。表 6-4 中 ΔP_{Tt-1} 和 ΔP_{Ft-1} 分别代表该粮食上期太原府某种粮食市场价格和汾州府某种粮食市场价格的变化情况。下面分析我们得到的门限阈值。

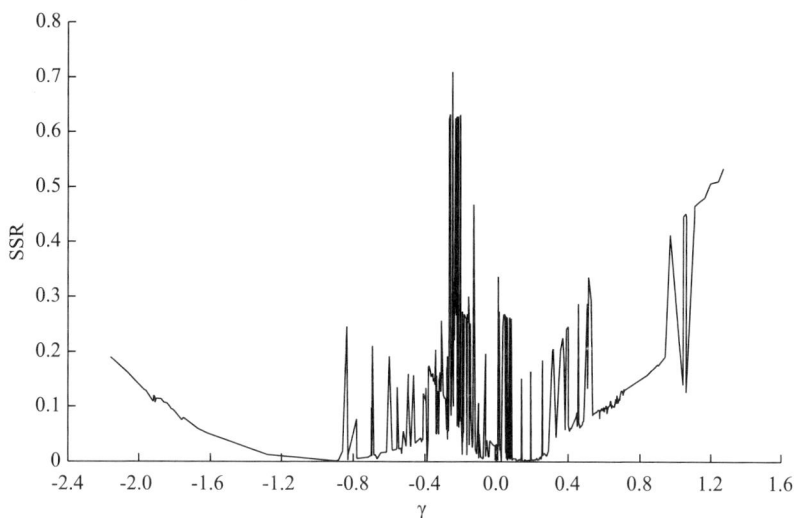

图 6 - 3　汾州府和太原府间小米阈值（γ）与残差平方和（SSR）

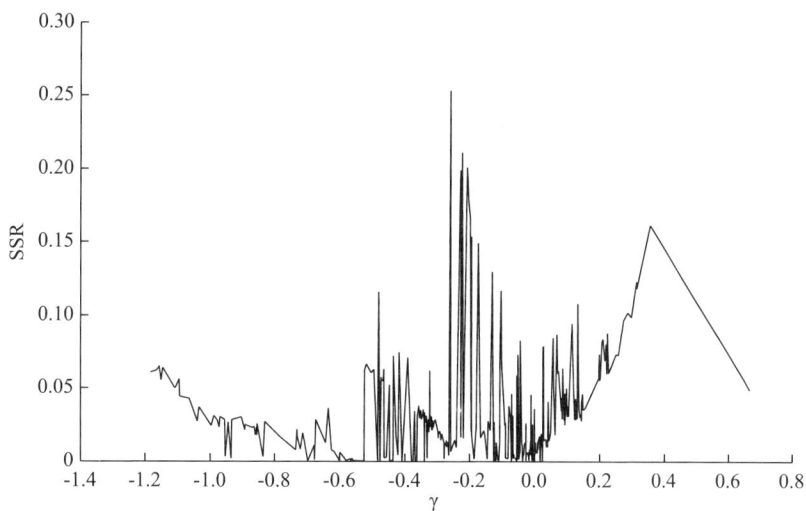

图 6 - 4　汾州府和太原府间高粱阈值（γ）与残差平方和（SSR）

　　由图 6 - 2 至图 6 - 6 我们可以看到门限阈值 γ 有正有负，当门限阈值为正时，表明汾州府该种粮食的市场价格高于太原府同种粮食的市场价格，汾州府进口居多，太原府出口居多；反之，当门限阈值 γ 为负时，表明汾州府价格低于太原府价格，汾州府出口居多，太原府进口居多。

　　首先分析麦子和高粱的阈值。当麦子阈值为 - 0.658 两/石时，方程的残差平方和达到最小，这意味着当太原府麦子价格比汾州府麦子价格高出

0.658两/石时，汾州府向太原府出口麦子有利可图，商人在利润驱使下将会把汾州府麦子运进太原府进行交易，此时两府间麦子市场处于整合状态。当太原府麦子价格与汾州府麦子价格之差低于0.658两/石时，商人将汾州府麦子运输至太原府的成本高于两地价差带来的收益，套利机会不存在，商人将中止亏本的运输。此时，两府间麦子市场间粮食中断流通，市场整合程度将会下降。

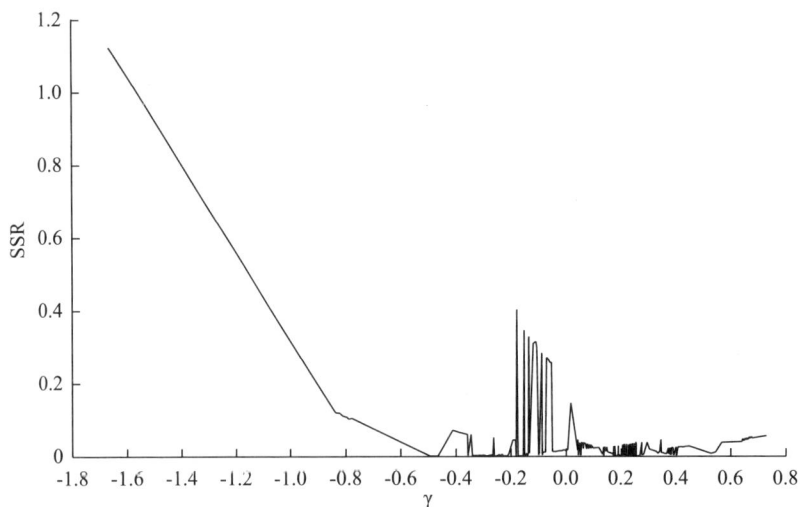

图 6 – 5 汾州府和太原府间荞麦阈值（γ）与残差平方和（SSR）

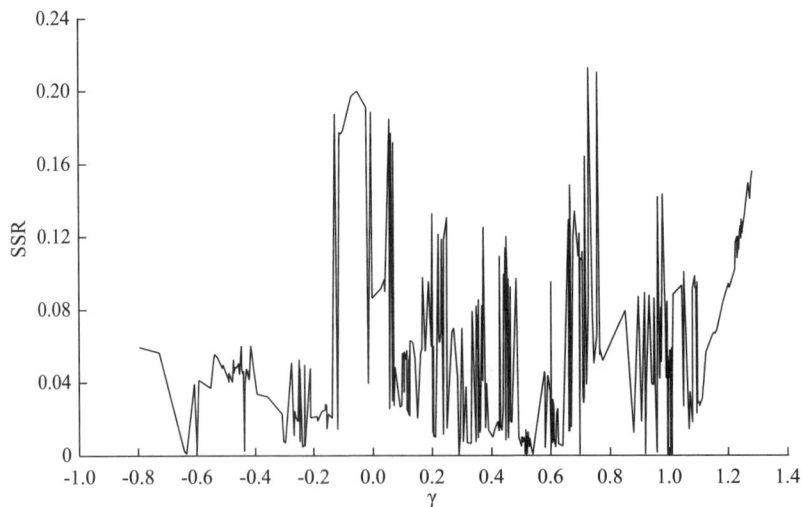

图 6 – 6 汾州府和太原府间豌豆阈值（γ）与残差平方和（SSR）

高粱市场情况与麦子类似。当高粱阈值为 -0.449 两/石时，方程的残差平方和达到最小，这意味着当太原府高粱价格比汾州府高粱价格高出 0.449 两/石时，太原府进口汾州府的高粱有利可图，价格套利将会驱使两府间高粱市场整合，当太原府高粱价格与汾州府高粱价格之差小于 0.449 两/石时，太原府从汾州府进口高粱将无利可图，两府间高粱市场整合程度将会下降。

其次分析小米的阈值。当小米阈值为 0.023 两/石时，方程的残差平方和达到最小，这意味着当汾州府小米价格比太原府小米价格高出 0.023 两时，太原府向汾州府出口小米将是有利可图的，商人在利润驱使下将会把太原府小米运到汾州府进行交易，此时两府间小米市场处于整合状态。当汾州府小米价格与太原府小米价格之差低于 0.023 两/石时，商人将太原府小米运输至汾州府的成本高于两地价差带来的收益，套利机会不存在，商人将中止亏本的运输。此时，两府间小米市场间商品中断流通，市场整合程度将会下降。

荞麦的情况与小米类似。当荞麦阈值为 0.266 两/石时，方程的残差平方和达到最小，这意味着当汾州府荞麦价格比太原府荞麦价格高出 0.266 两/石时，太原府向汾州府出口荞麦是有利可图的，价格套利将会驱使两府间荞麦市场整合。当汾州府荞麦价格与太原府荞麦价格之差小于 0.266 两/石时，太原府向汾州府出口荞麦无利可图，两府间荞麦市场整合程度将会下降。

豌豆的情况与小米、荞麦类似。当豌豆阈值为 0.287 两/石时，方程的残差平方和达到最小，这意味着当汾州府豌豆价格比太原府豌豆价格高出 0.287 两/石时，太原府向汾州府出口豌豆是有利可图的，价格套利将会驱使两府间豌豆市场整合。当汾州府豌豆价格与太原府豌豆价格之差小于 0.287 两/石时，太原府向汾州府出口豌豆无利可图，两府间豌豆市场整合程度将会下降。

所以，VECM 所估计的门限阈值实质上代表的是汾州府和太原府之间同种粮食贸易所产生的交易成本。一般而言，地区间粮食价差只有超过一定交易成本后才会发生套利交易，粮价才能出现整合趋势。对某一品种粮食而言，两府间市场间阈值越小，越有可能发生跨地区的套利行为，从而两地间市场整合程度越高。所以，采用门限阈值所代表的交易成本一定程度上能够衡量两府间粮食市场的整合程度。因而，为了提高两府间粮食市场整合程度，政府可能需要采取一定的政策或者手段来降低粮食贸易中的交易成本，这些成本包括运输成本、谈判成本、信息搜索成本、税收。由上面的数据我们可以看出小米、荞麦和豌豆的市场间交易成本较小，麦子和高粱的市场交易成本较大。我们推测这可能与这两种粮食是汾州府和太原府两地百姓的主要粮食有关。

在之前第一章的叙述中我们可以了解到北方的轮作制度大致可分为两类：两年三获制和一年一获制。两年三获制主要分布在黄河中下游地区，其他地区以一年一获制为主。并且地理位置越靠南，其轮作制度的集约性越高。根据李志芳（2009）[1] 的观点，汾州府和太原府所种植的具体作物及轮作制度大致类似：主要种植的粮食作物为冬麦、高粱和小米，其中以小麦最多，轮作制度为麦豆秋杂两年三熟制。所以我们初步假设汾州府和太原府百姓的主要粮食消费都是麦子。因为作为主食的麦子市场价格如果上升，人们就会减少对麦子的消费量，转而增加对麦子替代品的消费量，麦子替代品的市场价格就会升高，麦子的市场价格会下降，人们就又会减少对麦子替代品的消费量，转而增加麦子的消费量，从而提升麦子的市场价格，而降低麦子替代品的市场价格……这样的变化会一直持续下去。同理，当麦子的市场价格降低时也会引起麦子替代品的市场价格产生一系列波动。由前面的分析我们可以看出，麦子和它的替代粮食的市场价格的波动规律应该呈现出一致的状态，只是相差了一个时间段而已。因此我们通过考察麦子和其他四种粮食作物在同一府内市场价格之间的相关统计系数，就能推断出高粱是否是作为麦子的替代品出现在汾州府和太原府人民的生活中的。下面我们通过对五种粮食最高价之间的相关性分析对这一点进行印证。表6-4及表6-5是我们所得到的结果：

表6-4 汾州府粮食价格相关性数据

	小米	高粱	荞麦	豌豆
麦子	0.317	0.611	0.392	0.323

---

[1] 李志芳：《清代山西粮食价格研究——以道光朝为例》，硕士学位论文，山西大学，2009。

表 6 - 5　太原府粮食价格相关性数据

	小米	高粱	荞麦	豌豆
麦子	0.821	0.830	0.721	0.817

由上面的相关统计数据我们可以看出，在汾州府和太原府与作为主食的麦子相关性呈现最强烈趋势的都是高粱，相关系数分别达到了 0.611 和 0.830。这说明我们之前关于高粱可能是麦子的替代品的假设是符合实际的。并且，结合麦子和高粱在汾州府和太原府价格的波动状况，我们可以得到一个更符合实际情况的推测：由于麦子的价格略高于高粱，由需求价格曲线，说明高粱在两地的食用量高于麦子在两地的食用量，那么极有可能高粱和麦子是同时作为汾州府和太原府人民的主食的，这与我们之前的推测一致。并且依据两种粮食市场价格的相对大小关系，我们还可以看出它们可能是适用于不同收入家庭的主要消费粮食。收入高者，作为两府人民的一少部分，可能以麦子作为主食，而收入低者，作为两府人民的大多数，比如大多数农民，则是以价格更加低廉的高粱为主食。

下面分析误差修正系数。运用受约束的向量误差修正模型估计荞麦、高粱、小米、豌豆和小麦在太原府和汾州府两府间市场整合程度。

表 6 - 6　五种粮食价格的 VECM 估计结果

	机制		常数	误差修正项 ecm_{t-1}	$\Delta P_{T_{t-1}}$	$\Delta P_{F_{t-1}}$	$\pm \gamma$	SSR
麦子	上机制	ΔP_{TM}	0.153	0.003	- 0.071	- 0.053	- 0.66	12.07
		ΔP_{FM}	- 0.009	0.004	- 0.021	0.108		
	中机制	ΔP_{TM}	- 0.001	- 0.033	0.194	0.068		
		ΔP_{FM}	- 0.004	0.033	0.095	- 0.324		
	下机制	ΔP_{TM}	- 0.004	- 0.078	0.062	- 0.173		
		ΔP_{FM}	- 0.006	- 0.033	- 0.312	0.160		
小米	上机制	ΔP_{TX}	- 0.004	0.044	0.080	- 0.042	0.02	44.07
		ΔP_{FX}	- 0.004	- 0.032	0.185	- 0.009		
	中机制	ΔP_{TX}	0.901	0.083	- 4.378	5.125		
		ΔP_{FX}	0.927	0.088	- 4.498	5.288		
	下机制	ΔP_{TX}	- 0.018	- 0.006	0.160	- 0.340		
		ΔP_{FX}	- 0.044	- 0.004	- 0.173	0.062		

	机制		常数	误差修正项 ecm_{t-1}	$\Delta P_{T_{t-1}}$	$\Delta P_{F_{t-1}}$	$\pm\gamma$	SSR
高粱	上机制	ΔP_{TG}	-0.008	-0.048	-0.028	0.932	-0.45	11.87
		ΔP_{FG}	-0.007	0.075	-0.043	0.344		
	中机制	ΔP_{TG}	-0.0001	-0.089	0.037	0.243		
		ΔP_{FG}	-0.004	-0.012	0.054	-0.202		
	下机制	ΔP_{TG}	-0.006	-1.107	0.381	0.635		
		ΔP_{FG}	-0.021	-0.282	0.377	-0.284		
荞麦	上机制	ΔP_{TQ}	0.014	-0.458	0.069	-0.058	0.27	12.00
		ΔP_{FQ}	-0.002	-0.022	-0.019	0.516		
	中机制	ΔP_{TQ}	-0.0008	-0.065	0.333	-0.227		
		ΔP_{FQ}	-0.003	0.007	0.383	-0.268		
	下机制	ΔP_{TQ}	-0.004	-0.057	-0.148	0.086		
		ΔP_{FQ}	-0.003	0.022	-0.046	0.013		
豌豆	上机制	ΔP_{TW}	0.018	-0.526	0.231	-0.697	0.29	20.99
		ΔP_{FW}	0.015	-0.080	0.116	-0.229		
	中机制	ΔP_{TW}	0.009	0.038	-0.033	-0.226		
		ΔP_{FW}	0.009	0.139	-0.052	-0.270		
	下机制	ΔP_{TW}	-0.004	-0.029	-0.018	-0.071		
		ΔP_{FW}	-0.004	0.007	-0.0006	-0.069		

注：表内数据 ecm_{t-1} 的单位为（两/石）/月，$\pm\gamma$ 的单位为两/石。

由分析误差修正项系数可知，太原府粮价和汾州府粮价向长期均衡的调整速度呈现出明显的非对称性。除小米和高粱外，麦子、荞麦和豌豆在太原府的价格调整速度慢于汾州府。麦子上、中、下三区间太原府内价格调整速度为 0.003（两/石）/月、-0.033（两/石）/月和 -0.078（两/石）/月，分别小于汾州府价格调整速度 0.004（两/石）/月、0.033（两/石）/月和 -0.033（两/石）/月。小米上、中、下三区间太原府内价格调整速度为 0.044（两/石）/月、0.083（两/石）/月和 -0.006（两/石）/月，与汾州府价格调整速度 -0.032（两/石）/月、0.088（两/石）/月和 -0.004（两/石）/月相比，上区间和下区间的调整速度太原府高于汾州府，而中区间的调整速度则是汾州府高于太原府。高粱上、中、下三区间太原府内价格调整速度为 -0.048（两/石）/月、-0.089（两/石）/月和 -1.107（两/石）/月，与汾州府内调整速度 0.075（两/石）/月、-0.012（两/石）/月和 -0.282（两/石）/月相比，上、中、下区间的调整速度均是太原府慢于汾州府。荞麦上、中、下三区间太原府内价格调整速度为 -0.458（两/石）/月、-0.065（两/石）/月和 -0.057（两/石）/月，均比汾州府调整速度 -0.022（两/石）/月、0.007（两/石）/月和 0.022（两/石）/月慢。豌豆与高粱、荞麦类似，其上、中、下三区间太原府内价格调整速度为 -0.526（两/石）/月、0.038（两/石）/月和 -0.029（两/石）/月，与汾州府调整速度 -0.080（两/石）/月、0.139（两/石）/月和 0.007（两/石）/月相比都比较慢。

从直观上来看，即麦子、荞麦和豌豆汾州府价格波动频率高于太原府，太原府高粱和小米价格的波动频率高于汾州府。这一结论符合客观事实。根据《大清一统志》（《嘉庆重修一统志》）的记载，太原的地理位置为："太原府，山西治。东西距五百七十里，南北距七百三十里。东至平定州寿阳县界一百七十里，西至汾州府永宁州界四百里。南至沁州沁源县界四百七十里，北至忻州界二百六十里，东南至辽州榆社县界二百四十里，西南至汾州府平遥县界二百五十里，东北至忻州定襄县界一百八十里，西北至保德州界五百里。"[1] 可以看出，清代太原府地处山西省中心，是当时的省会。结合之前章节所做的介绍，太原府作为政治和经济的汇集地，承担着协调全省粮食运输的重要作用。太原府作为运输中枢，对全省粮食的调度都起着重要作用，它可以作为起运地、中转地和目的地，粮食运出和运入的贸易量大且频繁，因而太原府的粮食价格不仅受府内自然和社会条件影响，还受到全省其他地区的制约。另外我们知道，当时太原府和汾州府的主产粮为麦子，特别是冬小麦，一年两熟，而高粱则是两地大多数人的主要食物，太原府作为省内最大的粮食枢纽这两种粮食的仓储量还有影响因素都较多，因而麦子和高粱在太原府价格的敏感度要低于汾州府。

另外，根据汾州府的地理位置："汾州府在山西省治西南二百二十里。东西距四百三十里，南北距一百里。东至太原府祁县界一百四十里，西至

---

[1] 《嘉庆重修一统志》，四部丛刊本。

山西绥德州吴堡县界二百九十里，南至霍州灵石县界六十里，北至太原府文水县界四十里，东南至沁州界二百六十里，西南至隰州界二百七十里，东北至祁县界一百二十里，西北至陕西榆林府葭州界三百九十里。"[①] 因此，汾州府是与省会太原府毗邻的一个州府，因而其粮价波动受本府自身和周边地区的影响较大，山西省其他地区对其粮食价格的影响并不明显。因此汾州府粮食的市场价格波动与其自身的特殊影响因素更为相关。因而较太原府而言，汾州府粮食价格的波动敏感程度应该更大。这一点我们通过之前建立的向量误差修正模型也可以得到验证。

第二节　贸易关系

贸易是考察两地市场整合情况的另一个重要因素。本章对府间贸易的衡量从贸易频率和贸易方向两个角度来考察。我们首先利用前人统计整理获得的清代道光元年到道光三十年山西地区太原府和汾州府府级主要粮食品种（小米、麦子、高粱、荞麦、豌豆）月度最高价格数据经过 X12 季节调整之后得出道光元年一月至道光三十年十二月的太原府和汾州府五种粮食作物对应的相关系数，通过对两府月度最高价之间的相关系数、两府本月与上月最高价价格差之间的相关系数以及两府月度最高价和最低价价格差之间的相关系数的大小关系来判断汾州府和太原府之间的贸易频率。接着对时间序列数据分别进行 ADF 检验得到其一阶序列平稳，进而利用平稳序列求得各个 Granger 因果概率，考察两府之间的贸易方向。

一　贸易频率

贸易频率指的是两地之间的贸易频繁程度。由于史料阙如，太原府和汾州府之间粮食贸易频率无法直接获取，但是两地粮食价格的相关系数在某种程度上有助于两地贸易频率的侧面考察。

因为市场上的最高价是由市场的供需决定的，所以太原府和汾州府同种粮食月度最高价的相关系数可以反映汾州府和太原府贸易相关联程度的大小，进而可以衡量这种粮食在两地粮食市场之间的贸易频繁程度。如果

---

① 《嘉庆重修一统志》，四部丛刊本。

两地某种粮食的贸易频繁，那么它们的该种粮食的市场价格间的相关系数也应该越大；相反，如果两地某种粮食的贸易很少，那么它们的该种粮食的市场价格间的相关系数也应该越小。我们首先计算了两府五种粮食市场价格之间的相关系数，以此可以衡量两府价格长期内的相关程度。表6-7是两府粮食月度最高价之间的相关系数。

表6-7　太原府和汾州府粮食月度最高价相关系数

变量	麦子	小米	高粱	荞麦	豌豆
相关系数	0.153	0.626	0.584	0.527	0.379

由表6-7可知，汾州府和太原府麦子价格的相关系数为0.153，小米价格的相关系数为0.626，高粱价格的相关系数为0.584，荞麦价格的相关系数为0.527，豌豆价格的相关系数为0.379。五种粮食在两府间的价格不具有十分强烈的相关性，相关性最高的是小米，最低的是麦子。

由前所述，我们假设汾州府和太原府种植的主要作物都是麦子，继续假设两府各自生产出来的粮食都首先为自身使用，即两府之间关于某种粮食的交易是单向的（这并不妨碍我们对贸易是双向的实际情况的分析）。接下来我们对表6-7进行分析。

结合之前的数据，我们知道麦子作为太原府和汾州府共同的主产粮食作物，其在两府间价格的相关程度却最低，仅为0.153。由麦子的需求价格曲线，这说明两地市场中对麦子的需求量之间不存在很紧密的关联。造成这种情况一种可能的原因是两府自己种植出来的麦子均售往本府，基本可以各自维持自产自销的状态，贸易频率低，贸易量少，因而相互影响的程度不深，导致相关性低。另一种可能的情况是由于两府在粮食运输中的不同地位。在之前的介绍中，我们可以看到，作为当时山西省治的太原府是全省粮食的贸易流通中枢，而汾州府与全省其他各地区粮食市场的关联性较差，因而两府麦子价格的相关系数较小，可能是由于省内其他地区麦子价格对太原府麦子价格的影响较汾州府麦子价格对太原府麦子价格的影响要大得多。由此可以看出，汾州府和太原府粮食市场的市场整合度并不高，可能只是具备了一定程度上的市场整合结构，但价格机制还有待进一步完善。

其次，小米、高粱、荞麦三种主食替代品价格的相关系数相对较高，分别为0.626、0.584、0.527。这说明两府之间关于小米、高粱和荞麦这三种粮食作物的贸易频率较高或者贸易量较大。这可能是因为当时的汾州府这三种粮食作物产量很少，不能够满足当地人民的需求而不得不通过与太原府进行贸易而满足本府对于主食替代品的需求。或者另一种可能的情况是这三种粮食其中的一种或几种在汾州府的产量相对较多，因而太原府为了满足省内其他各地市场对于这一种或几种粮食的需求而需要从汾州府进口相应的粮食作物。前两种情况都表明该种或该几种粮食在两府市场上存在市场整合关系。但这里还存在第三种可能性，就是其中的一种或几种粮食作物在两府之间是没有贸易的或者贸易量很少，但两府内关于该种或该几种粮食作物的贸易地区或者贸易渠道相同，或者政府采取了相同的或者相关性很高的调节当地粮价的政策，因而即使两府之间没有很密切的贸易关系，两府的该种或该几种市场价格之间也可以表现出很大的相关性，即李明珠教授所提出的假性市场整合理论。① 当然存在假性市场整合的两市场间可能不存在或仅存在微弱的整合关系，但这些市场也有可能是整合的。我们还需要结合之后的数据对这三种粮食作物进行具体分析。

最后，豌豆作为五种粮食作物中唯一一种可以被当作蔬菜食用的粮食作物，其在当时人民的生活中处于特殊地位。对于当时山西省的人们而言，豌豆是作为餐桌上的"奢侈品"而使用的，即当收入水平较高时，人们会选择食用豌豆，而当家中比较拮据时，人们往往选择其他粮食作物作为替代品进行消费。通过上面的计算，我们发现两府间"奢侈品"豌豆的相关系数为0.379，这说明两府市场对于豌豆的需求量之间的相关性不是特别明显，表明两府豌豆的来源至少不为同一产地或者同一渠道。

下面，为了对我们上面提出的部分关于汾州府和太原府麦子、小米、高粱、荞麦和豌豆这五种粮食作物在市场上流通贸易的猜测做进一步更详细的探讨，我们这里采用相连两个月最高价的价格差来做相关分析。在粮价上升不是很剧烈的情况下，使用价格差可基本上排除价格长期趋势的影响，这是此法最大的好处。表6-8是两府本月与上月最高价价格差之间的

---

① Li Lillian M. , *Fighting Faminein North China——State*, *Market and Environmental Decline* (*1690 – 1990*s) , Stanford：Stanford University Press. 2006, p.376.

相关系数。

表 6 - 8　太原府和汾州府本月与上月最高价价格差之间的相关系数

变量	麦子	小米	高粱	荞麦	豌豆
相关系数	0.212	0.071	0.116	- 0.060	0.309

由表 6 - 8 可知，汾州府和太原府麦子的本月与上月最高价价格差的相关系数为 0.212，小米价格差的相关系数为 0.071，高粱价格差的相关系数为 0.116，荞麦价格差的相关系数为 - 0.060，豌豆价格差的相关系数为 0.309。这里我们可以看到，由汾州府和太原府五种粮食作物本月与上月最高价价格差所计算出的相关统计系数与之前我们用汾州府和太原府五种粮食作物的市场价格最高价所计算出的相关统计系数的大小具有明显差异。与之前计算的相关统计系数相比，这里的粮食作物均表现出弱相关甚至负相关的相关状态。五种粮食作物中，只有麦子的相关系数提高了，由 0.153 变为了 0.212，其他四种粮食作物的相关系数都大幅度地下降了。其中，小米、高粱的相关系数都降低到了 0.1 左右，只有十分微弱的相关关系，而荞麦价格差的相关系数则直接变为了负数，表示两府荞麦市场间存在负相关性。这种差异我们可以用汾州府和太原府在山西省粮食流通贸易中所处的不同地位来解释。由前所述，太原府是山西省治，在整个山西省的粮食流通贸易中承担着运转中枢的作用，并且自身也是粮食作物的高产区。在清朝，太原县直属于太原府，地居山西省腹部，位于府城西南 45 华里处（今太原市南郊一带），县境稼禾两年三熟。地产粮食主要为麦、稻，并且太原府以南的汾河两岸，阡陌相连，加以有潇河、文峪河等较大支流，灌溉方便。区域内农业生产水利化、机械化水平较高，农业生产精耕细作，是当时的农业高产区。而与之不同的是，汾州府气候温暖，土壤肥沃，水源丰富，是当时山西的主要粮棉产区之一。农业种植主要以小麦、高粱和玉米为主，但由于其区域内山地较多，种植面积较小，所以汾州府在全省的粮食流通贸易中更多的是处于某种粮食的单纯的供给者和需求者的地位，不涉及粮食运转的问题。因而汾州府单方面的关于某种粮食的价格波动可能不会对太原府相应粮食价格的变动产生较大影响。

由于上面的分析数据仅仅采用了汾州府和太原府在道光年间每月的粮

食最高价的价格差作为基本数据来分析两府市场的相关统计系数,并没有考虑到政府行为对两府市场相关性所造成的影响,所以接下来我们采用汾州府和太原府同一个月的最高价与最低价的价格差来做相关分析。这样做的好处在于粮食价格的最低价反映出当时政府对粮食价格调控行为的效果,可以察看两府间粮食市场是否存在假性市场整合的情况。

表6-9 太原府和汾州府月度最高价和最低价价格差之间的相关系数

变量	麦子	小米	高粱	荞麦	豌豆
相关系数	-0.673	-0.077	0.308	-0.076	-0.550

从表6-9可知,汾州府和太原府麦子价格差的相关系数为-0.673,小米价格差的相关系数为-0.077,高粱价格差的相关系数为0.308,荞麦价格差的相关系数为-0.076,豌豆价格差的相关系数为-0.550。我们可以看出,麦子、小米、荞麦和豌豆在两府市场上粮食月度最高价和最低价的价格差之间的相关系数为负数,说明汾州府和太原府的当地政府至少在粮食价格调控的政策上是有所区别的,甚至说是具有很大的不同的。

麦子的情况与小米、荞麦和豌豆的不太一样。汾州府和太原府麦子月度最高价之间的相关系数为0.153,汾州府和太原府麦子相邻两个月最高价价格差之间的相关系数为0.212,而汾州府和太原府麦子月度最高价和最低价的价格差之间的相关系数为-0.673。因为粮食最高价是由市场供需来决定的,所以其相关系数可以反映两府之间的贸易频率。而相邻两个月粮食最高价价格差是在剔除了价格长期趋势的前提下反映两府间波动的相关性,它们之间的相关系数可以考察短期内市场整合程度。至于粮食月度最高价和最低价价格差之间的相关系数则是在考虑了政府因素对两府粮食价格影响的基础上反映两府价格变动的同步性。因而我们可以看出,汾州府和太原府在长期内市场整合状况不佳,短期内较长期而言整合程度会稍微高一些,而两府间政府关于麦子价格的调控政策不同,甚至可以说具有一定的相反性。我们推测这可能跟两府都是麦子的主要种植基地有关。根据史料记载,汾州府和太原府的麦子产量都很高,可能不仅能够满足本地对于麦子的需求,还可以将麦子运往其他麦子产量较少的地区,因而两府间麦子的整合程度不高。并且针对太原府的中枢地位,太原府对于麦子价格的调控政策可能更为细致和平稳。

与之相对，汾州府和太原府小米月度最高价之间的相关系数为0.626，汾州府和太原府小米相邻两个月最高价价格差之间的相关系数为0.071，而汾州府和太原府小米月度最高价和最低价的价格差之间的相关系数为－0.077。汾州府和太原府荞麦月度最高价之间的相关系数为0.527，汾州府和太原府荞麦相邻两个月粮食最高价价格差之间的相关系数为－0.06，而汾州府和太原府荞麦月度最高价和最低价的价格差之间的相关系数为－0.076。汾州府和太原府豌豆月度最高价之间的相关系数为0.379，汾州府和太原府豌豆相邻两个月粮食最高价价格差之间的相关系数为0.309，而汾州府和太原府豌豆月度最高价和最低价的价格差之间的相关系数为－0.55。我们可以看出，对这三种粮食而言，它们长期表现出来的市场整合程度虽然都属于不完全市场整合，但是市场整合性都较高，但是短期内的市场整合程度却并不明显，并且在引入了政府政策因素之后两府粮食市场的整合程度甚至变为了负数。这说明，在两府内政府对这三种粮食实行的粮价控制政策是不一样的，更有可能是负相关的。并且我们根据相关统计系数绝对值偏离0的幅度的不同，可以推测出汾州府和太原府对各自粮食价格实行的调控政策中，豌豆的差异最大，其次是小米，最后是荞麦。但是，由于豌豆相对于小米和荞麦的特殊性，其相关统计系数不显著与其本身不满足刚性需求的特殊性有关，与政府政策的管控并不明显相关，因而以上只是我们的推测。

而高粱则是另一个更为特殊的情况。在之前所做的分析中，汾州府和太原府高粱月度最高价之间的相关系数为0.584，汾州府和太原府高粱相邻两个月最高价价格差之间的相关系数为0.116，而汾州府和太原府高粱月度最高价和最低价的价格差之间的相关系数为0.308。综合考虑这三个相关统计系数，我们了解到汾州府和太原府的政府关于高粱价格的政策可能具有某种程度上的相关性或者一致性，因而可能会导致两府高粱市场价格会表现出比较高的相关性。因此高粱从长期看在两府之间的市场整合度比较高，但短期内基本没有市场整合，这就说明了这种长期良好的市场整合性可能是由于两府粮食政策所导致的假性市场整合。那么就产生了一个有趣的问题：为什么只有高粱在两府的政策中呈现出较高的相关性呢？我们知道，政府关于粮食政策的制定尤其是关于粮食价格管控的政策主要是针对其当地的主食或者是需求量较大的粮食，因此我们推测这与高粱可能是当时汾州府和太原府除了麦子之外的主要粮食有关。

二 贸易方向

上面的分析只是针对汾州府和太原府五种粮食作物两府市场上的价格的相关程度而展开的，并不能完全反映出两府间五种粮食作物的贸易全貌。为了进一步探讨两府间五种粮食作物的实际贸易方向，我们对道光年间太原府和汾州府五种粮食价格在通过了 ADF 平稳性检验和协整检验的基础上，进行了格兰杰因果检验。太原府和汾州府五种粮食价格的格兰杰概率可以反映出它们彼此之间对对方产生变动的影响程度，进而可以反映太、汾两地关于某种粮食具体贸易路线方向的可能性。结果如表 6 – 10 所示。

表 6 – 10 单位根检验结果

变量	差分次数	D. W. 值	ADF 值	10% 临界值	5% 临界值	1% 临界值	结论
太原麦子	1	2.004	– 17.751	– 2.571	– 2.869	– 3.448	I (1) *
太原小米	1	2.002	– 18.830	– 2.571	– 2.869	– 3.448	I (1) *
太原高粱	1	2.019	– 16.528	– 2.571	– 2.869	– 3.448	I (1) *
太原荞麦	1	2.003	– 18.043	– 2.571	– 2.869	– 3.448	I (1) *
太原豌豆	1	1.998	– 19.218	– 2.571	– 2.869	– 3.448	I (1) *
汾州麦子	1	2.044	– 25.422	– 2.571	– 2.869	– 3.448	I (1) *
汾州小米	1	2.008	– 16.198	– 2.571	– 2.869	– 3.448	I (1) *
汾州高粱	1	2.001	– 21.200	– 2.571	– 2.869	– 3.448	I (1) *
汾州荞麦	1	2.022	– 23.076	– 2.571	– 2.869	– 3.448	I (1) *
汾州豌豆	1	2.014	– 22.988	– 2.571	– 2.869	– 3.448	I (1) *

注：* 表示变量差分后在 1% 的显著性水平上通过 ADF 平稳性检验。

由表 6 – 11 可知，汾州府麦子价格变动是太原府麦子价格变动的格兰杰因的概率为 49.15%，太原府麦子价格变动是汾州府麦子价格变动的格兰杰因的概率为 96.18%。这说明，在汾州府与太原府粮食市场上是存在相互之间的贸易的，并且相对于太原府麦子价格对汾州府麦子价格的影响程度而言，汾州府麦子价格的变动对于太原府麦子价格的变动影响较小。由此我们可以排除之前关于两府麦子价格相关程度低的第一种解释，那么产生这种现象的原因可能就是上述所说的第二种可能性，即由于两府在粮食运输中的不同地位，太原府作为全省的粮食统筹中枢，自身所产麦子并不足以满足省内其他地区对麦子的需求，因而需要向其余各府进口大量的麦子以保证全省粮食的正常调控，因而麦子的储量大大高于汾州府。由于在 30 年这一段较长的时间内，汾州府和太原府麦子市场价格受内部偶发因素的影响基本可以排除，所以我们可以认为当时两府麦子市场价格波动的相互关系基本上是由于地区之间贸易活动导致的。因此，结合当时太原府和汾州府麦子价格的波动情况，我们猜测当时汾州府和太原府麦子交易市场的情况可能是这样的：太原府基于对全省粮食的统筹安排而需要定期向从其他地区进口一定数量的麦子，对于其府内麦子总需求量而言，这些麦子是十分巨大的。而汾州府因为麦子产量不足以满足自身需求而需要从太原府进口很大数量的麦子，因而汾州府的麦子价格受太原府的麦子价格影响很大，而太原府的麦子价格却由于其他各地区的影响而维持在一个相对稳定的状态。另一种可能的结果则是：汾州府的麦子扣除自产自销之外的大部分都通过与太原府进行贸易的方式销售，因而太原府麦子的市场价格对汾州府麦子的市场价格具有很大影响力。结合当时两地区对麦子的需求量而言，我们认为第一种情况的可能性更大。

表 6-11　格兰杰因果检验结果

	麦子	小米	高粱	荞麦	豌豆
太原府是汾州府的格兰杰因	96.18%	49.15%	48.95%	81.56%	96.10%
汾州府是太原府的格兰杰因	49.15%	35.93%	99.98%	100.00%	62.03%

其次，汾州府小米价格变动是太原府小米价格变动的格兰杰因的概率为 35.93%，太原府小米价格变动是汾州府小米价格变动的格兰杰因的概率为 49.15%。这说明，在汾州府与太原府的小米市场上可能不存在相互之间的贸易，或者即使两府间粮食市场上存在小米的相互贸易，贸易量也是极小的。并且汾州府小米价格对太原府小米价格的影响与太原府小米价格对汾州府小米价格的影响都不大。这与我们之前的第三种猜测相符，即

小米在两府之间是没有贸易的或者贸易量很少，但两府内关于小米的贸易地区或者贸易渠道可能相同或有很大的相似性，至少各自的影响因素和受每种因素影响程度大致相似，或者两府实行了大致相似的关于调节小米价格的政策措施，因而即使小米在两府之间没有很密切的贸易关系，两府的小米市场价格之间也可以表现出很大的相关性。结合我们之前搜集的资料，我们推测当时太原府和汾州府关于小米的运输途径可能是西路或者北路，即粮食由关中经渭水运入运城盆地，或者由北路归化各厅途经大同、朔平等府运往太原盆地，河套地区的粮食沿黄河南下至解州、绛州等州。[①]因而两府的小米价格波动情况相似。但是由于太、汾两府相隔很近，如果位于同一条粮食贸易路线上不可能不进行贸易流通，因此我们可以否定这一种猜测。还有另一种情况也具有可能性，那就是：汾州府和太原府的小米来源可能不同。比如汾州府可能是小米的输出地之一，而太原府的小米则通过其他贸易路线进行流通。所以太原府作为省治，汾州府从太原府进出口的小米量可能只是其市场上小米需求的一小部分，所以汾州府的小米价格对太原府小米价格影响小。因而贸易只是影响两府市场上小米价格的一个因素，即使两府的小米贸易密切，两府小米市场价格的相互影响程度依然较低。这两种都是造成两府间小米市场表现出假性市场整合的可能的原因，但其可能性仍然存疑。由格兰杰因果关系检验的结果我们可以肯定的是两府间小米市场的整合性非常弱甚至不存在市场整合。

最后，汾州府高粱价格变动是太原府高粱价格变动的格兰杰因的概率为99.98%，太原府高粱价格变动是汾州府高粱价格变动的格兰杰因的概率为48.95%。这说明，在汾州府与太原府的高粱市场上是存在相互之间的贸易的，并且汾州府高粱价格对太原府高粱价格的影响比太原府高粱价格对汾州府高粱价格的影响大。我们由此可以排除对于高粱在两地价格相关性为0.626的第一种和第三种猜测，那么产生这种现象的原因可能就是上述的第二种可能性，即汾州府是高粱这种粮食作物的主产地，或者汾州府本身对高粱的需求量相对于其产出量而言是比较小的，因此在满足本府自身需要的同时汾州府可以将大量的高粱运输到太原府。并且太原府高粱的主要供应地为汾州府，因而汾州府高粱价格对太原府高粱价格的影响高

---

① 曹新宇：《清代山西的粮食贩运路线》，《中国历史地理论丛》1998年第2期。

达 99.98％。因此我们认为太原府和汾州府的高粱市场间具有比较高的市场整合度，虽然仍处于不完全整合阶段，但已经具备了一定的整合结构。除此之外，我们仍然可以得到一个更为有趣的结论。根据高粱和麦子格兰杰因果检验结果的对称性，我们可以认为高粱是作为当地百姓对麦子的替代品出现在餐桌上的，这与我们之前的讨论所得到的结论相吻合。再者，根据格兰杰因果概率我们发现太原府对高粱的需求量更大，而汾州府对麦子的需求量更大，我们可以得出汾州府百姓的消费水平可能更高的结论。与之前我们所做的货币购买力对粮食价格的影响分析相联系，证明汾州府居民的生活水平更高。

我们接下来分析荞麦。汾州府荞麦价格变动是太原府荞麦价格变动的格兰杰因的概率为 100％，太原府荞麦价格变动是汾州府荞麦价格变动的格兰杰因的概率为 81.56％。这说明，在汾州府与太原府粮食市场上是存在相互之间的贸易的，两者相互影响的程度都很大，并且相对于汾州府荞麦价格对太原府荞麦价格的影响程度而言，太原府荞麦价格的变动对于汾州府荞麦价格的变动影响较小。这里我们可以做出这样一种假设：太原府市场上的荞麦绝大多数都来自汾州府或者汾州府所需要的荞麦绝大多数都来自太原府。根据史料记载，荞麦在汾州府内的种植量较小，因此，我们可以肯定第二种情况的可能性更大。也就是说，由于太原府是整个山西省治的粮食运转中枢，而汾州府种植的荞麦极少，因而汾州府所需要的荞麦绝大部分都需要从太原府通过贸易获得，并且汾州府从太原府进口的荞麦数量比较大，对太原府荞麦的市场价格也有很大影响。

最后我们分析豌豆。汾州府豌豆价格变动是太原府豌豆价格变动的格兰杰因的概率为 62.03％，太原府豌豆价格变动是汾州府豌豆价格变动的格兰杰因的概率为 96.10％。这说明，在汾州府与太原府粮食市场上豌豆是存在相互之间的贸易的，并且相对于汾州府豌豆价格对太原府豌豆价格的影响程度而言，太原府豌豆价格的变动对于汾州府豌豆价格的变动影响较大。在我们的分析中，由于豌豆在山西省内人民生活中是作为一种"零食"出现在餐桌上的，因此属于"奢侈品"。当百姓收入高时，可能会食用较多的豌豆，而当百姓的收入低时，对于豌豆的需求量就会随之减少，不满足刚性需求。因而，分析两地的豌豆贸易情况不能简单地从相关系数和格兰杰因果关系检验概率来分析两地豌豆的贸易频率和贸易方向。从目前的结果来看，我们仅能看出，比较可能的一种情况是汾州府的豌豆大部分依赖从太原府进口，至于贸易的频率我们还需要其他资料的佐证才能进行进一步分析。

第三节　市场整合情况

前面两节我们分别就道光年间汾州府和太原府粮食市场的两个方面——交易成本和贸易情况进行了一定程度的考察。整理情况如下：

表 6 – 12　太、汾粮食交易成本

	麦子	小米	高粱	荞麦	豌豆
C_{F-T}	0.66	0.02	0.45	0.27	0.29

注：表内数据的单位为两/石。C_{F-T}表示汾州府与太原府的交易成本。

表 6 – 13　太、汾粮食贸易情况

		麦子	小米	高粱	荞麦	豌豆
贸易情况	贸易频率	较低	很小	较高	较高	较高
	贸易方向	T→F	不定	F→T	T→F	T→F

表 6 – 14　ΔR_t 与 0 大小关系数据统计

	麦子	小米	高粱	荞麦	豌豆
$\Delta R_t < 0$	223	12	293	234	269
$\Delta R_t > 0$	146	357	76	135	100

采用本章第一节的方法，我们可以对这五种粮食的市场整合情况进行大致的分析和判断。

对于麦子而言，其属于状态（2）所描述的情况，即 $G_t^{FT} > 0$ 并且 $\Delta R_t \neq 0$。从市场整合程度而言，这说明在太、汾两地存在麦子的贸易流动，边际套利收益不为零，并且存在 $\Delta R_t > 0$ 的情况，因此两地仍存在套利情况。这反映出两地麦子市场有一定的整合度（一定程度的联系），但并不是帕累托有效的，因而是不完全的市场整合。另外，从市场效率而言，通过对 ΔR_t 与 0 大小关系的统计，我们发现满足 $\Delta R_t < 0$ 的时期数（223）要比满足 $\Delta R_t > 0$ 的时期数（146）多，这说明两地麦子的价格差总体而言要比交易成本小，说明所处的市场效率状况较差，可能仍有贸易壁垒、运输瓶颈等阻碍贸易发生的因素存在。

对小米而言，其属于状态（3）所描述的情况，即 $G_t^{FT}=0$ 并且 $\Delta R_t \neq 0$。也就是说，无论套利商人在太、汾两地之间进行该种粮食的贸易活动时所能获得的边际套利收益是怎样的，两地之间小米都没有贸易流动，这反映出了太、汾两地小米市场间没有互相连接的关系。但由于仍然存在 $\Delta R_t>0$ 的情况，因此两地间仍然存在套利机会，但是因为其他因素导致贸易不能进行，故不具有市场整合结构。从市场效率来看，满足 $\Delta R_t<0$ 的时期数（12）要比满足 $\Delta R_t>0$ 的时期数（357）小得多，这说明两地小米的价格差要比交易成本大，两地间存在进行贸易的套利空间，同时也说明两地小米所处的市场效率状况较好。但是根据我们之前所做的相关分析和因果分析所表现出来的结果，太、汾之间是不存在贸易或者贸易量很小的，因而证明两地小米市场间存在非常严重的非阻碍自由贸易进行的阻碍贸易的因素，我们推测这可能和当地政府对小米的政策不同或者两地间存在势力十分庞大的商业垄断集团有关。

对高粱而言，其属于状态（2）所描述的情况，即 $G_t^{FT}>0$ 并且 $\Delta R_t \neq 0$。从市场整合程度而言，这说明在太、汾两地存在高粱的贸易流动，边际套利收益不为零，并且存在 $\Delta R_t>0$ 的情况，因此两地仍存在套利情况。这反映出两地高粱市场有一定整合度，但并不是帕累托有效的，因而是不完全的市场整合。另外，从市场效率而言，通过对 ΔR_t 与 0 大小关系的统计，我们发现满足 $\Delta R_t<0$ 的时期数（293）要比满足 $\Delta R_t>0$ 的时期数（76）多，这说明两地高粱的价格差总体而言要比交易成本小，说明所处的市场效率状况较差，可能有贸易壁垒、运输瓶颈等阻碍贸易发生的因素存在。

对荞麦而言，其情况与高粱类似，属于状态（2）所描述的情况，即 $G_t^{FT}>0$ 并且 $\Delta R_t \neq 0$。从市场整合程度而言，这说明在太、汾两地存在荞麦的贸易流动，边际套利收益不为零，并且存在 $\Delta R_t>0$ 的情况，因此两地仍存在套利情况。这反映出两地荞麦市场具有一定的整合度，但并不是帕累托有效的，因而是不完全的市场整合。另外，从市场效率而言，通过对 ΔR_t 与 0 大小关系的统计，我们发现满足 $\Delta R_t<0$ 的时期数（234）要比满

足 $\Delta R_t > 0$ 的时期数（135）多，这说明两地荞麦的价格差总体而言要比交易成本小，说明所处的市场效率状况较差，可能有贸易壁垒、运输瓶颈等阻碍贸易发生的因素存在。

豌豆的情况比较特殊。首先从市场整合的角度而言，它属于状态（2）所描述的情况，即 $G_t^{FT} > 0$ 并且 $\Delta R_t \neq 0$。这说明在太、汾两地存在豌豆的贸易流动，边际套利收益不为零，并且存在 $\Delta R_t > 0$ 的情况，因此两地仍存在套利情况。这反映出两地豌豆市场有一定整合度，但并不是帕累托有效的，因而是不完全的市场整合。但是从市场效率而言，通过对 ΔR_t 与 0 大小关系的统计，我们发现满足 $\Delta R_t < 0$ 的时期数（269）与满足 $\Delta R_t > 0$ 的时期数（100）相比较多，这说明两地豌豆的价格差总体而言要比交易成本大，说明所处的市场效率状况较高，阻碍贸易发生的因素对贸易的影响较小，豌豆在两府之间自由流通的情况更好。

所以综上所述，道光年间太、汾两府五种粮食的市场整合情况中除小米外均被判定为不完全市场整合，小米市场被判定为不具有整合结构。并且五种粮食作物的贸易均存在套利空间。从市场效率来看，麦子、高粱和荞麦的市场效率较低，所以两府间这三种市场间的粮食自由流通可能受到某种因素的阻碍，比如贸易壁垒、运输瓶颈、信息不对称等。而与之相对的小米和豌豆的市场效率较高，说明阻碍其自由流通的因素较少。但是考虑到小米不存在府间贸易流通量的这种特殊情况，我们推测可能是当地政府的政策或是市场利益集团之间的利益博弈等非阻碍自由流通的阻碍府间贸易的因素导致的。

首先，"闭籴"和"遏籴"制度会造成强烈的贸易壁垒。一般而言，古代百姓变为灾民后，主要接受政府的救济。政府的救济大致分为赈粜、赈贷、赈济三个阶段。灾害初始，百姓尚具备一定的经济能力，政府往往会选择赈粜，通过低廉的粮食价格，使百姓获得救济；而当灾害发展到一定阶段，百姓原先的购买能力降到最低点，为了减少灾荒造成的劳动力消耗，尽快恢复生产，政府会选择无息贷给百姓麦苗、粮食等救济方式；当灾荒继续蔓延后，面对灾荒形成的大规模饥馑，政府会选择无条件的赈济。显然后两种方式不与市场发生联系，从短期看不会导致粮食市场价格波动。只有在选择赈粜的救济方式时，由于其中存在获利空间，社会各方力量会纷纷进入，寻求利润。灾害时期，政府、百姓、商人构成一个粮食供应链。其中任何一个环节上的不作为都会导致粮价的异常变动。比如在供应的仓储环节，政府拒绝开仓施米，或者仓储存量本身匮乏，都会导致粮价异常高涨，而反之，粮价可能受到的冲击就少，波动也不甚明显。虽然清代市场呈现了一定的开放性，但是，受到的政治干扰仍然很多，粮食并不能在各地自由流通。在古代救荒中经常出现的，与"和籴"宗旨相反的"闭籴"或"遏籴"反映的就是这个问题。"闭籴"或"遏籴"是阻碍市场流通的突出问题。

第二是晋商的作用。在荒年，晋商可以选择囤积居奇抬高粮价，也可以选择救济灾荒降低粮价。在《康熙南巡秘记》中载："故晋之人长于商，车辙马迹遍天下。齐、鲁、秦、燕、赵诸大市，执商市之牛耳者晋人。故晋人之富甲于天下。"[①] 晋商不仅活动地域广阔，而且经营业务也非常广泛，并且在许多行业居垄断地位，操纵物价轻而易举。另外，清代晋商救济灾荒的方式主要有输粟捐银、施粥、提供住所、劝分、以工代赈、平籴平粜等，其中，输粟、劝分和平籴平粜等都能对粮食价格产生抑制作用。最明显的是平籴平粜制度。山西地方志有这样的记载：卫楷，泽州大箕里人，"雍正癸卯，泽州歉收，民多乏食，（卫）楷于河南籴运米，石发本地，准其概量减其价值。自四月至七月往返，流转接济，广周市井，无腾贵之忧"[②]。

---

①　四明蟫伏老人：《康熙南巡秘记》，进步书局，1916。
②　朱樟：《泽州府志》卷三《民俗》，山西古籍出版社，1995。

第七章 清代山西省市场状况

上一章中，我们已经探讨了山西省内的市场整合状况，并且建立模型分析了汾州府与太原府五种粮食的贸易市场情况。在本章中我们将主要研究山西省内的粮食运输情况以及山西省内的主要贸易站点，同时分析运输的成本。通过任意两个府州之间的距离数据以及每里所需要的运输成本，可以算出山西省各个府州之间的粮食运输成本。

第一节 运输条件与粮食流通

本书对于山西省内粮食市场的研究主要集中于道光时期各个府州之间的粮食交易费用以及粮食市场的整合情况。上一章我们已对太、汾两府的市场整合情况进行了一定的分析，但由于时间原因，难以对全省内各个府州之间的粮食贸易以及市场整合情况进行全面的分析。故本章我们首先研究各个府州之间的全部贸易道路，之后通过对重点府州的分析，研究粮食贸易路径中的主要贸易站点，并对各个贸易站点的贸易情况进行推断，最后以运输成本代替交易成本，对各个府州进行计算，了解全省的贸易状况以及全省市场整合情况。同时从运输成本以及贸易路径的角度进行分析，对全省的粮食贸易方向、粮食运输成本以及各府州的贸易半径进行研究，从而了解道光时期山西省全省的贸易情况以及贸易方向。

一 陆路运输情况

山西省位于黄土高原之上，地势险要，东邻太行山脉，西接吕梁山脉，省内还有五台山、中条山、太岳山等。同时在大同、忻州、太原、临汾、运城、长治、晋城、阳泉、寿阳、襄垣、黎城等均有盆地，它们是山西省内重要的粮食产区。史料中记载，"土瘠民贫，勤俭朴质，忧深思远，有尧之遗风"①。从地理上看，山西省的东西两侧山脉以及中部串联的盆地决定了山西省内的道路主要以南北向的为主，而东西向的道路比较少。

山西省内粮食市场的研究和当时的粮食运输情况关系非常密切。通过分析粮食运输，我们可以了解两地之间的粮食运输成本，以此倒推粮食的运力并且分析两个地区之间的粮食市场整合程度。清朝的经济发展与便捷的交通条件有着很密切的关系。交通的便利可以降低整个市场的交易成本，同时扩大交易半径，加深了不同市场之间的联系程度。

山西作为内陆省份，主要的运输方式有陆路运输以及水陆运输。陆路运输中，我们依托清代的驿路进行分析。清代的驿路属于官路，商人一般不可以使用。正常来说这些驿路比商路要短一些，或者和商路长度相当，同时也更加便利。同时我们以官盐的运道和茶马之路为辅助，分析当时的内陆陆路运输情况。

清代山西的运道从管理角度分为两种，一种是官方的驿路又称为官路，另一种是民间筹款建设的铺路又称为民路。官路分为驿道以及盐道，驿道主要是用于传递军情，而盐道主要为河东产盐区运输盐到各个州县的道路。当时的交通工具主要是牛、马、船以及车。民间存在以运输物资为生的马帮、车帮等，他们会收取一定的"脚费"帮助雇主完成运输。

清代的驿路以驿站为核心进行串联。清代前期，山西省内共有125处驿站，② 到了雍正年间，"新旧共五十七驿，十二边站"。乾隆年间驿站情况为"驿五十七，军站十，边站十二，塘站二十八，边外各厅站七，蒙古站四"③。同时在省内要隘共设置7处总卡，对过往行商征收货厘药税。主要有：东路是平定府属的槐树铺，东南路是潞安府黎城县属的东阳关、泽州府凤台县属的拦车镇，南路解州平陆县属的茅津渡，西南路蒲州府永济县属的风陵渡，北路忻州的忻口镇。清代的驿路依照重要程度分为"大驿"、"次冲"、"偏僻"三种。直隶井陉县—平定州—太原府—临汾县—侯马县—永吉县—陕西，这条驿路为大驿；太原府—潞安府—泽州府—河南，这条驿路为次冲；其余各条驿路皆为偏僻。省内由省城到四至有七条

---

①　《大清一统志》（影印本）卷八，上海古籍出版社，1987。

②　海宁辑《晋政辑要》卷三十一《兵制·邮政》，光绪十三年（1887）本。

③　曾国荃等修《山西通志》卷八十，光绪十八年（1892）本。

驿路，分别是东路、西路、北路、东南路、西南路、东北路、西北路。其中太原府阳曲县寿阳驿站为众多官路的交通枢纽。除了省内的驿路，还有省城太原到京师、绥远到京城等多条驿路。

（一）太原—京城

太原到京师的驿路由阳曲起，经过寿阳、盂县、平定州到达河北的井陉，过正定、新乐、望都、满城、清苑、安肃、定兴、涿州、良乡到达京师。"自阳曲县临汾驿起，五十里榆次县鸣谦驿，七十里寿阳县太安驿，五十里寿阳县寿阳驿，五十里盂县测石驿，五十里平定州平潭驿，五十里平定州柏井驿，四十里平定州甘桃驿入直隶界，四十里直隶井陉县陉山驿，七十里获鹿县镇宁驿，六十里正定县恒山驿，四十五里正定县伏城驿，四十五里新乐县西乐驿，五十里定州永定驿，六十里望都县翟城驿，四十五里满城县，四十五里清苑县金台驿，五十里安肃县白沟驿，七十里定兴县宣化驿，七十里涿州涿鹿驿，七十里良乡县固节驿，七十里京师皇华驿。共计程一千一百五十里，按日行六百里计共限一日十一时。"① 整个路线基本上一路向东，其中寿阳至平定州的道路横跨了太行山，较难行进，其余的路线则较好行进。还有另一条路线是绕道雁门关然后再去京师。"自阳曲县临汾驿起，七十里阳曲县成晋驿，七十里忻州九原驿，八十里崞县原平驿，一百里代州雁门驿，一百二十里繁峙县沙涧驿，七十里繁峙县平型边站，七十里灵丘县太白驿入直隶界，九十里直隶广昌县香山驿，一百二十里易州上陈驿，九十里易州清苑驿，四十里涞水县涞水驿，九十里涿州涿鹿驿站，七十里良乡县固节驿，七十里京师皇华驿。共计一千一百五十里，按日行六百里计共限一日十一时。"② 为了方便读者理解，我们用电子地图分别描述了两条不同进京线路的区别。图7-1、7-2虽和清朝的地图有所区别，但是可以视作两条路线在山西境内的示意图。我们可以直观地看到前一条驿路较为直接的通向北京，而第二条路线则先北上后东进，形成了一个L形的弯折路线。两者的具体路程长度并没有太大的差别，但是行进的方式有着很大的不同，第一条路线选择横穿山西东侧的山脉，所以在行进距离长度相同的情况下，第一条路线所花费的时间会

---

① 海宁辑《晋政辑要》卷三十一《兵制·邮政》，光绪十三年（1887）本。
② 海宁辑《晋政辑要》卷三十一《兵制·邮政》，光绪十三年（1887）本。

更长。

（二）东路

东路从太原府开始，经过榆次、寿阳、盂县到平定州，最终进入京师直隶的井陉县（今河北井陉县）。驿路一路向东，横穿太行山脉，整体长度为四百里。"自阳曲县临汾驿起，五十里榆次县鸣谦驿，七十里寿阳县太安驿，五十里寿阳县寿阳驿，五十里盂县测石驿，五十里平定州平潭驿，五十里平定州柏井驿，四十里平定州甘桃驿入直隶界，四十里直隶井陉县陉山驿。共计程四百里。"① 我们通过图7-1可以看出，山西省东部被太行山脉所阻隔，交通不便，而太原—寿阳—阳泉（盂县）—井陉，这条路线是山西东部相对平坦的地区，所以山西向京师的驿路以及山西东部的驿路多沿这个方向铺设。从道路的铺设我们可以发现，道路主要沿着平原以及山脉中的峡谷前行。一方面这些地区是山西较为便于铺设道路的地区，另一方面，因为山西本身的地形也决定了山西的乡镇发展受到地形的限制。总长四百里的东路驿路是沟通山西与直隶省的重要渠道，同时它也是晋中内部重要的交通要道，是山西省内最重要的"大驿"级别驿路的东部路线。

图7-1　道光山西省东部道路示意图

---

① 海宁辑《晋政辑要》卷三十一《兵制·邮政》，光绪十三年（1887）本。

（三）东南路

东南方向的驿路从阳曲经过徐沟、祁县，经过绵山，过武乡、沁州、襄垣到达长治盆地后，经过屯留，到了长子县，之后过高平到达山西省边境的凤台县（今晋城境内），进入了河南。"自阳曲县临汾驿起，八十里徐沟县同戈驿，七十里祁县盘陀驿，六十里武乡县南关驿，五十里武乡县权店驿，七十里沁州沁阳驿，六十里襄垣县褫亭驿，六十里屯留县余吾驿，六十里长子县漳潭驿，六十里高平县常平驿，六十里高平县乔村驿，六十里凤台县太行驿，六十里凤台县星轺驿入河南界，七十里河南河内县。共计程八百二十里。"① 其中祁县盘陀驿站到武乡县的这段驿路需要翻越太岳山，道路不便，驿马可日行四百里。而过了这段之后的道路相对平坦些，驿马可日行六百里。

东南方向的驿路是沟通晋中以及晋东南的重要交通要道，是重要的"次冲"级别的驿路。这条驿路经过太岳山等山脉，自然条件较为恶劣。在驿马通行时会对驿马的速度进行分段的限制。在平原地区前行时，驿马的速度限制为日行 600 里，经过山地时，则要求日行 400 里。清代的军情通过驿马进行传递，所以驿马每日行进的速度受到较为严格的限制。由此我们可以将这个速度作为交通速度的上限进行参考，推断山路行进时，行进的速度仅为平原的 2/3。

（四）西南路

太原府在太原盆地上，西南方向上有临汾盆地和运城盆地，整体的地势较为平坦，驿路通达。太原府向西南方向，从阳曲临汾驿站开始，经过徐沟、祁县、平遥、介休、灵石、霍州、洪洞、临汾、太平县（今汾城县）、曲沃、闻喜、安邑（运城盐湖区）、临晋（今临猗县）、永济之后进入陕西潼关。"自阳曲县临汾驿起，八十里徐沟县同戈驿，六十里祁县贾令驿，五十里平遥县洪善驿，八十里介休县义棠驿，八十里灵石县瑞石驿，四十里灵石县仁义驿，六十里霍州县霍山驿，四十五里赵城县赵城驿，三十五里洪洞县普润驿，六十里临汾县建雄驿，六十里太平县史村驿，七十里曲沃县侯马驿，八十里闻喜县谏川驿，九十里安邑县汉芝驿，

---

① 海宁辑《晋政辑要》卷三十一《兵制·邮政》，光绪十三年（1887）本。

七十里临晋县樊桥驿，七十里永济县河东驿入陕西界，七十里陕西潼关厅
潼关驿。共计程一千一百里。"① 西南方向的官路不仅仅涉及驿路，同时也
涉及官盐运输的道路。

不论是从太原运输粮食到晋南还是运输至河南、陕西各省，西南路都是
清代山西省内不可或缺的道路之一，在这里，道路沿三个盆地铺设。行进的
路线相对平坦，便于运输。不论是从晋南运输粮食至晋中各府州，还是从盐
湖区运输食盐到周边的各州县，货物的运输均以西南路作为重要的商路。

（五）西路

西路从阳曲县出发，同样是经过徐沟、祁县、平遥、汾阳、永宁州
（吕梁市）到达陕西吴堡县。"自阳曲县临汾驿起，一百九十里平遥县洪善
驿，八十里汾阳县汾阳驿，八十里永宁州吴城驿，八十里永宁州玉亭驿，
六十里永宁州青龙驿入陕西界，六十里陕西吴堡县河西驿。共计程五百五
十里。"② 从太原向西行进需要跨越吕梁山，进入陕西时需要横渡黄河，水
陆的航行我们将会在后面的章节中详述。

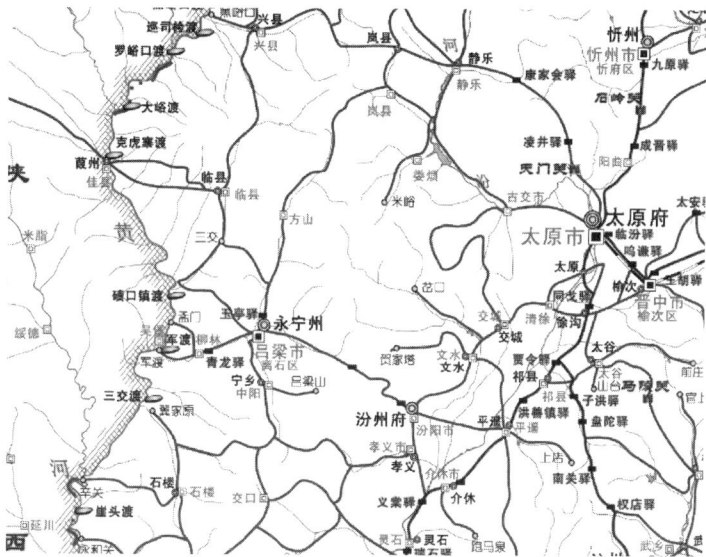

图 7 - 2　道光山西省西部道路示意图

---

① 海宁辑《晋政辑要》卷三十一《兵制·邮政》，光绪十三年（1887）本。
② 海宁辑《晋政辑要》卷三十一《兵制·邮政》，光绪十三年（1887）本。

将西路作为粮食运输的商路有两个不可避免的困难。其一是山西西部的吕梁山脉阻碍了粮食运输。吕梁山脉主峰超过 2800 米，相对平均高度超过 1000 米，山势险峻，所以粮食运输成本较大，花费时间较长。其二是粮食运入陕西境内时需要跨越黄河，每年年末出现的凌汛现象将阻断粮食的运输，同时由于水流湍急等因素，所以跨越黄河需要花费更多的费用。

（六）北路

北面的驿路分为两大条。其一从阳曲县起，经过忻州、崞县（今原平）、代州（今代县）、山阴、应县、怀仁、大同、左云、右玉、宁远厅、归化城（今呼和浩特）最终到达绥远城。此条驿路上，大同处有一岔路通向丰镇厅，而在右玉有两条岔路，一条经过和林格尔呈人字形通往清水河与托克托城；另一条从右玉经过百余蒙古站与萨尔沁蒙古站到归化城蒙古站。归化城站有一岔路通向萨拉齐厅。

"自阳曲县临汾驿起，七十里阳曲县成晋驿，七十里忻州九原驿，八十里崞县原平驿，一百里代州雁门驿，五十里代州广武边站，六十里山阴县山阴驿，六十里应州安银子驿，六十里怀仁县西安驿，七十里大同县瓮城驿，由瓮城驿分道，一百里丰镇厅站，六十里左云县高山军驿，六十里左云县左云军站，六十里右玉县右玉军站，由右玉军站分道，一百二十里和林格尔厅站，由和林格尔厅站分道一百八十里清水河厅站，又分道一百九十里托克托城厅站，又由右玉军站二十里八十家蒙古站，一百里二十家蒙古站，五十里萨尔沁蒙古站，六十里归化城蒙古站，八十里宁远厅站，一百四十里归化城厅，由归化城厅站分道二百三十里萨拉齐厅站，五里绥远城将军札所。共计程一千二十五里。"[①]

另一条北向的主要驿路是从阳曲县起，前三百七十里同样经忻州至代州，之后经过马邑（今属朔州）、朔州、平鲁、右玉至宁远厅、归化厅，最终到达绥远城。"自阳曲县临汾驿起，三百七十里代州广武边站，四十里朔州马邑乡广武驿，四十里朔州本城塘站，六十里平鲁县井坪军站，六十里平鲁县平鲁军站，六十里右玉县威远军站，五十里右玉县右玉军站，八十里宁远厅站，一百四十里归化厅站，五里绥远城将军札所。共计程九

---

① 海宁辑《晋政辑要》卷三十一《兵制·邮政》，光绪十三年（1887）本。

百五里。"① 山西省内的北部被管涔山、洪涛山、云中山等山脉占据，整体海拔超过 1800 米。所以北部的驿路绕行了左云、右玉两个地区，因为大同—左云—右玉这条线路相对平坦些。

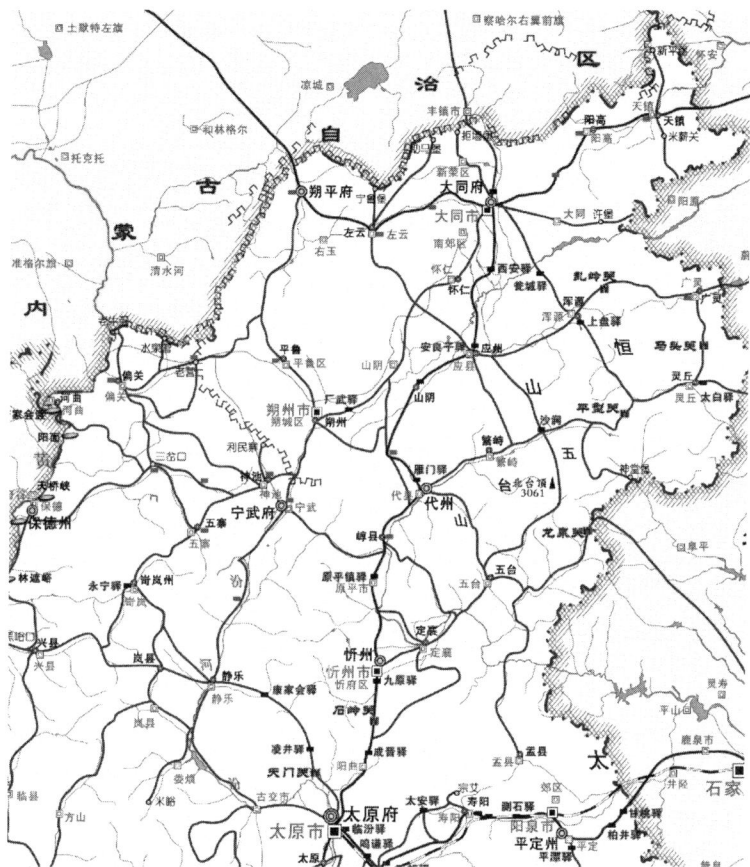

图 7-3　道光山西省北部道路示意图

（七）东北路

清代山西由于多个山脉的阻隔，驿路难行，铺设相对集中。东北路的驿路前 320 里与北路第一条驿路相同，到达了代县雁门驿站后经过繁峙、灵丘县进入京师的直隶地界广昌县（今属涞源）。"自阳曲县临汾驿起，三百二十里代州雁门驿，一百二十里繁峙县沙涧驿，七十里繁峙县平型边

---

① 海宁辑《晋政辑要》卷三十一《兵制·邮政》，光绪十三年（1887）本。

站，七十里灵丘县太白驿入直隶界，九十里直隶广昌县香山驿。共计程六百七十里。"① 这条线路沿着忻州盆地向西北行进。但是在繁峙到灵丘时，需要跨越恒山。

东北路与北路存在 320 里的路线重叠。两个路线基本是相似的，只在到繁峙后才出现东西分叉这样明显的不同。这条路线与西路都是太原进京路线的一部分。

（八）西北路

西北路前 450 里与北路的驿路相同，到达朔州之后，经过神池、五寨、河曲（今属忻州）、保德后进入陕西省府谷县。"自阳曲县临汾驿起，四百五十里朔州本城塘站，三十五里朔州梨园头塘站，二十五里神池县大水口塘站，二十五里神池县本城塘站，四十里神池县义井村塘站，三十里神池县仁义村塘站，三十里五寨县三岔塘站，三十里五寨县韩家楼塘站，二十里河曲县李家沟塘站，二十里河曲县沙泉塘站，一十里河曲县红岩头塘站，三十里保德州年延村塘站，三十里保德州东关塘站入陕西界，一十五里陕西府谷县石嘴塘站。共计程七百九十里。"②

上述八条驿路基本上覆盖了太原府附近主要府州的距离。从现有的资料我们可以了解到大致的距离。我们统一整理为附表 7 中的距离统计表。附件中的表是由《晋政辑要》整理得到的各个县府到太原府的距离，其中的间隔驿站数并不包括首尾的驿站数，而各个距离并不是直线距离，而是沿着相邻驿站的驿路长度。山西地处内陆，所以整体的道路建设依托自然环境。清朝的驿路布局与明朝基本相同，并没有太大的变化。

清代一里相当于现在的 621 米。清代的度量衡管理早在顺治时期就开始实施，直到康熙年间基本实现。清朝度量衡基本沿袭明制，单位量略有增长。光绪三十四年（1908），清政府以营造尺的长度和库平两的重量为准。另外根据《大清会典》记载，清代的计量尺度以尺为主单位。尺分为两种：横黍尺和纵黍尺。其中纵黍尺又称为营造尺，尺的原器放在工部，由工部负责制造相同的复制品发放到各省的布政使，用作当时衡量的标准。但是在清代不同用途的尺也有着细微的大小区别，裁衣尺的一尺相当

① 海宁辑《晋政辑要》卷三十一《兵制·邮政》，光绪十三年（1887）本。
② 海宁辑《晋政辑要》卷三十一《兵制·邮政》，光绪十三年（1887）本。

于现在的 35.5 厘米，量地尺的一尺相当于现在的 34.5 厘米，营造尺的一尺相当于现在的 32 厘米。当时一里为 180 丈，一丈为 10 尺，所以换算当时的一里为 621 米。得到上述数据之后我们通过抽样对上述数据进行验证，在这里抽取古建筑较多的长短中三个城市进行距离验证。因为古建筑越多的城市的政区变动越小。长距离验证，选取太原到大同的距离，现在太原到大同的距离是 355 公里，比 385 公里少 30 公里，偏差度为 7.7%；中距离验证，选取太原到雁门关的距离，从太原沿国道以及部分高速行驶的话，距离为 181.1 公里，比上文的 199 公里短近 10 公里，偏差度为 9%；短距离验证，选取太原到榆次的距离，现在太原市中心到榆次市中心的距离为 30 公里，偏差度为 3%，仅仅偏差 1 公里。我们可以发现距离较长时，距离偏差度就较大。因为现在的距离是依托高速公路计算所得，所以比当时的距离短。但是总的来说，附表 7 中显示的距离基本上是符合实际情况的。

通过上文我们可以发现，当时山西省驿站之间的平均距离是 34 公里。对驿站间隔数量的统计表明，平均每个府州之间相距的驿站数量为 1.5 个左右，所以这里在计算非太原府的府州到其他地区之间的距离时，如果无法在距离表中找到对应的距离，就可以通过这个距离进行估算。但是需要注意的是，驿路所在的路线通常便于运输，但是其他的路线并不一定便于运输，所以如果不走官路的话，运输速度会降低 20%，如果行程经过山区的话，运输速度还会降为之前的 80%，此处对运输速度的估计是参照《晋政辑要》中山西山路的驿报速度进行估计的。

（九）盐道

山西是清朝重要的产盐区，当时政府规定了盐商需要按照规定的食盐运销路线进行贸易。所以我们对于粮食贸易的研究可以参考当时的食盐销售运输情况。

山西运城是清代重要的内地产盐区，食盐的运道多从运城起。通过分析运城地区的运输状况，能够对晋南地区的运输网络有更加清晰的认识，这将有助于分析清代黄河河运之外的陆路运输，进而对山西省内的粮食运输有更加深入的了解。通过参照《河东盐法备览》、《重修两淮盐法志》以及当代学者对于山西盐运的分析，我们整理了当时的运输情况以及相关的一些路线。

乾隆五十四年（1789）的《河东盐法备览》中记载了 15 条由运城出发的盐道：

永济道，四十里解州，四十里虞乡。

临晋道，二十里大张，三十里王辽，二十里樊桥驿（今临晋镇内）。

万荣道，三十里相里（今北相镇内），二十里中陈，二十里杨里（今杨李村），十里和所。

猗氏道，二十里楚胡（今楚候），二十里荆华，十里猗氏。

安邑道，十五里安邑。

夏县道，三十里裴介，三十里夏县。

平陆道，三十里东郭，十里张店。

陕西咸宁道，二十里龙曲（今龙居镇），三十里客头（今卿头镇），四十里七级镇，经下马口过河。

长安、兴平、临潼道，四十里赤社，二十里客头，四十里东张，经夹马头过河。

陕西富平、耀州道，三十里胡家岭，二十里乔家庄，四十里孙常，经下马头过河。

临汾道，三十里陶村，三十里水头，二十里小郭店（今郭店村），二十里闻喜。

商州道，三十里买女，二十里西王，五十里七级镇，经黄龙镇过河。

河南洛阳道，二十里圣惠镇，十里东郭，二十里张店，过茅津渡。

灵宝道，四十里解州，四十里陌南，经曲里过黄河。

乡宁道，三十里北相，四十里皇普村。

我们可以在现代的行政区划中找到文献中绝大多数的地点。图 7-4 是当时具体的运输路线。

通过对比具体的路线可以发现乡宁道与万荣道的重合度比较高，至于原因有待更加深入的研究以及分析。但是从上面的分析我们却可以发现，多个临河的运道与渡口之间的距离较远，这意味着当时村镇与黄河距离较远，将提高商品水运的交通成本。

当时的盐法规定，"不得舍远走近，掣后运卖各地"①。规定盐商必须

---

① 蒋兆奎：《河东盐法备览》卷六《运销门》。

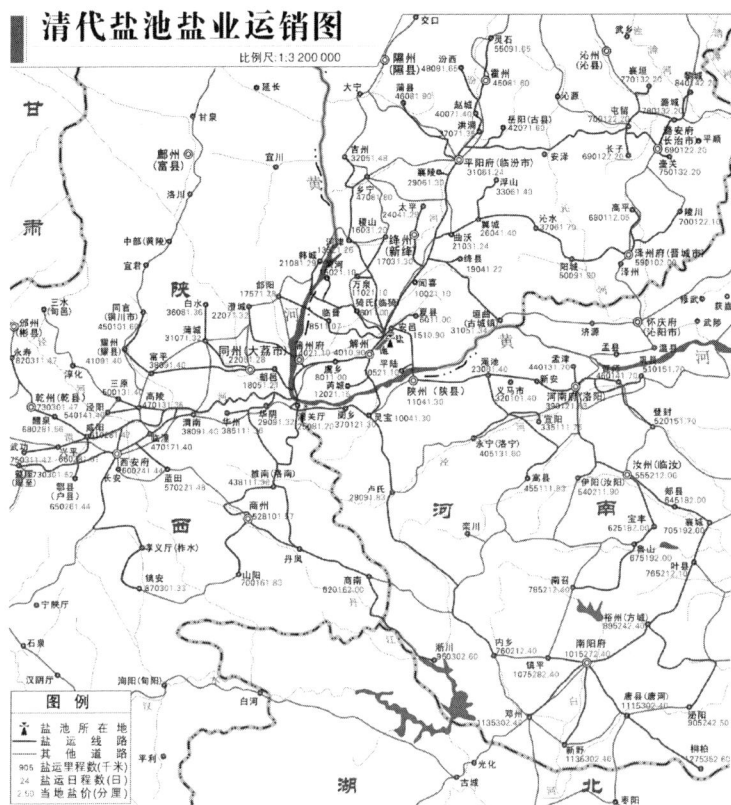

图 7 – 4　清代运城盐道运输路线节点示意图

按照规定的路线进行销售，不可以跳过或者延误。

　　《敕修河东盐法志》记载了多条路线，跨省的路线并不在本文的研究范围内，所以这里着重了解省内的路线。"自运城起，三十里至陶村，三十里至水头，二十里到小郭店，二十里到闻喜，三十里至东镇，三十里到隘口，二十里到侯马驿，二十里到高显镇，二十里至蒙城驿，四十里到赵曲镇，四十里到临汾县。"① 其中需要注意的是，自运城至临汾县需要经过 310 里，规定中限制 6 天要到达。也就是说每天行进的路程为 50 – 55 里。

　　（十）茶马道

　　清代山西商人对蒙古地区的贸易面涉及很广，其中茶叶贸易所占的比

_____

① 雍正《敕修河东盐法志》卷四《运程》。

例非常大，而经过多年的改变，这条运道已经相对成熟。例如晋商就多将茶叶从福建武夷山等地运往恰克图。我们在这里仅摘选山西境内的道路进行描述与统计。

根据《祁县茶商大德成文献》记载，"祁［县］至赊歌语：洪、土、沁、褫、鲍；长、乔、泽、拦、邗。温、荥、郑、新、石；襄、旧、裕、赊、旗。""祁至赊店十九站，计陆路一千三百五十五里。"其中祁县至泽州为山西境内的路程。"祁（县）至三十里子洪，四十里来远打尖，三十里至土门宿，四十五里昔阳打尖，六十里沁州宿，六十里至褫亭宿，六十里至乔村驿宿，六十里至泽州府宿。祁（县）至泽（州）计陆路五百八十里。"之后便是泽州过太行山至赊旗。这条路上主要依靠骆驼运输。骆驼忍饥耐渴，适应北方干燥的气候，并且骆驼善于负重，可以进行长距离运输。同时骆驼的运输成本低于马匹，所以骆驼驮运是这条商路上的主要运输方式。不论哪种运输方式，从上文中我们都可以发现，茶叶商人每天平均50里左右会"打尖"，行进100里才会"宿"。

二　水陆运输情况

（一）水运路线情况

山西处于内陆，水路运输主要是依靠河运。山西省境内有黄河、汾河等多条河流。清代山西的内陆水运主要沿黄河由河套，经过包头、托克托、保德、兴县、吉县、河津、永济、茅津渡等地通向省内以及河南、陕西等省。保德州地方志中有记载，"保德州赖有黄河，北由包头，南去河南，运输便利，商多受其利"[1]。由此可见当时河运之便利，对商人来说非常重要。

黄河运输相对便利，但又受到较大的地理制约。从通运时间来看，黄河上游地处高寒地区，一年中仅有6个月可以行船，而中下游一年中有10个月可以通航。山西地区属于黄河中游，一年中通航的时间相对充足。但是从地形来看的话，黄河并不便于运输。黄河流经黄土高原，泥沙较多，而且植被破坏较严重，形成地上悬河，水流湍急，多次发生河流改道，地

---

[1]　吴大猷编《保德州乡土志》，光绪三十三年（1907）修，民国5年（1916）石印本。

上河决口等灾害。清朝历位皇帝都派人调查黄河是否可行船。"自衡城舟行，顺黄河下流，历人所未经行之河套，直到数千里，所至之处，无不详视。"① 调查结果显示，湖滩河朔（今托克托）—山西吉州（今吉县）的埽上可以顺水行舟也可以逆水行舟；除了吉州埽上—吉州七狼窝、河南陕州（今三门峡）—河南孟津不可行舟外，其他河段是可以顺水行舟也可以逆水行舟的。船只通过吉州时会被拉上河岸，拖行十里左右再次下水航行，所以通过吉州的船只基本不会返航，而是就地拍卖，增加了水路运输的成本。

黄河的两条重要支流汾河、渭河在水陆运输上也非常重要。渭水上游淤塞，不能行船，宝鸡以东到眉县行船便利。雍正年间对汾水进行了疏通，可以沿着河津—绛州（今新绛）—汾州（今汾阳）航行，可以将粮食运输到山西内部的河东道。图7-5是当时山西地区黄河水陆运输示意图。

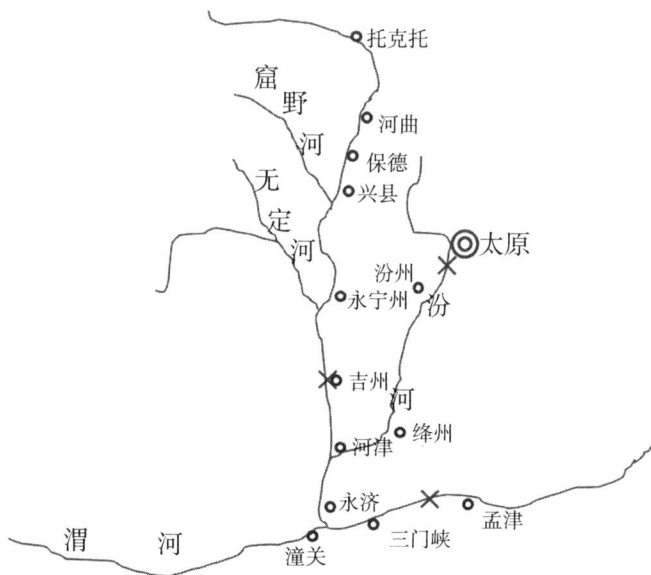

图7-5　山西省水路运输示意图

当时黄河上的运粮船只多从归化、托克托到山西其他路或者从陕西与河南运入山西。"道路崎岖，不通商贩，虽丰稔之年，米价视别省加贵，

① 《清圣祖实录》卷二百九十四，康熙六十年九月甲午。

一遇歉收，仓石小米即每石至五两六两不等……闻归化城、托克托城一带连岁丰收，米价甚贱，荞麦价值不足抵偿收获工价，竟有弃荞麦于田而不收者。如此狼藉，不独谷贱伤农，亦暴殄天物。"① 由此可见当时归绥道的托克托、归化的粮食产量较为丰富，而山西的粮食由于道路不便，虽然丰收，可是粮食价格水平也相对高于其他省份的粮食价格，而如果歉收，则会出现大的灾情。乾隆八年（1743）时，山西省境内粮食歉收，政府将托克托的粮食通过南下的路线运到山西境内，接济各府州。由此可见，当时托克托等地可以通过黄河的水运将粮食运输到山西省内的各个地区。

"黄河自托克托城河口村起，至保德州之天桥，计水程四百八十里，又自保德州天桥过兴县、临县，至永宁州之碛口，计水程四百八十里。碛口陆运至汾州府，计二百八十里，运至太原府，计四百八十里，此处即可接济汾州、太原二府。又自碛口过石楼、永和、大宁至吉州之埠上，即禹贡之壶口也，计水程六百一十里。此处必须起岸陆行十里，至吉州之七狼窝下水，又一百二十五里，至河津之仓头镇。自仓头镇以下船只甚多，可以接济绛州、平阳、臣州、解州等处，无不毕达，且由河入渭，并可接济陕西矣。"这条航路分为三段，托克托—保德航行 480 里；保德—永宁州（今吕梁市）航行 480 里，由此处陆运至汾州府、太原府；永宁州—吉州（今吉县）—河津，航行 735 里，包括陆上托运 10 里，由此处可以通过河运接济周边多个府州。

由于黄河自然条件的限制，很多船只在黄河上难以长途行驶。当时的河运"惟有乘大青山木筏之便带运米石。然木筏每年为数有限，故带运米亦不多。又有商人造船载运，因黄河之水建瓴而来，河中又多沙碛湍急，运米之船只能顺流而下，不能复逆流而上。所以商人所造之船，行至河津县之仓头镇，即需拆板变价，每船七八十两，成造者只能变价十数金，常苦不能往回转运。"②

乾隆八年山西巡抚刘于义在兰州见到百姓用牛皮混沌在黄河上运输粮食，"虽惊涛骇浪中，无倾覆之患"。于是刘于义购置了 20 个牛皮混沌运

---

① 《山西巡抚刘于义为筹划将口外之米以牛皮混沌运入内地事奏折》，乾隆八年，《历史档案》1990 年第 3 期。
② 《山西巡抚刘于义为筹划将口外之米以牛皮混沌运入内地事奏折》，乾隆八年，《历史档案》1990 年第 3 期。

回山西。每个牛皮混沌造价为 7 钱，可以装 2 石仓米，以 30 多个编为一筏，每筏需要水手 4 人。每个牛皮混沌在水里可以运输 6－7 天，然后就需要用干的牛皮混沌接替，每个牛皮混沌可以使用 6－7 次。

除了牛皮混沌外，乾隆时期有很多圆底船前往归化地区运输粮食。运输路线基本相同，圆底船在大跌峭处需要上路行进 30 里，然后继续下河航行，整体航线为归化—永济，"约计每市石水陆运费不过四钱内外，商民获利颇厚"①。

第二节　省内主要贸易站点分析

按照上一章的思路，我们下面对山西省内五个主要地区太原府、汾州府、大同府、解州和归绥道，两两之间的市场整合程度进行考察。之所以选择这五个地区主要是因为从各种史料记载都可以看出它们在山西全省贸易中的特殊性。《大清一统志》②记载："山西领府九、直隶州十、厅六。"全省可以分为冀宁道、雁平道、河东道与归绥道四地。根据曹新宇（1998）③的观点，清代山西粮食运输的路线主要有四条：线路一是将粮食由关中经渭水运入运城盆地，早在康熙四十四年，晋省就捐造百只漕粮小船，在汾河往返试行④，以资运粮。因此太原府和汾州府作为其运输路线上的必经站点，其粮食价格的波动是我们必须要研究的。线路二是将粮食由北路归化各厅经大同、朔州等府运往太原盆地；河套地区的粮食沿黄河南下运至解州、绛州等州。一方面是由于陕甘回民起义，关中广种鸦片影响了西路粮的供应⑤。另一方面，北路不断扩大的口外开垦活动提供了大量廉价的余粮，也分享了传统上西路粮的市场。因此，北路运销超过西路。从光绪年间左云县采买粮食的记录来看，雁北地区的主要粮食集散地

①　《山西巡抚刘于义为筹划将口外之米以牛皮混沌运入内地事奏折》，乾隆八年，《历史档案》1990 年第 3 期。

②　《嘉庆重修一统志》，四部丛刊本。

③　曹新宇：《清代山西的粮食贩运路线》，《中国历史地理论丛》1998 年第 2 期。

④　《山西巡抚噶礼奏报造船将要工竣折》，中国第一历史档案馆编《康熙朝满文朱批奏折全译》，康熙四十四年闰四月初十日。

⑤　萧荣爵编《曾忠襄公全集》卷八《申明栽种罂粟旧禁疏》（清末民初史料丛书），台北成文出版社，1969。

是大同和口外的丰镇。① 因此我们在这一条线路中选择归绥道、大同府和
解州作为研究对象进行分析。线路三是北上漕粮由河南逆黄河而上运至运
城盆地。这是清代前期，政府为了应付晋中南的饥荒而采取的临时性措
施。线路四是直隶粮从获鹿经井陉越太行山至太原盆地。这条输粮线路是
光绪"丁戊奇荒"极端情况下，选择的一条临时运输线。当时从直隶获鹿
越太行山转输粮食，运费已是粮价的十倍。② 因而这两条线路我们暂时不
做研究。

表 7 - 1 至表 7 - 5 是各自的相关系数，表 7 - 6 是格兰杰因果检验
结果。

表 7 - 1　五地粮食市场月度最高价相关系数

	麦子	小米	高粱	荞麦	豌豆
太原府/汾州府	0.153	0.626	0.584	0.527	0.379
太原府/大同府	0.612	0.722	0.826	0.854	0.847
太原府/解州	0.285	0.068	0.449	0.311	0.370
太原府/归绥道	0.453	0.278	0.375	0.294	0.125
汾州府/大同府	-0.249	0.716	0.432	0.708	0.450
汾州府/解州	-0.040	0.716	0.576	0.062	-0.098
汾州府/归绥道	-0.339	0.345	-0.316	0.376	-0.098
大同府/解州	0.612	-0.136	0.257	0.190	0.108
大同府/归绥道	0.767	0.512	0.452	0.339	0.252
解州/归绥道	0.356	0.250	-0.069	0.022	-0.411

表 7 - 2　五地粮食市场本月与上月最高价价格差之间的相关系数

变量	麦子	小米	高粱	荞麦	豌豆
太原府/汾州府	0.212	0.071	0.116	-0.060	0.309
太原府/大同府	-0.051	0.142	0.283	0.141	0.195
太原府/解州	0.059	0.035	0.027	-0.004	0.092

① 光绪《左云县志·艺文》。
② 丁戊奇荒这一极端例子中，向晋中南直接输粮的地区还包括包头、宁夏中卫、奉天锦州、河南周家口、安徽六安州、颖州以及正阳关、三河尖等地。因事例特殊，不宜作为贩运距离分析之用（见《曾忠襄公奏议》卷八，曾国荃光绪三年十二月奏折）。

变量	麦子	小米	高粱	荞麦	豌豆
太原府/归绥道	0.063	0.240	0.121	0.129	0.092
汾州府/大同府	0.028	0.167	− 0.002	− 0.067	0.061
汾州府/解州	0.123	0.063	0.055	0.054	0.002
汾州府/归绥道	0.025	0.103	0.001	0.058	0.050
大同府/解州	0.021	− 0.032	0.043	0.053	− 0.023
大同府/归绥道	0.180	0.168	0.220	− 0.019	0.131
解州/归绥道	0.026	− 0.026	− 0.014	0.057	0.016

表7-3　五地粮食月度最高价和最低价价格差之间的相关系数

变量	麦子	小米	高粱	荞麦	豌豆
太原府/汾州府	− 0.673	− 0.077	0.308	− 0.076	− 0.550
太原府/大同府	0.159	0.392	0.819	0.836	0.709
太原府/解州	0.140	0.207	0.355	0.413	0.377
太原府/归绥道	0.051	0.249	0.433	− 0.212	− 0.411
汾州府/大同府	0.156	0.226	0.068	− 0.049	− 0.434
汾州府/解州	0.060	− 0.088	− 0.020	− 0.351	− 0.250
汾州府/归绥道	0.228	0.266	0.053	0.334	0.554
大同府/解州	0.189	− 0.067	0.240	0.424	− 0.134
大同府/归绥道	0.580	0.195	0.461	− 0.290	0.094
解州/归绥道	0.528	0.052	− 0.129	− 0.229	− 0.674

表7-4　五地粮食价格市场内相关性数据

太原府	小米	高粱	荞麦	豌豆
主食：麦子	0.821	0.830	0.721	0.817
汾州府	小米	高粱	荞麦	豌豆
主食：麦子	0.317	0.611	0.392	0.323
大同府	小米	麦子	荞麦	豌豆
主食：高粱	0.875	0.637	0.864	0.941
解州	小米	高粱	荞麦	豌豆
主食：麦子	0.711	0.472	0.441	0.271
归绥道	小米	麦子	荞麦	豌豆
主食：高粱	0.916	0.857	0.933	0.958

表 7 - 5　五地粮食价格单位根检验结果

变量	差分次数	DW 值	ADF 值	10%临界值	5%临界值	1%临界值	结论
太原麦子	1	2.004	-17.751	-2.571	-2.869	-3.448	I (1)*
太原小米	1	2.002	-18.830	-2.571	-2.869	-3.448	I (1)*
太原高粱	1	2.019	-16.528	-2.571	-2.869	-3.448	I (1)*
太原荞麦	1	2.003	-18.043	-2.571	-2.869	-3.448	I (1)*
太原豌豆	1	1.998	-19.218	-2.571	-2.869	-3.448	I (1)*
汾州麦子	1	2.044	-25.422	-2.571	2.869	-3.448	I (1)*
汾州小米	1	2.008	-16.198	-2.571	-2.869	-3.448	I (1)*
汾州高粱	1	2.001	-21.200	-2.571	-2.869	-3.448	I (1)*
汾州荞麦	1	2.022	-23.076	-2.571	-2.869	-3.448	I (1)*
汾州豌豆	1	2.014	-22.988	-2.571	-2.869	-3.448	I (1)*
大同麦子	1	1.985	-16.688	-2.571	-2.869	-3.448	I (1)*
大同小米	1	2.032	-12.642	-2.571	-2.869	-3.448	I (1)*
大同高粱	1	1.958	-7.748	-2.571	-2.869	-3.448	I (1)*
大同荞麦	1	2.099	-12.613	-2.571	-2.869	-3.448	I (1)*
大同豌豆	1	2.014	-6.697	2.571	-2.869	-3.448	I (1)*
解州麦子	1	2.015	-17.654	-2.571	-2.869	-3.448	I (1)*
解州小米	1	2.016	-17.116	-2.571	-2.869	-3.448	I (1)*
解州高粱	1	1.975	-10.565	-2.571	-2.869	-3.448	I (1)*
解州荞麦	1	1.979	-13.638	-2.571	-2.869	-3.448	I (1)*
解州豌豆	1	2.011	-17.652	-2.571	-2.869	-3.448	I (1)*
归绥道麦子	1	2.003	-18.287	-2.571	-2.869	-3.448	I (1)*
归绥道小米	1	2.039	-15.635	-2.571	-2.869	-3.448	I (1)*
归绥道高粱	1	2.028	-16.996	-2.571	-2.869	-3.448	I (1)*
归绥道荞麦	1	2.027	-16.874	-2.571	-2.869	-3.448	I (1)*
归绥道豌豆	1	2.012	-17.332	-2.571	-2.869	-3.448	I (1)*

注：* 表示变量差分后在 1% 的显著性水平上通过 ADF 平稳性检验。

表 7 - 6　五地粮食格兰杰因果检验结果

	麦子	小米	高粱	荞麦	豌豆
汾州府是太原府的格兰杰因	49.15%	35.93%	99.98%	100.00%	62.03%
太原府是汾州府的格兰杰因	96.18%	49.15%	48.95%	81.56%	96.10%

续表

	麦子	小米	高粱	荞麦	豌豆
大同府是太原府的格兰杰因	97.21%	92.05%	70.98%	100.00%	99.85%
太原府是大同府的格兰杰因	81.65%	97.25%	99.94%	94.92%	99.85%
解州是太原府的格兰杰因	96.03%	3.78%	75.35%	1.68%	32.51%
太原府是解州的格兰杰因	41.51%	22.77%	13.33%	3.72%	17.86%
归绥道是太原府的格兰杰因	69.63%	98.00%	64.94%	41.18%	98.12%
太原府是归绥道的格兰杰因	27.18%	77.26%	99.95%	90.03%	98.01%
大同府是汾州府的格兰杰因	52.20%	92.05%	54.89%	99.95%	85.26%
汾州府是大同府的格兰杰因	59.99%	97.25%	18.78%	21.19%	87.81%
解州是汾州府的格兰杰因	14.63%	92.05%	19.66%	95.70%	94.35%
汾州府是解州的格兰杰因	14.84%	97.25%	95.41%	0.19%	89.46%
归绥道是汾州府的格兰杰因	63.52%	49.40%	29.21%	55.41%	68.71%
汾州府是归绥道的格兰杰因	51.19%	52.70%	32.92%	94.22%	99.51%
大同府是解州的格兰杰因	22.05%	1.17%	47.30%	33.94%	0.90%
解州是大同府的格兰杰因	0.73%	2.29%	31.56%	85.91%	7.38%
归绥道是大同府的格兰杰因	97.83%	100.00%	99.98%	32.57%	70.01%
大同府是归绥道的格兰杰因	85.22%	33.49%	31.75%	30.16%	99.92%
解州是归绥道的格兰杰因	26.77%	2.93%	46.45%	6.53%	54.12%
归绥道是解州的格兰杰因	99.95%	99.06%	7.55%	54.91%	97.85%

结合以上数据进行分析，我们可以推测出道光年间山西省内麦子、小米、高粱、荞麦、豌豆粮食市场之间的相互贸易情况。从两地市场最高价的相关系数来看，麦子在汾州府与其他地区的贸易中的相关性为弱相关或负相关，说明其与其他各府的粮食运输途径不同或者相反，并且贸易关联度不高。同时由大同府与其余各府的麦子最高价格的相关系数均较大，我们可以知道大同府可能是全省的麦子中转地。小米在归绥道、解州与其他各地的贸易中相关程度不高，这说明小米的贸易不途经归绥道和解州，而仅在晋中地区贩卖。高粱在太原府和大同府之间的相关程度最高，结合我们之前的资料，可知是由于主食和替代品之间的贸易关系所造成的，而高粱在各地的相关系数普遍较高则可以说明高粱在全省贸易的普遍性，我们据此可以推测高粱可能是山西省境内除归绥道以外绝大部分百姓所食用的主要粮食。荞麦的情况与高粱类似，结合史料我们推测荞麦可能是作为当

时牲畜的饲料或者赈灾的粮食而被需求和使用的，因而它在全省的贸易中也呈现出一种普遍性，并且相关性均为正相关。从大小上看，太原府、汾州府和大同府呈现的对于荞麦的相关性普遍更高，因此我们推测当时的情况可能是这样：太原府作为省治，从外省运输进来的荞麦首先会抵达太原府，然后通过与其相邻的汾州府和大同府再不断向外部扩散。豌豆在解州和归绥道的相关性比较不好，这可能与当地百姓的收入消费水平有关。当然，上面的分析只能得出比较模糊的结论，结合更多地区的数据我们或许可以规划出当时五种粮食作物在山西省内的贸易区域或者贸易半径。与此同时，我们可以看到，太原府跟其他各府的相关系数均呈现出一定程度上的正相关性，这证实了我们之前的假设——太原府是全省各种粮食的运输中枢，对各种粮食在全省的贸易均有参与调控的作用，因而各地的各种粮食均与太原府的市场价格有相关性。从五地粮食市场本月与上月最高价价格差之间的相关系数来看，太原府和汾州府、太原府和大同府、太原府和归绥道、大同府和归绥道的相关性稍强，可以看出太原府、大同府、汾州府和归绥道应该是整个山西省粮食贸易运输的几个比较大的节点，市场整合程度较其他地区更高一些。从五地粮食月度最高价和最低价价格差之间的相关系数来看，只有对高粱价格调控的手段具有一定的相似性或者相关性，我们推测这可能和高粱在全省粮食流通的普遍性有关。

最后，通过各地的格兰杰因果检验结果我们推测当时山西省内的粮食运输路径可能如图7-6所示。

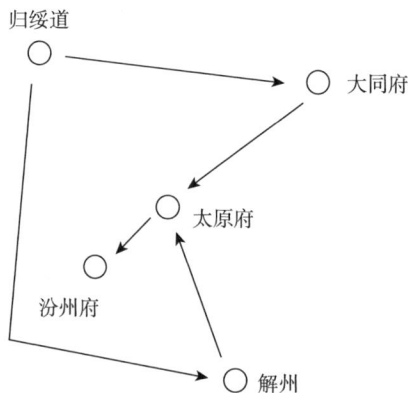

图7-6　麦子在五州府的贸易方向

　　我们可以看到，麦子的运输路线可能是从归绥道出发，分为陆路和水路两条路线。陆路运输路线从归绥道出发，途经大同府、太原府和汾州府；水路从归绥道出发，运往解州，之后再转运回太原府，完成对全省其他地区的粮食调度，因而就麦子的流通来看，太原府是一个重要的贸易中枢。根据所搜集到的资料，在道光年间的山西省麦子可能是经由北路进行运输的，即粮食由北路归化各厅途经大同、朔州等府运往太原盆地；河套地区的粮食沿黄河南下至解州、绛州等州。[①]

　　由图7-7我们可以看到，小米的运输路线与麦子类似，即从归绥道出发，分为陆路和水路两条路线。陆路运输路线从归绥道出发，途经大同府、太原府和汾州府；水路从归绥道出发，运往解州，之后再转运回汾州府、太原府，完成对全省其他地区的粮食调度，因而就小米的流通来看，太原府是一个重要的贸易中枢。这进一步排除了小米来自西路的猜测，即小米仅来自北路。根据所搜集到的资料，在道光年间的山西省小米可能是经由北路进行运输的，即粮食由北路归化各厅途经大同、朔州等府运往太原盆地；河套地区的粮食沿黄河南下至解州、绛州等州。[②] 而图7-7中大同府与汾州府波动的相似性可能是由于粮食的来源相同。

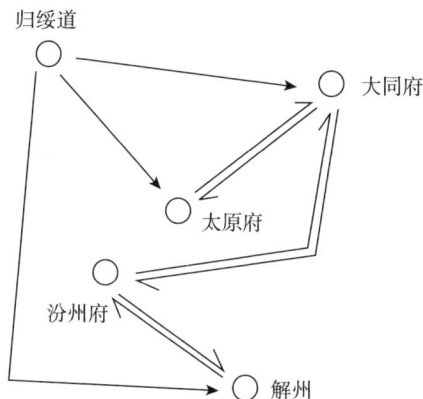

图7-7　小米在五州府的贸易方向

　　由图7-8可以看出高粱在道光年间山西省的运输路线可能是：由汾州府出发，运往太原府和解州，之后经由太原府满足晋北（归绥道和大同

---

① 曹新宇：《清代山西的粮食贩运路线》，《中国历史地理论丛》1998年第2期。
② 曹新宇：《清代山西的粮食贩运路线》，《中国历史地理论丛》1998年第2期。

府）地区对高粱的需求，因而对高粱的流通而言，太原府是一个重要的贸易中枢。根据所搜集到的资料，我们推测高粱可能是经由西路进行运输的，即将粮食由关中经渭水运入运城盆地。① 另一种可能则是汾州府是全省高粱的主产地，可以满足全省的高粱需求。但是考虑到我们之前的分析，高粱是作为日常主食小麦的替代品而存在的，因此汾州府的产量可以满足到全省对高粱的需求的可能性相当小，我们基本上可以排除这种猜想。

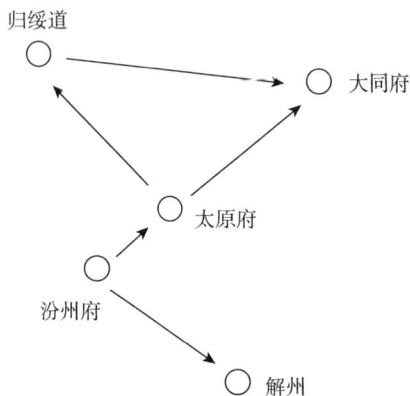

图 7-8 高粱在五州府的贸易方向

由图 7-9 可以看出荞麦在道光年间山西省的运输路线可能是：由解州出发，运往汾州府，之后经由汾州府运至归绥道和太原府，再通过太原府运往大同府。因而对于荞麦而言，汾州府是一个比较重要的贸易站点。因此我们看到荞麦可能是经由线路三来进行运输的，即北上漕粮由河南逆黄河而上运至运城盆地。② 由于该路线是清代前期政府为了解决晋中南的粮食饥荒所采取的临时性措施，这就说明荞麦在清代是作为赈灾所用的粮食而存在的，这足以说明荞麦具有运输方便、运输成本低、种植方便和易于保存的特性。因而否定了我们之前的关于荞麦作为牲畜粮食的假设。《山西通志》的记载，"该省上年（指光绪二年）秋稼未登，春夏又复亢旱，秋苗未能播种"，为救燃眉之急，政府饬令各州县改种荞麦等杂粮。③ 我们可以看出荞麦确实在古代是充当赈灾的主要粮食作物的。

---

① 曹新宇：《清代山西的粮食贩运路线》，《中国历史地理论丛》1998 年第 2 期。
② 曹新宇：《清代山西的粮食贩运路线》，《中国历史地理论丛》1998 年第 2 期。
③ 曾国荃等修《山西通志》卷五十八《田赋》，光绪十八年（1892）本。

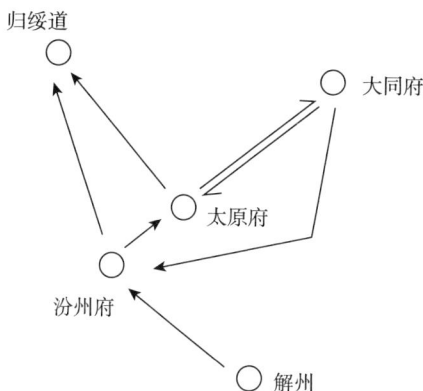

图 7-9 荞麦在五州府的贸易方向

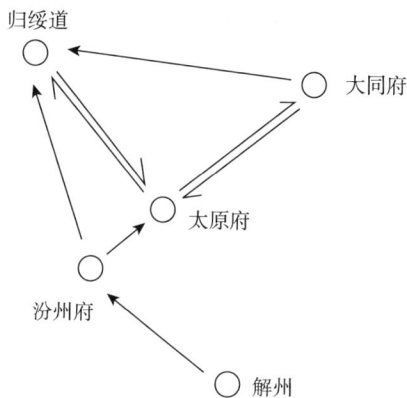

图 7-10 豌豆在五州府的贸易方向

　　豌豆的情况与荞麦类似，在道光年间山西省的运输路线可能是：由解州出发，运往汾州府，之后经由汾州府运至归绥道和太原府，通过太原府调配其在全省的流通。因而对于豌豆而言，太原府是一个比较重要的贸易站点。因此我们看到豌豆可能是经由线路三来进行运输的，即北上漕粮由河南逆黄河而上运至运城盆地。[①] 由于该路线是清代前期政府为了解决晋中南的粮食饥荒所采取的临时性措施，而出于豌豆的特殊性，我们可以认为豌豆在山西省的运输途径应该不是临时性的，从而说明可能这条线路本身存在，只是由于灾荒而扩大了该运输路线的运输规模。

　　通过上文的分析，我们了解到山西五个州府之间五种粮食的联系，同

----

　　①　曹新宇：《清代山西的粮食贩运路线》，《中国历史地理论丛》1998 年第 2 期。

理对道光山西省内 20 个府州道的五种粮食之间的相互关系进行分析，就能得出五种粮食在山西省内的贸易方向（途中的相关性强度选取的为99% - 100%）。具体结果见附录中的附图 2 至附图 6。

第三节　清代山西运输成本：以道光朝为例

山西地处黄土高原，陆路运输受到山脉限制，但是山西中部由北至南有大同盆地、忻州盆地、太原盆地、临汾盆地，所以山西南北运输相对便利，而东西向运输除了沿东西的井陉、陕西的大驿之外其余的道路路途艰险，运输不便。对于陆路运输的推断有两种，一种参考山西运城的官盐运输，另一种是参考当时晋商的茶叶贸易。

清廷饬令全国各大盐区在指定地区的运输速度不得低于指定的要求，同时要求连续运输。"其经由路程各定远近时日，不得延迟违限。"康熙二十七年（1688）河东盐运使参照外省之例，明定运盐程限。运程分路程和水程，各定速度。水程以船只载运池盐，每日航行不得少于 50 里；路程用车运盐，牛车日行不得少于 30 里，骡车日行务足 50 里。这是对当时最低日行距离的规定，所以一般来说应该是比这个距离要更长一些。而且当时规定不得就近舍远，必须沿规定路线行进。根据盐路北路的距离统计，政府规定平均每日需要前行 50 - 60 里（31 - 37 公里），但是整条线路是沿着运城盆地—临汾盆地—太原盆地，所以整体的运输较为便利，如果遇到山路，整体的速度将会下降。官方的信使在山路时通常由日行 600 里降低为日行 400 里或者更低。所以我们按照降低 1/3 的比例也同样应用到货运运输上，货运山路应该日行 33 - 40 里（21 - 25 公里）。

《祁县茶商大德成文献》中记载了茶商行进的速度以及整体的休整情况。"祁（县）至三十里子洪，四十里来远打尖，三十里至土门宿，四十五里昔阳打尖，六十里沁州宿，六十里至褥亭宿，六十里至乔村驿宿，六十里至泽州府宿。祁（县）至泽（州）计陆路五百八十里。"[①] 陆路 580 里行进了 5 天，我们可以看到在盆地运输时每天行进 100 里左右，而在山地行进时每天行进 60 里，平均每天行进 80 里（50 公里）。综合上述资料，

---

① 史若民、牛白琳：《平祁太经济社会史资料与研究》，山西古籍出版社，2002，第486页。

我们可以发现盐商的速度是最低限制，而且路线不可以自己选择，必须经过官方指定的地点，而茶商的路线是实际行进的长度，而且路线经过了取舍，所以我们最后认为当时平地的行进速度应为每天 100 里（62 公里），在晋城等丘陵每天行进的距离为 60 里（37 公里），而在道路艰险的山脉地区依照山路对驿报传递速度影响的推断，山路中粮食运输的速度为每天行进 48 里（30 公里）。

水路运输相对于陆路运输更加便利一些，史料记载，从运城沿汾河"顺流划桨，每日可行百余里，溯回拉纤，每日可行六十里。自义堂桥外至平阳府属之赵城县，计其河道二百九十里，此间积石滩多，且上下行时难者有十二滩"①。汾河水流相对缓和，顺水每天可以行进 100 多里，逆水每天可以行进 60 里。按照当时运盐的记载，陆运与水运的最低限制均为 50 里，其中陆运根据情况可以低于 50 里，我们参照当时两者的最低限制，推断正常情况下水陆运输应为每天 120 里（75 公里）。但是由于乾隆时期盐法改革较为严格，所以商人甚至出现退盐的行为，这说明盐法中的路程限制已经非常接近具体的每日路程行进的上限。由于黄河水流速度较快，所以黄河顺流运输的速度可能比汾河更快，而逆行可能更加慢一些。同时吉州旱地行船的路程可能会需要 1 - 2 天，如果在运输高峰，由于运力有限，所以延误的时间可能更长。

山西境内的粮食价格普遍高于相邻省份，运输成本对其影响很大。山西地处内陆，农业一方面依靠本地生产，一方面依靠托克托等地的周济。据记载，山西地区发生过数次灾害，清政府从河南、陕西、托克托等地运粮到山西，康熙四十年（1701），清政府下令河南"三年之内截留糟米六十万石，贮之陕州，为秦、晋适中之地，预防灾侵"。光绪三年（1877），"查晋省灾区南路最重，需粮亦以南路为急，此项奉拨糟米亟宜于开河后由东省派员从临清入卫河，运至河南之道口交卸……惟晋南形势以平阳为适中之地，西至隰蒲，东至潞泽，南至绛解，北至汾霍，均不过三四百里，分匀接济四面皆周。而由道口至平阳，陆路将九百里，中间清化至翼城四百余里，皆系山路，车行不便，专恃骡驴驮运"。所以应该更

---

① 《山西巡抚噶礼奏报在汾河试船情形折》，中国第一历史档案馆编《康熙朝满文朱批奏折全译》，康熙四十三年七月十九日。

加重视运输成本对于粮食贸易的影响，同时也应该注意当时的水运对粮食价格的影响也非常大，我们也需要重点了解水运与陆运的差别。

运输成本通常包含三项：人力成本、畜力成本、运输工具成本。人力成本主要是运输人员在路途中的食宿成本；畜力成本主要为运输动物的成本；运输工具成本主要是计算运输工具的折旧费用，尤其是黄河壶口的旱地行船对于河运工具的折旧费用影响非常大。

我们假定当时的人力为同质的劳动力，并不存在优质与劣质的区别。引用当时军队的粮食标准进行计算。《御制亲征平定朔漠方略》中规定，"兵丁以仆从一人算，每人给马四匹，四人为一朋，一朋合帐房二间、罗锅二口、搭连四个、锛斧锹镢各一柄。一朋八口，拴带八十日口粮，四石二斗。以十五斛算，重六百三十九斛有余。盔甲四副，重一百二十斛。合帐房两间，连春，二梁柱，重五十斛。箭二百二十枝，重二十二斛。大小锅二口，重十五斛。锛斧锹镢重九斛。搭连四个。栳斗、皮、稍马等杂物，重一百二十斛。连米共重九百七十五斛零。本身与仆从骑坐八匹。所余八匹。每批原以驮一百二十一斛余算，后每朋增给骡子一匹，故每匹以驮一百七斛算。"根据文献记载，8 个人 80 天的粮食为四石二斗，总计 504 斤。清代的 1 石为 10 斗、1 斗为 12 斤，一石相当于现在的 70.8 公斤，一斤相当于现在的 590 克。所以总计需要量是 297.36 公斤，平均每人每天需要粮食 0.4646 公斤。当时的粮食为每石粮食 1.56 两白银。这个数字是太原府道光时期的平均粮价。这是由于当时太原是整个山西省的中心，所以我们选用这个数据作为计算人力成本的粮价。每公斤粮食需要 0.02203 两白银，每人每天的人力成本为 0.01024 两白银。我们按照每人每天一钱计算。关于住宿费用，并没有明确的史料可以提供当时山西地区住宿的整体水平，而且是对不同地区、不同层次的住宿，所以比较难以计算，在这里我们只能暂时搁置对于陆路运输住宿费用的计算。

这里我们需要考虑不同种类运力的消耗。当时存在很多的驼帮以及马帮，他们会收取一定的"脚费"帮助人们完成运输的任务，这样的话脚费基本囊括运输费用。但是如果不请马帮或者驼帮进行运输，就需要自己运输，当时的行商基本上依靠自己进行物资的运输。如果使用马匹进行运输的话，马匹的运输能力为每匹负重 80 公斤。《武夷文史资料》中记载，冬春两季由骆驼运输，每峰骆驼可以驮运 250 公斤。运输成本我们也参考茶商的情况进行统计，可以得知，马每天的运输成本相当于人的 3/4，而骆驼的成本相当于人的 4/5，也就是说，马每天的运输成本为 0.00768 两白银，骆驼每天的运输成本为 0.00819 两白银。

运输工具的成本主要是水路运输工具的成本。由于黄河特殊的自然状况，导致很多渡过吉县段的船只都无法返航。所以船只运送到目的地之后需要在当地处理掉，这无形中会提高粮食的运输成本。康熙三十年，西安发生旱灾，康熙皇帝令巡抚叶穆济修造了 200 艘载重 100 石的木船，南下赈灾。载重 100 石的木船在当时应该是载重比较大的。我们取 80 石为平均的载重量，如果每次使用完之后都在当地变卖，那么每船都会增加 60 两左右的额外成本，所以每石粮食将增加 0.75 两白银的运输成本。乾隆八年，山西巡抚刘于义建议用"牛皮混沌"进行运输，但是每个牛皮混沌只能使用 6－7 次，所以尽管牛皮混沌可以运回去，但是也同样存在运输工具成本。"每牛皮混沌一个，价银七钱，可装仓米二石……每牛皮混沌一个可用六七次。"每个牛皮混沌成本为 7 钱白银。每个牛皮混沌可以使用 6－7次，每次可以在水下运行 6－7 天，也就是说，每个牛皮混沌可以使用36－49天，取平均值约为 42.5 天。黄河河运顺水而行每天最少行进 120 里。从归绥道河口村至永济共计水程 1820 里。总得计算每个牛皮混沌在黄河水运中可以运输 5100 里，平均每个可以运输 2.8 次全程，每次运输 2 石粮食。每个牛皮混沌共可以运输 5.6 石粮食，每石粮食的运输成本为 1.25钱/石。每个牛皮混沌需要 4 个人，每次从托克托河口村运输到永济需要15 天，所以加上人力成本，粮食的运输成本为 2.32 钱/石。这比其他粮食的 4 钱/石便宜了很多。相较于其他船只的运输方式，采用牛皮混沌的运输方式确实更加节省成本，不仅仅因为船只本身的费用仅 7 钱，同时采用牛皮混沌运输的话，在通过吉县时可以不用当地的纤夫。如果是大型船只不仅在当地需要联系纤夫，而且需要和当地的纤夫团体进行博弈，如果需要加急的话还需要给当地的纤夫头子一些好处费才能让他们帮助托运。所以牛皮混沌在运输上相对于其他船只非常便利。但是牛皮混沌对水手技术要求较高，并非一般劳动力可以胜任的。所以实际上推广程度值得考量。

山西地处内陆，地形以山地高原为主，所以山西地区的物资运输条件并不是非常好。相比有很多水路可以使用的南方地区，山西的运输条件处于劣势，所以整个山西地区的市场整合情况相对较差一些。我们以两个府之间相应粮食价格的波动作为两个府的粮食市场整合情况的评判标准，太原府到汾州府的贸易滞后情况为一阶滞后，汾阳县与太原府相距270里，两个县城均处于太原盆地，运输速度以每天50里计算，粮食在路上运输需要5天左右。也就是说，太原府的粮食到达汾阳之后需要5天左右的时间才可以将这个信息传递到整个的市场上。所以整个信息传递效率并不是非常高，比起今天的信息计量单位秒，当时的信息传递单位是月。通过这里的分析，我们可以发现，当时的市场流通与今天相比差距很大。今天的价格信息流通速度非常快，所以当一个地区的产量数据被准确预估出来之后，信息的流通会推动整个市场内的价格波动。

结　语

　　粮食贸易在古代是非常重要的。对于以农业经济为主的古代来说，农作物的生产以及销售对于整个贸易市场来说有着非常重要的作用。明清时期农业经济的飞速发展使得整体的经济繁荣了起来。

　　山西作为北方的大省，省内众多的山脉不便于粮食的运输，但是从粮食价格波动频次中分析，我们可以发现，粮食价格的波动有着明显的规律性。在道光30年中，大部分年份都存在明显的操控粮食价格的痕迹。尽管粮食价格波动与粮食的成熟和消耗有着明显的关系，但是道光前中期人均仓储量并没有出现明显的不足，所以推测粮食价格波动主要是因为商人贸易操纵价格，导致粮价在粮食收获之前下降，之后稳步上升。对比各个地区的频次波动我们可以看出，南方粮食价格波动的整体次数较多，一方面这是由于南方为多种粮食的生产地区，另一方面也是由于南方的粮食贸易可以进行水运，更加便捷。

　　从各种粮食的贸易方向以及本府州对周边府州的影响来看，我们可以发现在山西省内的南北方都存在粮食贸易的集中点，如荞麦贸易中，大同府与周边多个府州都有非常强的因果关系。这些结果说明，并非南方的粮食价格波动更有规律，更加市场化，南方的市场发育程度就强于北方，北方的一些府州也可能成为粮食贸易的中心，大幅度地影响周边的府州，这体现了粮食产地对周边市场贸易的重要影响。从各府州各粮食之间的贸易来看，我们可以发现尽管山西省内的道路运输受到山脉的限制，即使空间上间隔数十里，但是山西省内府州之间的联系仍旧很密切，由此可见在当时粮食贸易的影响范围非常广。本书由于时间与笔者学术功底所限，并没有将每个府州的影响范围明确划分出来，但是我们可以根据本书中对市场整合的研究方法以及本书中山西省内的资料对每个府州的影响范围进行进一步研究。

参考文献

古籍类

步军统领奕经奏《北京钱票情况及严禁外兑虚票折》（道光十八年六月十八日），军机处录副奏折件存于中国第一历史档案馆。

刘泽民等：《山西通史》第 5 卷，山西人民出版社，2001。

山西巡抚申启贤复奏《钱票不能禁止及山西钞票流通情况折》（道光十八年六月二十五日），军机处录副奏折件存于中国第一历史档案馆。

山东巡抚经额布奏《查明山东钱票情况折》（道光十八年七月初七日），军机处录副奏折件存于中国第一历史档案馆。

四明蟫伏老人：《康熙南巡秘记》，进步书局，1916。

中国第一历史档案馆《康熙朝满文朱批奏折全译》，康熙四十三年七月十九日《山西巡抚噶礼奏报在汾河试船情形折》。

李昉、李穆、徐铉等：《太平御览》。

郦道元：《水经注》。

班固：《汉书》。

梁绍壬：《两般秋雨盦随笔》，《林抚军奏疏》，清道光振绮堂刻本。

赵尔巽：《清史稿》，中华书局，1992。

《英国皇家亚洲学会中国分会会报》，光绪十四年六月（1888 年 7 月），第 89~96 页。

包世臣：《齐民四术》。

顾祖禹：《读史方舆纪要》，中华书局，2006。

祁隽藻：《马首农言》，民国 21 年。

汪灏：《广群芳谱》。

司马光：《资治通鉴》，中华书局，1956。

脱脱：《金史》，中华书局，1975。

吴大猷：《保德州乡土志》，光绪三十三年修，民国5年石印本。

《补修徐沟县志》，光绪七年本。

《昌黎县志》，民国6年修。

雍正《敕修河东盐法志》。

《大清一统志》，《四库全书》本，上海古籍出版社1987年影印本。

道光《大同县志》。

蒋兆奎：《河东盐法备览》。

民国《洪洞县志》。

《洪洞县志》，清雍正八年刻，同治十一年补。

《湖北巡抚晏斯盛乾隆十年正月初十奏折》，《朱批》货币金融，卷一。

《户部尚书海望等乾隆三年三月初六奏折》，《朱批》货币金融，卷一。

《皇朝经世文编续编》。

《霍州直隶州志》，清道光五年重修。

《嘉庆重修一统志》，四部书刊续编史部。

海宁辑《晋政辑要》，光绪十三年本。

雍正《岚县志》。

《山西巡抚刘于义为筹划将口外之米以牛皮混沌运入内地事奏折》，乾隆八年，《历史档案》1990年第3期。

乾隆《临晋县志》。

民国《马邑县志》。

《顺天学政曹溶启本》，清顺治元年七月十八日，《明清档案》第1册，台北中研院史语所，1987。

山西省宁武县地方史志编撰委员会编《宁武县志》，山西人民出版社，1989。

马振文：《偏关志》，民国4年本。

《钦定大清会典事例》。

《钦定户部则例》，乾隆四十一年本。

张廷玉等纂《清朝文献通考》。

《清高宗实录》。

《清圣祖实录》。

《清世祖实录》。

光绪《清源乡志》，《中国地方志集成》，凤凰出版社，2005。

曾国荃：《山西通志》。

觉罗石麟修，储大文纂《山西通志》，雍正十二年本。

《山西巡抚噶礼奏报造船将要工竣折》，康熙四十四年闰四月初十日，中国第一历史档案馆编《康熙朝满文朱批奏折全译》。

崔长清等修，谷如墉纂《神池县志》，光绪年间修，民国抄本。

《神宗万历实录》。

绥远通志馆编纂《绥远通志稿》，内蒙古人民出版社，2007。

光绪《天镇县志》。

《万泉县志》，民国6年石印本。

光绪《五台县志》。

光绪《五台新志》，《中国地方志集成》，凤凰出版社，2005。

《乡宁县志》，民国6年。

光绪《孝义县志》。

民国《新绛县志》。

道光《阳曲县志》，《中国地方志集成》，凤凰出版社，2005。

《英国皇家亚洲学会中国分会会报》光绪十四年六月（1888年7月），第89~96页。

张敬颗等修，常麟书纂《榆次县志》，民国29年铅印本。

朱樟：《泽州府志》，山西古籍出版社，1995。

道光《赵城县志》，清道光五年重修。

道光《直隶霍州志》九。

《周礼》。

光绪《左云县志》，《中国地方志集成》，凤凰出版社，2005。

李翼圣、余卜颐：《左云县志》，光绪本。

余卜颐、蔺炳章：《左云县志稿》，民国本。

山西六政考核处编《山西省各县渠道表》，民国17年。

《申明栽种罂粟旧禁疏》，萧荣爵编《曾忠襄公全集》（清末民初史料丛书），台北成文出版社，1969。

论文类

Feeney G. and Kiyoshi H., "Rice Price Fluctuations and Fertility in Late Tokugawa Japan," *J. Japan. Stud.* 161, 1990.

曹新宇：《清代山西的粮食贩运路线》，《中国历史地理论丛》1998 年第 2 期。

陈金陵：《清朝的粮价奏报与其盛衰》，《中国社会经济史研究》1985 年第 3 期。

崔宪涛：《清代粮食价格持续增长原因新探》，《学术研究》2001 年第 1 期。

李三谋：《清代北方农地利用的特点》，《中国社会经济史研究》1988 年第 3 期。

梁方仲：《中国历代户口、田地、田赋统计原论》，《学术研究》1962 年第 1 期。

卢锋、彭凯翔：《我国长期米价研究（1644－2000）》，《经济学》（季刊）2005 年第 1 期。

秦国经：《清代档案的特点和整理原则》，《档案学通讯》1982 年第 5 期。

石涛、马国英：《清朝前中期粮食亩产研究述评》，《历史研究》2010 年第 2 期。

王永厚、徐光启：《除蝗疏》，《古今农业》1990 年第 1 期。

吴承明：《经济史学的理论与方法》，《中国经济史研究》1999 年第 1 期。

吴朋飞、侯甬坚：《鸦片在清代山西的种植、分布及对农业环境的影响》，《中国农史》2007 年第 3 期。

徐教：《清代道光至宣统间粮价表的现代意义》，《中国图书评论》2010 年第 5 期。

颜色：《对于中国历史 GDP 核算和数量经济史问题研究的一点想法》，《中国经济史研究》2011 年第 3 期。

杨寿川、张永俐：《中外矿业史上的云南白铜》，《思想战线》2011 年第 1 期。

余耀华：《中国古代价格史概述》，《价格月刊》1988 年第 7 期。

张荷、李乾太：《山西水利发展史述要》，《山西水利史志》（专辑）1986 年第 4 期。

朱琳：《回顾与思考：清代粮价问题研究综述》，《农业考古》2013 年第 4 期。

〔日〕岸本美绪：《清代前期江南的物价动向》，《东洋史研究》1979 年第 4 期。

〔日〕岸本美绪：《清代中期的经济政策基调》，《近代史研究》1987 年第 11 期。

Chen, Chau-nan, "Fluctuation of Bimetallic Exchange Rates in China, 1700 – 1850: A Preliminery Survey, Nankang, Taiwan," Institute of Economics Academia Sinica, Economic Papers, Selected Series, Vol2, No. 3, 1968.

安部健夫：《粮食供需研究——视为（雍正史）的一章》，《东洋史研究》1957 年第 15 期。

常建华：《乾隆早期廷议粮价腾贵问题探略》，《南开学报》1991 年第 6 期。

陈春声、刘志伟：《清代经济运作的两个特点——有关市场机制的论纲》，《中国经济史研究》1990 年第 3 期。

陈金陵：《清朝的粮价奏报与其盛衰》，《中国社会经济史研究》1985 年第 3 期。

崔宪涛：《清代中期粮食价格发展趋势之分析》，《史学月刊》1987 年第 6 期。

方行：《清代前期湖南农民卖粮所得释例》，《中国经济史研究》1989 年第 4 期。

冯汉镐：《清代的米价与地主操纵》，《成都工商导报（增刊）学林》1951 年第 10 期。

龚胜生：《18 世纪两湖粮价时空特征研究》，《中国农史》1995 年第 1 期。

郭卫东：《丝绸、茶叶、棉花：中国外贸商品的历史性易代——兼论丝绸之路衰落与变迁的内在原因》，《北京大学学报（哲学社会科学版)》2014 年第 4 期。

黄冕堂：《中国历代粮食价格问题通考》，《文史哲》2002 年第 2 期。

寄萍：《古今米价史略》，《江苏省立第二农业学校月刊》1921 年第 1 期。

蒋建平：《清代前期米谷贸易的宏观考察》，《烟台大学学报（哲学社会科学版）》1988 年第 3 期。

李江：《中国古代粮价概况》，《价格月刊》1990 年第 11 期。

李军、李志芳、石涛：《自然灾害与区域粮食价格——以清代山西为例》，《中国农村观察》2008 年第 2 期。

李三谋：《清代晋北农业概述》，《古今农业》1998 年第 1 期。

柳诒徵：《江苏各地千六百年之米价》，《史学杂志》1930，2（3、4）收入柳怡徵史学论文续集，上海古籍出版社，1991。

罗畅：《道光萧条刍议——以粮价数据为中心》，《古今农业》2012 年第 1 期。

罗畅：《两套清代粮价数据资料的比较与使用》，《近代史研究》2012 年第 5 期。

马国英：《1736-1911 年间山西粮价变动趋势研究——以货币为中心的考察》，《中国经济史研究》2015 年第 3 期。

彭凯翔：《清代以来的粮价——历史学的解释与再解释》，上海人民出版社，2006。

盛俊：《清乾隆朝江苏省物价工资统计》，《学林》1937 年第 2 期。

松田吉郎：《广东广州府之米价动向与粮食供需调整》，《中国史研究》1984 年第 8 期。

唐文基：《乾隆时期的粮食问题及其对策》，《中国社会经济史研》1994 年第 3 期。

田仲一成：《关于清代浙东宗族组织形态中宗祠戏剧的功能》，《洋史研究》1986 年第 4 期。

王道瑞：《清代粮价奏报制度的确立及其作用》，《历史档案》1987 年第 4 期。

王国斌、濮德培、徐建清：《18 世纪湖南的粮食市场与粮食供给》，《求索》1990 年第 3 期。

王砚峰：《清代道光至宣统间粮价资料概述——以中国社科院经济所

图书馆馆藏为中心》,《中国经济史研究》2007 年第 2 期。

王业键、陈仁义、胡翠华:《十八世纪苏州米价的时间数列分析》,《经济论文》1999 年第 4 期。

王业键、陈仁义、周昭宏:《十八世纪东南沿海米价市场的整合性分析》,《经济论文丛刊》2002 年第 2 期。

王业键、黄莹珏:《清代中国气候变迁、自然灾害与粮价的初步考察》,《中国经济史研究》1999 年第 1 期。

吴承明:《利用粮价变动研究清代的市场整合》,《中国经济史研究》1996 年第 2 期。

吴麟:《清代米价》,《中央日报》1948 年第 1 期。

谢美娥:《自然灾害、生产收成与清代台湾米价的变动（1738－1850)》,《中国经济史研究》2010 第 4 期。

颜色、刘丛:《18 世纪中国南北方市场整合程度的比较——利用清代粮价数据的研究》,《经济研究》2011 年第 12 期。

应奎:《近六十年之中国米价》,《钱业月报》1922 年第 3 期。

张荷、李乾太:《山西水利发展史述要》,《山西水利史志》（专辑）1986 年第 4 期。

张荷:《关于近代山西水利股份公司的探索》,《山西农经》2014 年第 1 期。

张瑞威, "The Price of Rice: Market Integration in Eighteenth—Century China," Center for East Asian Studies, Western Washington University, 2008.

邹大凡、吴智伟、徐雯惠:《近百年来旧中国粮食价格的变动趋势》,《学术月刊》1965 年第 9 期。

刘焕波:《清代山西乡村人口流动》,硕士学位论文,陕西师范大学,2007。

马国英:《光绪年间山西粮食产量研究》,硕士学位论文,山西大学,2010。

邹文卿:《明清山西自然灾害及其防治技术》博士学位论文,山西大学,2014。

李志芳:《清代山西粮食价格研究——以道光朝为例》,山西大学硕士学位论文,2009。

专著类

〔日〕岸本美绪:《清代中国的物价与经济波动》,刘迪瑞译,社会科学文献出版社,2010。

Brand, Loren, "Chinese Agriculture and the Inter-national Economy 1870 – 1935: A Reassessment," *Explorations in Economic History*, 1985, 22.

Endymion P. Wilkinson, *Studies in Chinese Price History*, New York: Garland Publishing Inc. 1980.

G. William Skinner, "Marketing and Social Structure in Rural China," *Journal of Asian Studies*, Vol. 24, No. 1 – 3 (1964 – 1965), Part 1, 2, 3.

Li Lillian M., *Fighting Famine in North China: State, Market and Environmental Decline, 1690 – 1990s.* Stanford: Stanford University Press. 2006: 376.

Lillian M. Li, "Grain Prices in ZhiLi Province, 1736 – 1911," Chinese History in Economic Perspective, 1992.

Robert Marks, *Food supply, Market Structure and Rice Price in Eighteenth Century South China: The Qian Long Wave*, draft, 1990.

Robert Marks, *Tiger, Rice, Silk and Silt: Environment and Economy in Late Imperial South China*, Cambridge University Press, 1998.

Wilkinson, *Studies in Chinese Price History*, Princeton University, 1970 New York: Garland Pub, 1979.

Wilkinson, "The Nature of Chinese Grain Price Quotations, 1600 – 1900," Transactions of the International Conference of Orientalists in Japan 14, 1969.

Yeh-Chien Wang, "Secular Trends of Rice Prices in the Yangzi Delta, 1638 – 1935," Chinese History in Economic Perspective, University of California Press, 1992.

Yeh-Chien Wang, "Spatial and Temporal Patterns of Grain Prices in China, 1740 – 1910," The Conference on Spatial and Temporal Trends and Cycles in Chinese Economic History, Italy, 1984 Quoted form Chinese History in Economic Perspective, 1992.

Yeh-Chien Wang, "Secular Trends of Rice Prices in the Yangzi Delta, 1638 – 1935," Chinese History in Economic Perspective, 1992.

珀金斯:《中国农业的发展:1368－1968 年》,宋海文等译,上海译文出版社,1984。

丁福让:《山西农书〈马首农言〉评价》,山西省图书馆,1982。

顾颉刚:《王同春开发河道记》卷一。

郭裕怀、刘贯文主编《山西农书》,山西经济出版社,1992。

刘大鹏著,乔志强标注《退想斋日记》。

马士:《中华帝国对外关系史》第二卷,商务印书馆,1963。

马雪:《晚清财政竞争与鸦片贸易的经济学分析》,博士学位论文,山东大学,2012。

民国初年《山西省各县渠道表》上册·太原县,原件藏于山西省档案馆。

彭信威:《中国货币史》,上海人民出版社,2007。

萧荣爵编《曾忠襄公全集》,台北城文出版社,1969。

张杰:《山西自然灾害史年表》,山西省地方志编纂委员会,1988。

〔日〕岸本美绪:《清代物价史研究现状》,《中国近代史研究》,1987。

石涛:《清史·商业志·政令篇》。

C. W. J. Granger, A. O. Hughes, *Journal of the Royal Statistical Society*, 1971, 134 (3): 413－428.

陈春声:《清代的粮价奏报制度》,《市场机制与社会变迁——18 世纪广东米价分析》(附录一),中国人民大学出版社,2010。

陈春声:《市场机制与社会变迁——18 世纪广东米价分析》,中山大学出版社,1992。

高王凌:《十八世纪中国的经济发展和政府政策》,中国社会科学出版社,1995。

林满红:《与岸本教授论清乾隆年间的经济》,中研院近代史研究所集刊 28,1997。

马立博(Robert Marks):《清代前期两广的市场整合》,叶显恩主编《清代区域社会经济研究》,中华书局,1992。

孟森:《清史讲义》,中华书局,2010。

彭信威:《中国货币史》,群联出版社,1954。

全汉昇:《王业键清中叶以前江浙米价的变动趋势》,中研院历史语言研究所集刊外编第四种，1960。

全汉昇、王业键：《清雍正年间（1723－1735）的米价》，中研院历史语言研究所集刊，1959。

全汉昇：《乾隆十三年的米贵问题》，庆祝李济先生七十岁论文集，1965。

史若民、牛白琳：《平祁太经济社会史资料与研究》，山西古籍出版社，2002。

绥远省民众教育馆编辑，韩梅圃调查《绥远省河套调查记》，绥远华北印刷局，民国23年。

谭文熙：《中国物价史》，湖北人民出版社，1994。

王业键、陈仁义、温丽平、殷昌豪：《清代粮价资料之可靠性检定》，清代经济史论文集（二），稻乡出版社，2003。

严中平：《中国近代经济史统计资料选辑》，科学出版社，1955。

赵恒捷：《中国历代价格学说与政策》，中国物价出版社，1999。

中国社会科学院经济研究所编《清代道光至宣统间粮价表》，广西师范大学出版社，2009。

重田德：《清初湖南米市场考察》，东洋文化研究所纪要，1956。

附　录

附表 1　道光年间山西省各类灾害发生情况

	地区/年份	1	2	3	4	5	6	7	8	9	10	11	12	13	14	15
晋北	大同府															
	大同		闰三月大水,七月疫	大雪三日夜				春大疫,大雪		雷雨雹			灾			
	怀仁												大旱,夏旱秋蝗。流亡甚多	雨雹		
	浑源州												秋陨霜杀谷,大饥	秋熟		
	应州												灾			
	山阴															

续表

府	地区/年份	1	2	3	4	5	6	7	8	9	10	11	12	13	14	15
大同府	阳高															
	天镇												旱，饥			
	广灵												旱，饥			
	灵丘												旱			
	右玉															
朔平府	朔州									水			涝灾、旱蝗			
	左云												大旱			
宁武府	平鲁				大稔											
	宁武															
	偏关												旱，大饥			
	神池												旱，大饥			
	五寨						旱									
忻州	忻州											冬大雨雪，枣树多冻死	旱，大饥，冬枣萎			
	定襄															
	静乐															

晋北

续表

地区		年份	1	2	3	4	5	6	7	8	9	10	11	12	13	14	15
晋北	代州	代州									涝灾			七月旱蝗			
		五台															
		崞县					旱							旱，霜杀禾，大饥			
		繁峙												旱，大饥，全活者无几	大稔	六月大旱	
	保德州	保德					飞蝗入境伤稼	大风昼晦，蝗			有秋	岁大熟					被雹
		河曲						连日昼晦			秋大稔	春瘟秋稔					旱饥
晋中	太原府	阳曲			大稔	大稔											
		太原		六月大雨	大有年	大有年											
		榆次	水涨，麦皆没									冬大雪	冬大雪	大旱	大旱	先旱后涝灾	大水，饥
		太谷											冬大雪	大旱		大旱	
		祁县		大水									大雪深数尺				
		徐沟															

续表

府	地区/年份	1	2	3	4	5	6	7	8	9	10	11	12	13	14	15
大原府	交城			大有秋	大有秋											大旱
	文水			大有	大有		大风，春旱					冬大雪，树木多冻死				大旱
	岢岚州								三月大雨雪				旱，岁大饥			
	岚县															
	兴县		六月间浑雨山河陡发，漂没民房数百间													被雹
汾州府	汾阳	大有年	大有年	大有年	大有年		春旱		彗星见	大水	六月大雨	冬大雪，竹木多冻死	秋阴霜伤稼	旱饥	四月大风	大水，淹没东南五十余村
	平遥															
	介休					秋大熟	霜冻									
	孝义										六月雷电雨雹					
晋中	临县												夏秋全无大饥，旱	旱		

续表

地区/年份			1	2	3	4	5	6	7	8	9	10	11	12	13	14	15
晋中	汾州府	石楼															
		永宁													旱		
		宁乡												旱			
	平定州	平定州	大疫，大有秋	北河暴涨，民居冲塌无数	蝗，禾稼尽伤	蝗，禾稼尽伤	蝗					地震			雨雹大如卵	亢旱	
		寿阳											大旱，冬大雪深三四尺，是岁芃旱，秋成歉薄，不敌去岁之半	春夏大旱，七月淫雨弥月，八月陨霜杀禾，田禾半稿	旱	旱	旱
		盂县		水溢，淹没房屋田园无数			蝗食稼，饥			大风			十二月雪深数尺，路塞	七月霜冻杀禾，秋旱大饥	连岁大饥		八月大风损禾，殆尽，禾熟未收
		乐平															

地区/年份		1	2	3	4	5	6	7	8	9	10	11	12	13	14	15
平阳府 晋南	临汾															
	洪洞					黑风昼晦,旱										
	浮山															
	岳阳	大有年	大有年		大有年			旱			六月大雨	冬大雪	秋阴霜伤稼,旱		旱	
	曲沃				大有年	大有年	大风昼晦					冬雪深三尺	秋淫雨二十余日			夏大旱,秋大熟
	翼城					三月旱								六月涝水大涨淹死人无数		春旱无麦,秋大有
	太平					有年						五月大水,十月大饥				
	襄陵		有年									五月大雨河溢,十一月大雪	秋大水,冬大雪			春旱
	汾西		大有													大有
	吉州														秋大熟	大有年

续表

地区/年份		1	2	3	4	5	6	7	8	9	10	11	12	13	14	15
晋南	蒲州府															
	永济			大水												夏大旱无大麦，秋有收
	临晋	瘟疫														岁歉
	虞乡		涑水涨													水涨又发
	万泉															
	猗氏	疫大作				秋大熟										岁歉
	荣河			春旱	春旱		春旱	大有年	大有年	春旱	春旱	大有年	麦大熟		大有年	春旱麦成灾
解州	解州		八月淫雨，姚渠堤决						大水			冬大冻，人畜死者甚多				大水浸败盐地
	安邑												七月大雨至八月涑水河涨，冲伤民房田禾		六月渠决水溢，七月白沙河涨冲倒房屋无数	
	夏县	大疫，死者枕藉	堤决										山水陡发堤决，损伤民屋甚多			六月大雨，渠决

续表

地区/年份		1	2	3	4	5	6	7	8	9	10	11	12	13	14	15
晋南	解州 平陆															
	芮城							地震								
	绛州 绛州	大有年		大水						大雨雹		冬大雪，平地深四尺	麦大稔			旱有蝗，岁饥
	闻喜															
	河津											十二月大雪数尺				
	稷山											冬大雪，柿树冻枯				
	绛县															
	垣曲	大疫，死者无数	大有年	大有年	大有年											
	隰州 隰州												八月冻伤秋禾，民饥			
	大宁															
	蒲县															
	永和															

续表

地区/年份		1	2	3	4	5	6	7	8	9	10	11	12	13	14	15
晋南	霍州 霍州	有年	水泛滥，冲坏桥梁田庐													
	赵城															
	灵石															
晋东南	潞安府 长治							大雨			夏旱，八月雨雹			六月雨雹		
	长子									旱						
	屯留		淫雨害稼							四月雨雹		四月雨雹			八月不雨至来年六月民饥	旱六月雨雹如卵，民饥
	襄垣					雹伤麦，秋丰稔						五月大风雷雨		春无雨，五月始播，岁歉收	三至四月大旱，是岁歉收	秋旱
	潞城															
	壶关					雨雹伤稼		大稔	大稔			冬大雪，深三四尺			大有秋	
	黎城															旱

续表

地区/年份			1	2	3	4	5	6	7	8	9	10	11	12	13	14	15
晋东南	辽州	辽州															淫雨伤禾，立秋即冻，岁大饥
		和顺							旱								
		榆社															
	沁州	沁州															春至夏旱，无麦
		武乡											十二月大雪				
		沁源											十二月大雪				春夏旱，六月雨，八月陨霜杀稼，民饥
	泽州府	泽州		瘟疫	夏旱				夏旱，秋歉收	大旱		地震				秋七月旱，至六年六月岁大饥	大旱，风台，二麦被旱，八月前有大风，又遭霜冻，秋禾全部冻毁

续表

地区/年份		1	2	3	4	5	6	7	8	9	10	11	12	13	14	15
晋东南 泽州府	凤台															二麦被旱，秋霜杀谷
	高平		淫雨伤稼						大旱		四月陨霜				八月至十二月旱	六月旱
	阳城		冬大雪，夏旱			春大雪，夏旱		春旱，秋歉			四月陨霜害稼	冬大雪，树木冻损，秋淫雨伤稼		秋陨霜杀晚禾	夏大雨雹伤麦	春旱夏无雨，秋旱霜杀谷，民饥
	陵川															秋陨霜杀稼
	沁水												秋淫雨伤稼			

地区/年份		16	17	18	19	20	21	22	23	24	25	26	27	28	29	30
晋北 大同府	大同				旱饥	春旱										
	怀仁	飞蝗入境，秋禾食尽														

续表

地区/年份			16	17	18	19	20	21	22	23	24	25	26	27	28	29	30
晋北	大同府	浑源州	六月飞蝗入境，伤禾，大饥														
		应州															
		山阴		水灾													
		阳高															
		天镇	蝗灾														
		广灵	大旱蝗		南百家疃等五村被水灾	大旱饥											
		灵丘	旱														
	朔平府	右玉	大旱蝗														
		朔州															
		左云															
		平鲁															
	宁武府	宁武															
		偏关															七月大雨

续表

地区/年份			16	17	18	19	20	21	22	23	24	25	26	27	28	29	30
晋北	宁武府	神池															
		五寨															
	忻州	忻州			秋大稳	旱，大饥	六月朔大雨水，牧马河溢，秋大稳			大有年	秋大稳						
		定襄	旱	水灾													
		静乐															
	代州	代州											七月雨雹	七月旱			
		五台	大旱														
		崞县		春夏旱，七月滹沱河大水，岁大饥													
		繁峙															
	保德州	保德州	夏秋旱	夏秋旱，蝗，岁大饥									旱灾				水
		河曲	夏秋旱蝗，大雨雹，饥						七月淫雨，河溢	夏大涝						六月大雨雹灾，秋大水	

续表

地区/年份		16	17	18	19	20	21	22	23	24	25	26	27	28	29	30
	阳曲															
	太原									大水		大雨河溢	水		大雨	
	榆次											陨霜杀菜			大雨	二月大雨雪
太原府	太谷											陨霜杀菜				
	祁县															
	徐沟						河溢决堤伤稼			汾水由东入城，房塌甚多			大雨，二河大发，水深数尺		大雨	
	交城			大风，伤稼禾												
	文水	蝗				大昼如晦	昼晦，旱							春旱		
晋中	岢岚州				旱，岁大饥											
	岚县															
	兴县															

续表

地区/年份		16	17	18	19	20	21	22	23	24	25	26	27	28	29	30
晋中	汾阳	蝗			夏六月，大雨，村舍被灾				汾水西徙人境与文峪水合流，东西二十六村被灾		大白昼见					大有年
汾州府	平遥															
	介休															
	孝义					水漫城关				水雹灾						
	临县						正月二十五日夜黑风不辨方向	虎狼成群伤人								
	石楼						六月初九东北两河同时暴涨漂没田庐无算	六月黄河水涨十余丈淹死人畜								
	永宁											水	秋大熟			
	宁乡					旱						大饥				

续表

地区/年份			16	17	18	19	20	21	22	23	24	25	26	27	28	29	30
晋中	平定州	平定州					雹伤稼	是年大水									秋雨四十余日，是岁大饥
		寿阳		生嘉禾				四月北乡大风，拔木，六月多雨，河暴涨		四至七月淫雨，禾苗不秀，唯荞麦及麦丰稔		六月朔韩村大雨雹，形如鸡卵					
		盂县															
		乐平							春旱								
晋南	平阳府	临汾											饥，人剥榆皮以食	旱			
		洪洞											旱	夏旱			
		浮山									干旱，秋无禾	大旱无麦	旱	干旱，春夏无麦			
		岳阳	大有年												有年		
		曲沃		夏六月飞蝗蔽日		夏旱，行人有热死者。岁大熟											

续表

		地区/年份	16	17	18	19	20	21	22	23	24	25	26	27	28	29	30
晋南	平阳府	翼城												秋无禾	大有秋		
		太平				旱，六月地热如炉，人多渴死											
		襄陵				旱，六月地热如炉，人多渴死							大旱	旱			
		汾西			六月河水暴涨，淹没民房庙宇甚多								大旱民饥				
		吉州		秋蝗害稼									旱		雨雹伤稼		
	蒲州府	永济				六月初酷热异常	春秋大旱						秋大旱，麦未种，秋无获	无麦，秋歉收			
		临晋	夏秋大旱，麦未种										夏秋大旱，二麦未种				

续表

地区/年份		16	17	18	19	20	21	22	23	24	25	26	27	28	29	30
晋南	蒲州府 虞乡	蝗灾														
	万泉											大旱麦未种,民乏食	无麦	大稔		
	猗氏			大有年	六月大旱							六月大旱,二麦未种	秋大熟	岁大有		
	荣河	春旱,麦成灾		大有年	春旱,六月大火,地如火,户村人渴死者无数				飞蝗入境,不为灾		冬河冻,狼灾	秋无禾,麦未种	麦秋大获	大有年		
	解州 解州						酷暑,居民死者无数			三月水涨麦尽伤	夏歉收,五月至冬不雨,饥	夏歉收,五月至冬无雨,饥	饥	大有年		
	安邑						夏旱				五月至冬雨,旱	夏秋大旱	三月雨,秋大熟			
	夏县							旱				旱岁歉				
	平陆								七月河水暴涨			旱				

253

续表

地区/年份			16	17	18	19	20	21	22	23	24	25	26	27	28	29	30
晋南	解州	芮城		蝗害稼									大饥	麦秋歉			
	绛州	绛州				六月大热，人多中暑死者				夏大雨，久雨	麦大稔，夏大雨		夏歉收，秋旱麦未种	旱，秋大熟，雨绵月余			
		闻喜															
		河津															
		稷山															
		绛县			雨雹												
		垣曲	旱蝗蔽天食禾	蝗食禾如扫					夏大旱，民饥	六月淫雨二十余日，七月黄河溢			大饥，夏无麦秋无禾兼雨雹				
	隰州	隰州												饥	夏稔		
		大宁															
		蒲县															冬汾水屡涨，深数尺

续表

地区/年份			16	17	18	19	20	21	22	23	24	25	26	27	28	29	30
晋南	隰州	永和									大旱，死人无算		夏秋大旱				
	霍州	霍州		旱		旱							夏麦微收，秋禾遭旱				
		赵城															
		灵石															
晋东南	潞安府	长治															
		长子	大有秋	大有秋													
		屯留				干旱			大旱								
		襄垣	连岁歉收，民饥，人食树皮草根									七月淫雨二十余日，伤禾稼					
		潞城													夏无麦		
		壶关											旱				
		黎城															
	辽州	辽州															
		和顺		有年													
		榆社															

续表

地区/年份			16	17	18	19	20	21	22	23	24	25	26	27	28	29	30
晋东南	沁州	沁州															
		武乡														六月大水	
		沁源															
	泽州府	泽州															
		凤台										大旱	大旱	大旱,人饥,人多死亡	大旱,夏至五年五月	一至五月大旱	
		高平	瘟疫		雨雹损禾	三月降霜,夏大水		夏雨雹伤麦,地大震			夏大风损麦		夏雨雹伤麦禾,大旱秋禾能种	夏旱秋霖雨数十日,岁大饥,民多逃亡	岁丰,禾一茎三穗	春夏疫,上年夏至今五月不雨,大旱	
		阳城	大瘟	旱蝗	夏雨雹杀禾	三月霜桑冻损,夏大水	六月大水				夏大风伤麦	大旱	旱,夏五月六月河暴涨	夏旱无麦,秋霖雨伤稼,岁大饥	秋大熟		
		陵川		雹害客稼													
		沁水				三月霜桑冻损,夏淫雨	六月大雨						旱	夏麦无,秋淫雨伤稼岁歉			

附表 2　山西省太原府各县土地统计①

榆次县

顺治十四年：

土地分类			田地（亩）	征粮数	每亩征粮	每石折银
民田共地	合计		865554	40399 石 4 斗		
	蠲免荒地		4608	326 石 9 斗		6 钱
			6619	367 石 9 斗		9 钱 4 分
	实在熟地	合计	854327	3970 石 4 斗		
		上水地	86583	8502 石 2 斗	9 升 3 合	8 钱 8 分
		中平地	272874	19374 石	7 升 1 合	8 钱 8 分
		下坡地	484282	12050 石 6 斗	2 升 4 合	8 钱 8 分
		沙瘠地	10588	219 石 5 斗	2 升	8 钱 8 分
屯田共地	合计		31575	1282 石 8 斗		
	蠲免绩荒地		1889	75 石 9 斗		
	实在熟地	合计	29686	1206 石 8 斗		
		中地	4743	199 石	4 升 2 合	
		下地	1798	20 石 3 斗	2 升 8 合	
		中地	21419	897 石 5 斗	4 升 2 合	
		下地	1009	27 石 7 斗	2 升 8 合	
		上地	218	18 石	6 升 3 合	
		下地	499	13 石	2 升 8 合	
更民田共地	合计		17238	318 石 2 斗	1 升 9 合	
	实在地	下下地	16419	313 石		
		山岗地	703			
		下地	114		4 升	
		下下地	2		2 升	

---

①　各县地粮于顺治年间将有主无主荒田并入官绝宗地，于康熙、雍正年间将隐漏民田、屯田、开垦更名田等田陆续清出绩弊以除至。

修改后：

田地（亩）
民田共地 870772
屯田共地 30405
更名田 18305
合计 919482

太原县

顺治十四年：

土地分类			田地（亩）	征粮数	每亩征粮	每石折银
合计			526521	29864 石 1 斗		
民田共地	蠲免荒地		599	40 石 5 斗		1 两 2 钱
			4421	219 石 8 斗		1 两 2 钱
	实在熟地	合计	521501	29603 石 7 斗		
		上稻地	12153	1300 石 4 斗	1 斗 7 合	1 两 4 钱
		上中改粟地	189	20 石 3 斗	1 斗 7 合	9 钱 6 分
		上下平地	206543	16316 石 9 斗	7 升 9 合	8 钱 7 分
		中下沙地	226363	7673 石 7 斗	3 升 3 合	8 钱 7 分
		中上坡地	75101	4280 石 8 斗	5 升 7 合	8 钱 7 分
		下下山岗地	1152	11 石 5 斗	1 升	8 钱 7 分
屯田共地	合计		18445	1012 石 4 斗		
	蠲免续荒地		2351	165 石 7 斗		
	实在熟地	合计	16094	876 石 6 斗		
		上地	2416	197 石 6 斗	8 升	
		中地	4416	265 石	6 升	
		下地	9262	414 石	4 升 4 合	
更民田共地	合计		23333	169 石 5 斗		
	实在地	实在地	8979	100 石 6 斗		
		下地	5377	161 石 3 斗	3 升	
		实在下地	2848	92 石 3 斗		
		下下地	4502			
		下地	274	8 石 2 斗	3 升	

土地分类		田地（亩）	征粮数	每亩征粮	每石折银
实在地	下下地	196			
	下地	453			
	山岗地	704			

修改后：

田地（亩）
民田共地 539167
屯田共地 18191
更名田 11883
合计 569241

太谷县

顺治十四年：

土地分类			田地（亩）	征粮数	每亩征粮	每石折银
		合计	586759	27999 石		
民田共地	实在熟地	水地	1147	122 石 7 斗	1 斗 7 合	8 钱 8 分
		平地	104007	7800 石 5 斗	7 升 5 合	8 钱 8 分
		坡地	88901	5227 石 4 斗	5 升 8 合	8 钱 8 分
		沙地	357662	13591 石 1 斗	3 升 8 合	8 钱 8 分
		鹹地	32683	1241 石 9 斗	3 升 8 合	8 钱 8 分
		瘠薄地	2359	15 石 1 斗	6 合	8 钱 8 分
屯田共地		合计	20595	832 石 9 斗		
	实在熟地	上地	5604	308 石 2 斗	5 升 5 合	
		下地	14991	524 石 7 斗	3 升 5 合	
更名田共地		合计	17238	318 石 2 斗	1 升 9 合	
	实在地	下下地	16419	313 石		
		山岗地	703			
		下地	114		4 升	
		下下地	2		2 升	

修改后：

田地（亩）
民田共地 599312
屯田共地 20596
更名田 18537
合计 638445

祁县

顺治十四年：

土地分类			田地（亩）	征粮数	每亩征粮	每石折银
民田共地	合计		517057	24820 石 6 斗		
	蠲免荒地		1694	129 石 5 斗		6 钱
			19363	1024 石 3 斗		1 两 2 钱
	实在熟地	合计	496000	23666 石 3 斗		
		水地	12065	989 石 3 斗	8 升 2 合	8 钱 7 分
		上地	82057	5087 石 5 斗	6 升 2 合	8 钱 7 分
		中地	146615	7770 石 6 斗	5 升 3 合	8 钱 7 分
		下地	253992	97922 石 6 斗	3 升 8 合	8 钱 7 分
		滩地	1271	26 石 1 斗	2 升	8 钱 7 分
屯田共地	合计		4725	421 石 1 斗		
	实在地	上平地	115	12 石 6 斗	1 斗 9 合	
		下平地	371	33 石 4 斗	9 升	
		上地	1391	111 石 3 斗	8 升	
		中地	854	51 石 2 斗	6 升	
		下地	1642	154 石	4 升	
		滩地	352	7 石	2	
更名田共地	合计		12899			

修改后：

田地（亩）
民田共地 517658

田地（亩）
屯田共地 7541
更名田共地 12899
合计 538098

徐沟县

顺治十四年：

<table>
<tr><th colspan="3">土地分类</th><th>田地（亩）</th><th>征粮数</th><th>每亩征粮</th><th>每石折银</th></tr>
<tr><td rowspan="3">民田共地</td><td colspan="2">合计</td><td>243982</td><td>15711 石</td><td></td><td></td></tr>
<tr><td colspan="2">蠲免荒地</td><td>8545</td><td>550 石 2 斗</td><td></td><td>8 钱</td></tr>
<tr><td colspan="2">实在熟平地</td><td>235437</td><td>15160 石</td><td>6 升 4 合</td><td>8 钱 8 分</td></tr>
<tr><td rowspan="4">屯田共地</td><td colspan="2">合计</td><td>11424</td><td>773 石 7 斗</td><td></td><td></td></tr>
<tr><td rowspan="3">实在地</td><td>上地</td><td>4110</td><td>335 石 1 斗</td><td>8 升 1 合</td><td></td></tr>
<tr><td>中地</td><td>5384</td><td>319 石 6 斗</td><td>5 升 9 合</td><td></td></tr>
<tr><td>下地</td><td>1930</td><td>118 石 8 斗</td><td>4 升</td><td></td></tr>
<tr><td rowspan="5">更名田共地</td><td colspan="2">合计</td><td>22462</td><td>40 石</td><td></td><td></td></tr>
<tr><td rowspan="4">实在地</td><td>上地</td><td>4492</td><td></td><td></td><td></td></tr>
<tr><td>中地</td><td>11171</td><td></td><td></td><td></td></tr>
<tr><td>下地</td><td>6639</td><td></td><td></td><td></td></tr>
<tr><td>山平地</td><td>160</td><td></td><td>2 斗 5 升</td><td></td></tr>
</table>

修改后：

田地（亩）
民田共地 248417
屯田共地 12447
更名田共地 25158
合计 286022

清源县①

顺治十四年：

土地分类			田地（亩）	征粮数	每亩征粮	每石折银
民田共地		合计	318843	13702 石		
	实在熟地	菜地	1063	74 石 3 斗	7 升	8 钱 8 分
		稻地	148	7 石 4 斗	7 升	1 两 3 钱
		平地	87718	4385 石 9 斗	5 升	
		沙地	199530	8779 石 3 斗	4 升 4 合	8 钱 8 分
		坡地	1234	23 石 4 斗	1 升 8 合	8 钱 8 分
		鹹地	29150	431 石 4 斗	1 升 4 合	8 钱 8 分
屯田共地		合计	1006	71 石 7 斗		
	实在熟地	上地	117	10 石 2 斗	8 升 7 合	
		上次地	103	8 石 8 斗	8 升 6 合	8 钱
		上下地	191	18 石 9 斗	8 升 3 合	
		中地	123	10 石 1 斗	8 升 2 合	
		中次地	113	8 石 5 斗	7 升 5 合	
		中下地	132	8 石	6 升	
		下地	181	8 石	4 升 4 合	
		下次地	46	1 石 9 斗	4 升	
更名田共地	实在地	合计	52859	47 石 3 斗		
		上地	8859	4 石 9 斗	5 勺	
		中地	26541	30 石 3 斗	1 合	
		下地	15924	12 石斗	7 勺	
		更名上地	1535		2 升	

修改后：

田地（亩）
民田共地 329717
屯田共地 1008

---

① 后清源县撤治，并入徐沟县。

田地（亩）
更名田共地 55135
合计 385860

交城县

顺治十四年：

土地分类			田地（亩）	征粮数	每亩征粮	每石折银
民田共地	合计		331080	12974 石		
	实在熟地	上水地	3333	206 石 6 斗	6 升 2 合	8 钱 8 分
		中平地	191755	9587 石	5 升	8 钱 8 分
		下沙地	65784	2434 石	3 升 7 合	8 钱 8 分
		平坡地	3689	80 石 8 斗	2 升 1 合	8 钱 8 分
		山岗下地	66519	665 石	1 升	8 钱 8 分
更名田共地	合计		28420	1964 石 1 斗		
	实在地	下地	2205		7 勺	
		上地	7318	1031 石 9 斗		
		中地	5431	651 石 8 斗	1 斗 2 升	
		下地	2810	278 石 7 斗	9 升 9 合	
		山坡上地	6125			
		山坡中地	3215			
		山坡下地	1316			

修改后：

田地（亩）
民田共地 337969
更名田共地 29917
合计 367886

文水县

顺治十四年：

土地分类			田地（亩）	征粮数	每亩征粮	每石折银
民田共地	合计		801636	49035 石 7 斗		
	蠲免荒地		18589	1285 石 8 斗		
	实在熟地	合计	783047	47749 石 8 斗		
		官地	172	22 石 2 斗	1 斗 2 升	8 钱 8 分
		平基地	683658	43412 石 3 斗	6 升 3 合	
		平坡地	31465	1510 石 3 斗	4 升 8 合	
		山坡河流地	16260	487 石 3 斗	3 升	
		沙鹹地	51492	2317 石 1 斗	4 升 5 合	
屯田共地	合计		3118	214 石 5 斗		
	实在地	上地	1425	109 石 7 斗	7 升 7 合	
		中地	1015	69 石	6 升 8 合	
		下地	678	35 石 7 斗	5 升 2 合	
更名田共地	合计		70			
	实在地	上地	50			
		中地	20			

修改后：

田地（亩）
民田共地 800612
屯田共地 3119
更名田共地 70
合计 803801

岢岚州

顺治十四年：

土地分类		田地（亩）	征粮数	每亩征粮	每石折银
民田共地	合计	192440	6458 石 3 斗		
	蠲免荒地	22095			
		42659			7 钱 3 分
		58350			

土地分类			田地（亩）	征粮数	每亩征粮	每石折银
民田共地	实在熟地	合计	69336	1979 石 6 斗		
		平地	13143	657 石 1 斗	5 升	6 钱
		坡地	5985	239 石	4 升	
		沙地	24357	736 石 1 斗	3 升	
		山地	25851	346 石 9 斗	1 升 3 合	
更名田共地	合计	更名下地	4882			

修改后：

田地（亩）
民田共地 192621
更名田共地 4366
合计 196987

岚县

顺治十四年：

土地分类			田地（亩）	征粮数	每亩征粮	每石折银
民田共地		合计	323465	15807 石 5 斗		
		蠲免荒地	11785	270 石 2 斗		8 钱
			120192	270 石 2 斗		8 钱
	实在熟地	合计	191488	8580 石		
		平地	20906	1839 石	8 升 8 合	8 钱
		下平地	42125	2471 石	5 升 8 合	8 钱
		坡地	55705	2451 石	4 升 4 合	8 钱
		下坡地	46289	1391 石	3 升	8 钱
		山地	4005	116 石	2 升 9 合	8 钱
		下山地	22458	310 石 9 斗	1 升 3 合	8 钱
屯田共地		合计	18949	421 石 1 斗		
		蠲免荒地	16604	280 石 8 斗		

续表

土地分类			田地（亩）	征粮数	每亩征粮	每石折银
屯田共地	实在熟地	合计	2345			
		坡地	1925	34 石 8 斗	1 升 8 合	
		山地	420	4 石 8 斗	1 升 1 合	
更名田共地	合计	更名下地	9503			

修改后：

田地（亩）
民田共地 265952
屯田共地 13757
更名田共地 9503
合计 289212

兴县

顺治十四年：

土地分类			田地（亩）	征粮数	每亩征粮	每石折银
民田共地	实在熟地	合计	130384	7580 石 6 斗		
		平坡地	53856	4588 石	8 升 5 合	
		山坡地	76528	2992 石	3 升 9 合	9 钱 3 分
屯田共地		合计	4693	86 石 8 斗		
		蠲免荒地	2467	51 石 9 斗		
		实在山坡熟地	2226	34 石 9 斗	1 升 8 合	

修改后：

田地（亩）
民田共地 130385
屯田共地 16867
合计 147252

阳曲县①

顺治十四年：

土地分类			田地（亩）	征粮数	每亩征粮	每石折银
民田共地		合计	743229	39737 石 7 斗		
	实在熟地	稻地	4054	97 石 5 斗	7 升 2 合	1 两 9 钱
		平地	78800	293 石 9 斗	9 升	9 钱
		坡地	273182	740 石	6 升 3 合	9 钱
		沙地	240086	502 石 9 斗	4 升 8 合	9 钱
		鹹地	77247	125 石 2 斗	3 升 6 合	9 钱
		圈地	69860	36 石 1 斗	1 升 2 合	9 钱
屯田共地		合计	4518	123 石 3 斗		
	实在熟地	上地	808		3 升 9 合	
		中地	1833		2 升 9 合	
		下地	1877		2 升 5 合	
更名田共地	实在熟地	合计	24019	52 石 8 斗		
		上地	6	313 石	1 斗	
		中地	1496		3 升 1 合	
		下地	1960		8 合	
		下下地	20557			

修改后：

以上民田屯田更名田实在熟地 845817，共征本色粮 2051 石 5 斗。

---

① 因赋役全书阳曲县资料缺失，故由道光《阳曲县志》整理得到上表。

附表3　光绪十三年山西省太原府各县各项田地统计①

太原府	田地（亩）				各项田地占总计的百分比（%）		
	总计	民地	屯地	更名地	民地	屯地	更名地
各县合计	5781067	5447677	157186	176743	94.23	2.71	3.06
太原县	538871	509167	18191	11512	95.37	3.38	1.25
阳曲县	825782	782414	4589	38710	94.75	0.55	4.7
榆次县	919990	870808	30405	19390	64.65	3.30	32.05
太谷县	616298	595702	20596	—	96.66	3.34	—
祁县	438106①	417664	7541	12899	95.33	1.72	2.94
徐沟县	667645	573895	13456	80293	85.96	2.02	12.02
交城县	343660	314585	29075	—	91.54	8.46	—
文水县	803803	800612	3119	70	99.60	0.39	0.01
岢岚州	192862	188496	—	4366	97.74	—	2.26
岚县	287210	263949	13757	9503	91.90	4.79	3.31
兴县	146840	130385	16457	—	88.80	11.20	—

　　①《晋政辑要》中原为538106，经加总计算为438104，与原有数据有出入所以将其修正为438106。

附表4　光绪十三年山西省太原府各县征粮数

太原府	征银（两）	征粮（石）
各县合计	403094	26474
太原县	42808	4049
阳曲县	60910	2301
榆次县	60468	3649

---

　　① 因道光年间连续数据太少，而光绪与道光相差不是很多，且鉴于地区田地结构较为稳定，短时期内不会有太大改变，故取新收赋役全书中光绪十三年的田地资料以做道光年间田地亩数的参考。

太原府	征银（两）	征粮（石）
太谷县	40250	2312
祁县	35173	1791
徐沟县①	45793	2656
交城县	22993	2578
文水县	62162	3151
岢岚州	6209	3048
岚县	13537	689
兴县	12791	250

附表5　顺治十四年太原府各县各项田地数目（亩）

地区	民田共地	屯田共地	更名田共地	合计
太原县	526525	18500	41317	586342
榆次县	865586	31607	23667	920860
太谷县	586763	20596	17239	624598
祁县	517059	7315	12899	537273
徐沟县	243983	12427	22463	278873
清源县	318846	1008	53082	372936
交城县	331082	－	28423	359505
文水县	801639	3319	70	805028
岢岚州	19261	－	4882	24143
岚县	323568	26802	9503	359873
兴县	130385	4694	－	135079
阳曲县	743231	4519	44422	792172

① 徐沟县指的是并入清源乡后的徐沟县（下同）。《清源乡志》中记载"乾隆二十九年清源改县为乡并入徐沟，清源襟山带水士秀而文，民勤而朴"。

附表6 康熙二十四年太原府各县各项田地数目（亩）

地区	民田共地	屯田共地	更名田共地	合计
太原县	539167	18191	11883	569241
榆次县	870772	30405	18305	919482
太谷县	599312	20596	–	619908
祁县	517658	7541	12899	538098
徐沟县	248417	12447	25158	286022
清源县	329717	1008	55135	385860
交城县	337969	–	29917	367886
文水县	800612	3119	70	803801
岢岚州	192661	–	4366	197027
岚县	265952	13757	9503	289212
兴县	130385	16867	–	147252

附表7 道光山西省陆路运输距离统计表

	距离（清里）	经过驿站数	距离（公里）	所经驿路
太原府				
阳曲县	70	2	43	北路
榆次县	50	2	31	东路
祁县	150	3	93	东南路
	140	3	87	西南路
徐沟县	80	2	50	东南路
汾州府				
汾阳县	270	5	168	西路
平遥县	190	4	118	西南路
介休县	270	5	168	西南路
永宁州	350	6	217	西路
	430	7	267	西路

	距离（清里）	经过驿站数	距离（公里）	所经驿路
	490	8	304	西路
潞安府				
长子县	510	9	317	东南路
屯留县	450	8	279	东南路
襄垣县	390	7	242	东南路
泽州府				
凤台县	690	12	428	东南路
	750	13	466	东南路
高平县	570	10	354	东南路
	630	11	391	东南路
平阳府				
临汾县	590	11	366	西南路
洪洞县	530	10	329	西南路
曲沃县	720	13	447	西南路
太平县	650	12	404	西南路
蒲州府				
永济县	1030	17	640	西南路
临晋县	960	16	596	西南路
大同府				
大同县	620	10	385	北路
怀仁县	550	9	342	北路
浑源州			0	
应州	490	8	304	北路
山阴县	430	7	267	北路
灵丘县	580	8	360	东北路
朔平府				
右玉县	800	13	497	北路
	630	12	391	北路
	680	13	422	北路
朔州	450	8	279	北路
	485	9	301	西北路
左云县	680	11	422	北路

	距离（清里）	经过驿站数	距离（公里）	所经驿路
	740	12	460	北路
平鲁县	510	9	317	北路
	570	10	354	北路
马邑县	410	7	255	北路
宁武府				
神池县	510	10	317	西北路
	550	11	342	西北路
	580	12	360	西北路
五寨县	610	13	379	西北路
	640	14	397	西北路
沁州直隶州			0	
本辖：	330	6	205	东南路
武乡县	210	4	130	东南路
	260	5	161	东南路
平定直隶州				
本辖	270	6	168	东路
	320	7	199	东路
	360	8	224	东路
盂县	220	5	137	东路
寿阳县	120	3	75	东路
	170	4	106	东路
解州直隶州				
安邑县	890	15	553	西南路
绛州直隶州				
闻喜县	800	14	497	西南路
霍州直隶州				
本辖：	450	8	279	西南路
赵城县	495	9	307	西南路
灵石县	350	6	217	西南路
	390	7	242	西南路
忻州直隶州				

	距离（清里）	经过驿站数	距离（公里）	所经驿路
本辖：	140	3	87	北路
代州直隶州			0	
本辖：	320	5	199	北路
	370	6	230	北路
崞县	220	4	137	北路
繁峙县	440	6	273	东北路
	510	7	317	东北路
保德直隶州				
本辖：	710	18	441	西北路
	740	19	460	西北路
河曲县	660	15	410	西北路
	680	16	422	西北路
	690	17	428	西北路
归化城直隶厅				
本辖：	1020	15	633	北路
	1030	17	640	北路
	900	14	559	北路
绥远城直隶厅				
本辖：	1025	16	637	北路
	905	15	562	
萨拉齐直隶厅				
本辖：	1250	16	776	北路
清水河直隶厅				
本辖：	110	15	68	北路
丰镇直隶厅				
本辖：	720	11	447	北路
托克托直隶厅				
本辖：	1110	15	689	北路
宁远直隶厅				
本辖：	880	14	546	北路
	760	13	472	北路
和林格尔直隶厅				

续表

	距离（清里）	经过驿站数	距离（公里）	所经驿路
本辖：	920	13	571	北路

注：1. 表中数据均以各地至太原距离为准。

2. 一个地区存在多个距离因为选择的道路不同。

3. 经过的驿站数量包含首尾的驿站。

附图1　道光山西省道路图

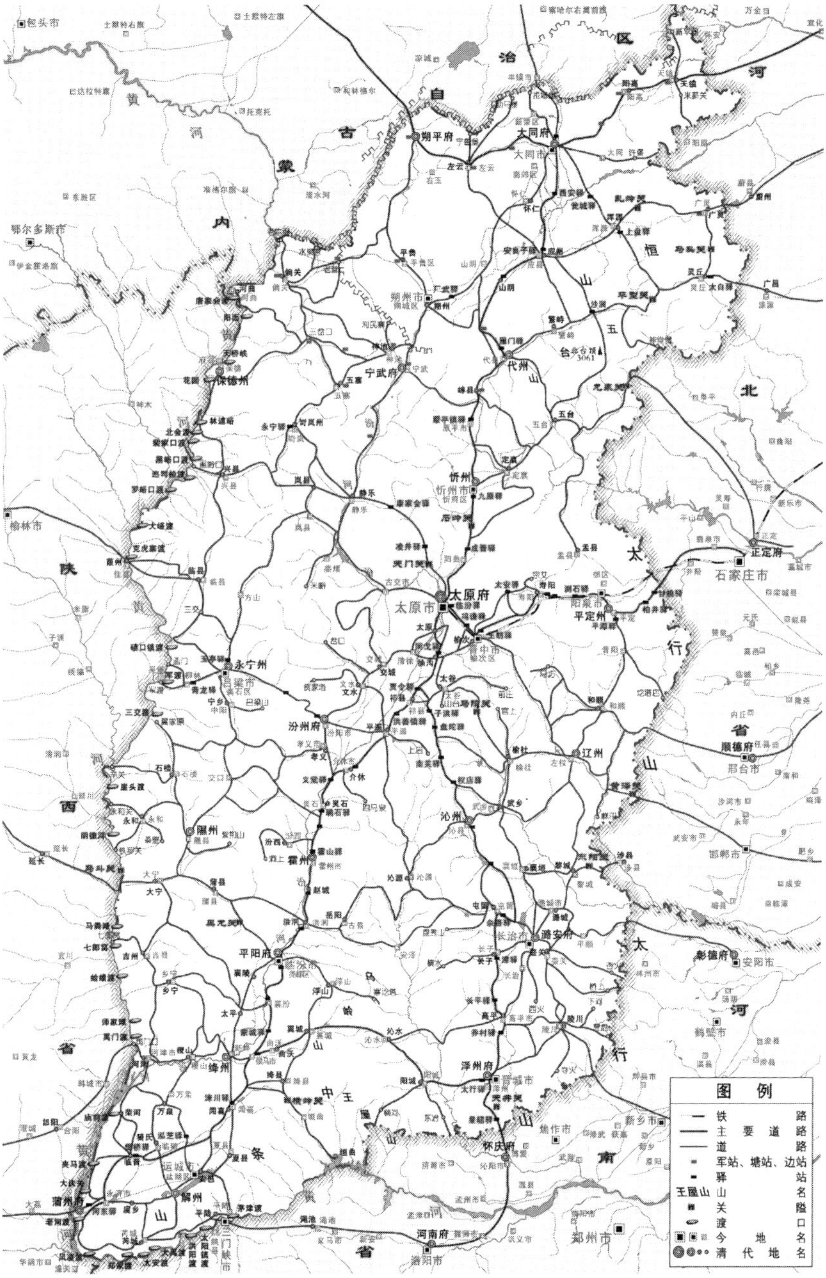

附图 2　道光山西小米贸易示意图

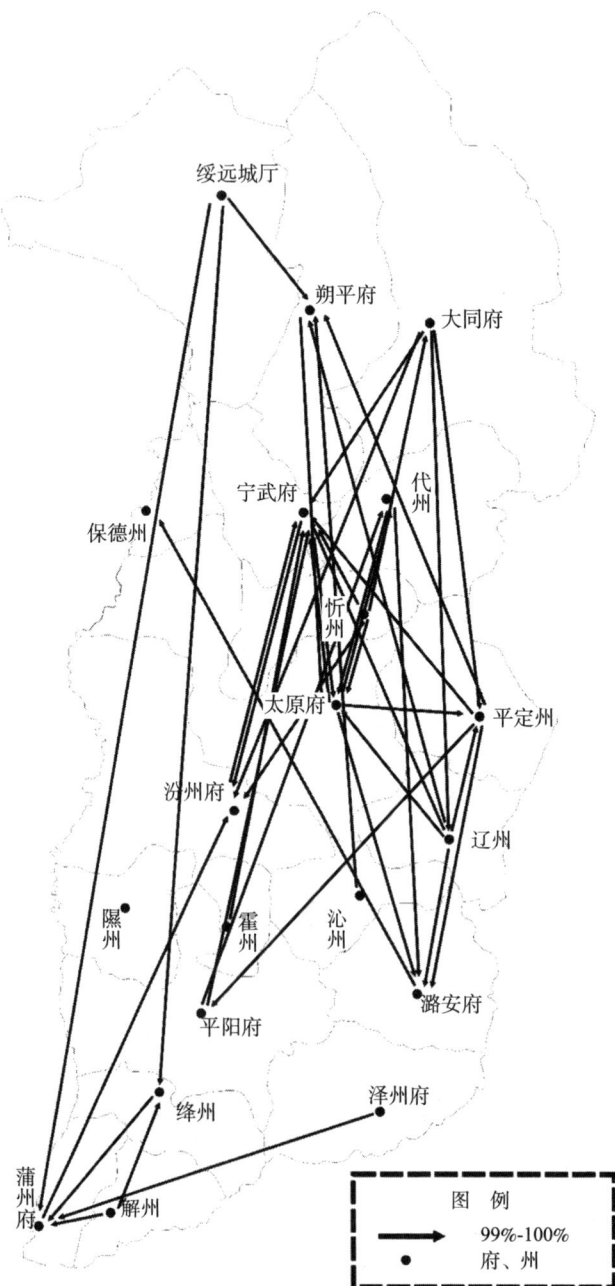

绥远城厅

朔平府

大同府

宁武府

代州

保德州

忻州

太原府

平定州

汾州府

辽州

隰州

霍州

沁州

潞安府

平阳府

绛州

泽州府

蒲州府

解州

图　例

99%-100%

府、州

附图3 道光山西豌豆贸易示意图

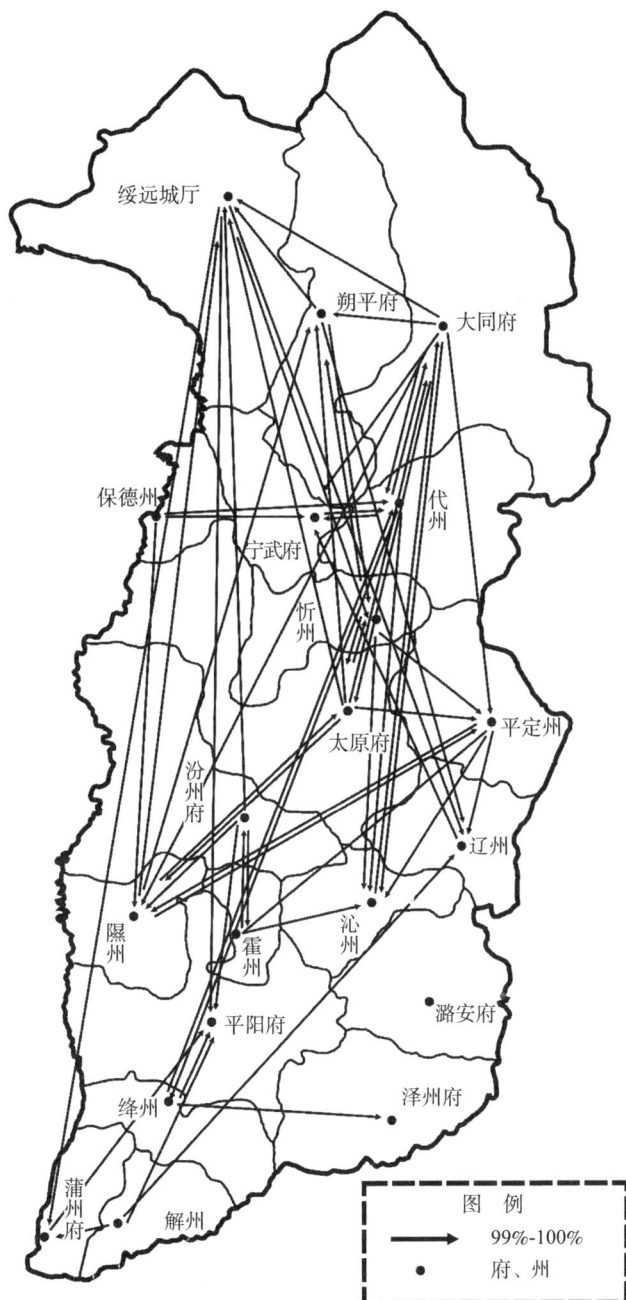

绥远城厅

朔平府

大同府

保德州

代州

宁武府

忻州

太原府

平定州

汾州府

辽州

隰州

霍州

沁州

潞安府

平阳府

绛州

泽州府

蒲州府

解州

图 例

99%-100%

• 府、州

附图4 道光山西荞麦贸易示意图

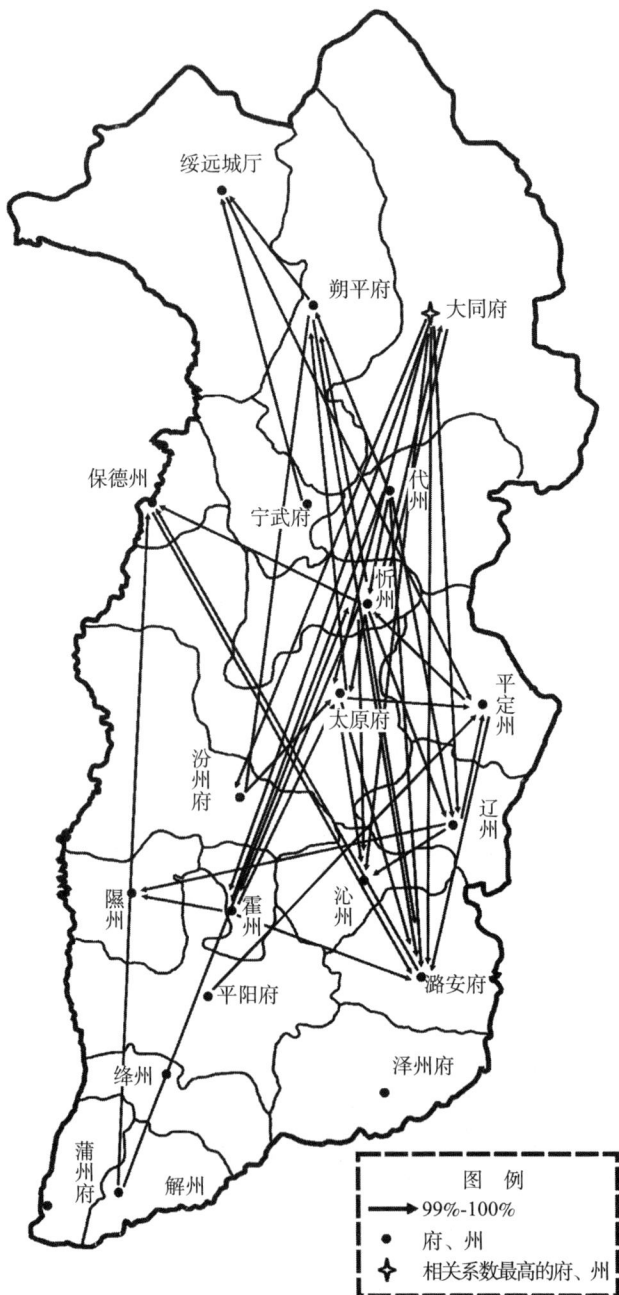

绥远城厅

朔平府

大同府

保德州

宁武府

代州

忻州

平定州

太原府

汾州府

辽州

隰州

霍州

沁州

路安府

平阳府

泽州府

绛州

蒲州府

解州

图 例
99%-100%
● 府、州
✦ 相关系数最高的府、州

附图5　道光山西麦子贸易示意图

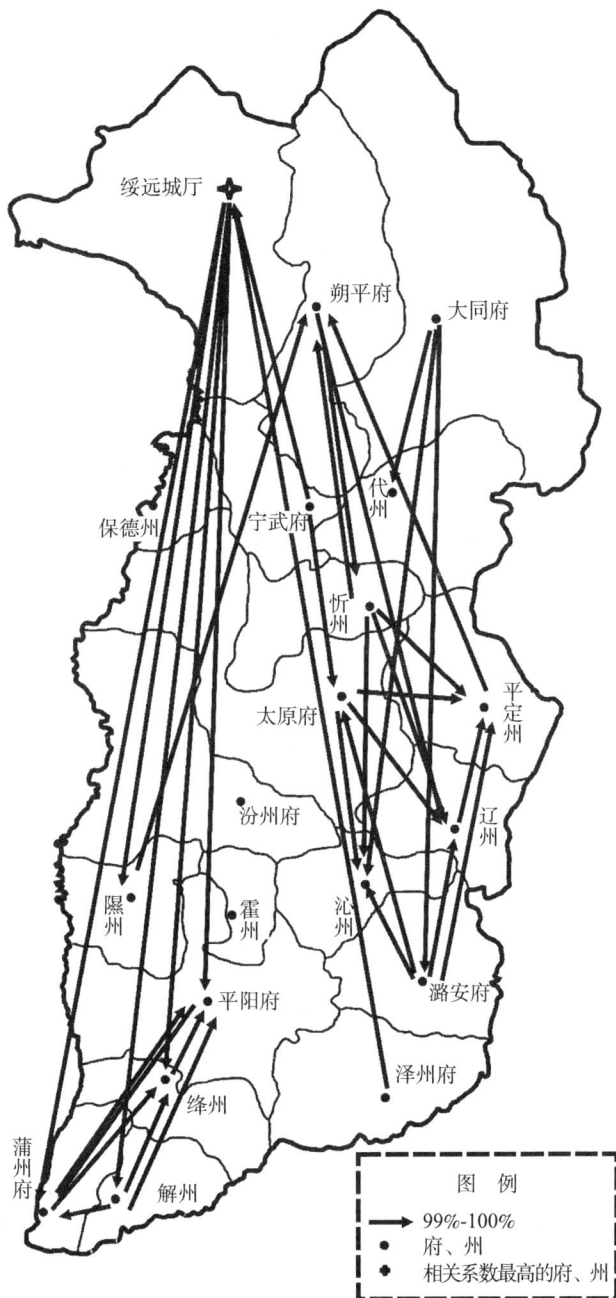

图　例

➝ 99%-100%

● 府、州

✦ 相关系数最高的府、州

绥远城厅

朔平府

大同府

代州

宁武府

保德州

忻州

太原府

平定州

汾州府

辽州

隰州

霍州

沁州

潞安府

平阳府

泽州府

绛州

蒲州府

解州

附图6 道光山西高粱贸易示意图

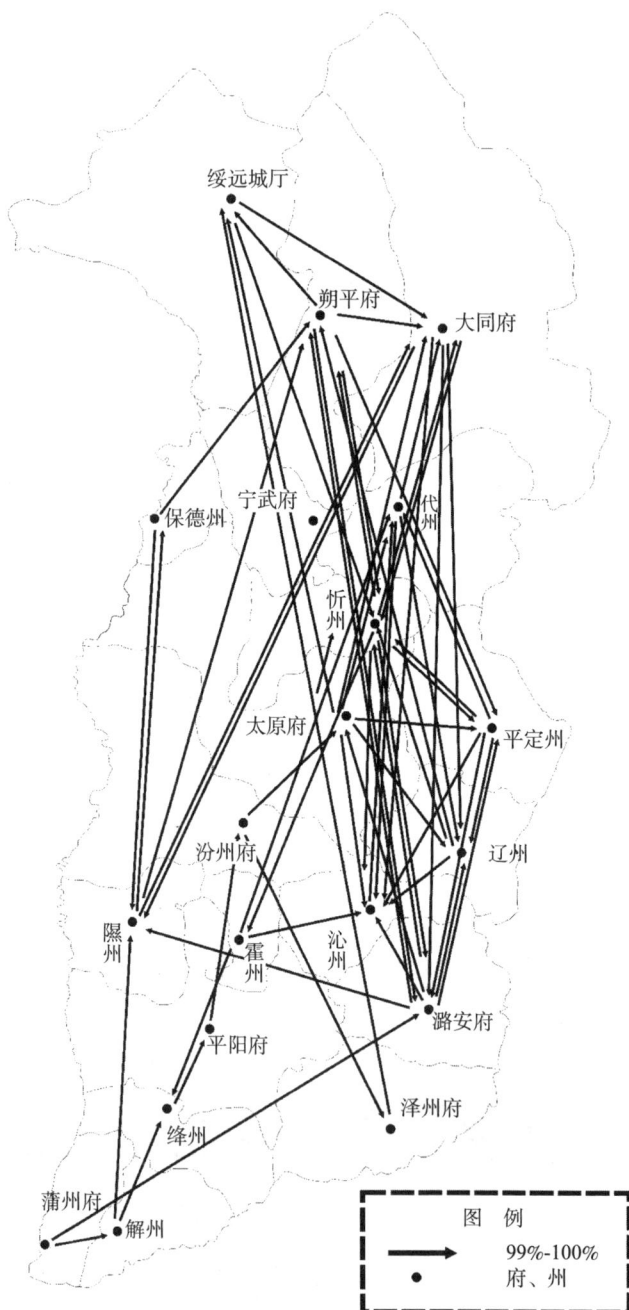

绥远城厅

朔平府

大同府

保德州　宁武府　代州

忻州

太原府　平定州

汾州府

辽州

隰州　霍州　沁州

潞安府

平阳府

泽州府

绛州

蒲州府　解州

图　例

→　99%-100%

●　府、州

后　记

在山西大学初民学院经过了两年基础课的学习，我们 2013 级理科试验班的同学经过兴趣选择，分流到不同专业。我们有幸选择了经济学方向，并在这两年中修习了政治经济学、西方经济学、计量经济学、新制度经济学等专业性课程，加之前两年的数学、英语等通识性课程，夯实了进行经济学研究的理论基础，特别感谢初民学院这种模式对我们的培养。

大学三年级的时候，我们有幸得石涛老师教授中国经济史这门课程。开始的时候我们都认为这门课程应该是一门照本宣科索然无味的课程，但是石老师的第一堂课就让我们认识到这种想法是多么的错误。与一般的老师不同，石老师授课的方式灵活生动，注重与学生的互动学习，把艰深的经济学原理与逻辑传达得生动有趣，将中国经济史的世界观巧妙地用一个个事件串联起来，发人深思。特别是石老师在传授理论的同时也注重对我们动手能力的培养，常常启发我们自己发现问题并解决问题。虽然中国经济史是一门考试科目，但是他以一种特别的方式进行考察——一项小组作业，用清代道光年间山西省太原府和汾州府五种粮食的粮价数据能做出怎样的研究。

最初拿到题目，大家的思路都很活跃，班里五个小组的研究角度和研究思路各不相同。有的小组从粮食价格的波动出发，探究了自然灾害、替代品、战争等因素对粮食价格波动的影响情况；有的小组从货币购买力的角度出发，探求银钱比的变动对粮食价格的影响；有的小组则从粮价波动周期出发，试图分析粮食价格在短周期、中周期与长周期这三个不同时段内的变动差异。石老师认为大家所做的研究有意义，故提议将各组论文整理编册留作纪念。但大家思路的碰撞激发出了我们五个人对这一问题继续研究的兴趣，并且之前所做的相关研究对于我们的研究方向也很有启发，于是在和石老师商量之后转而由我们五人做更加深入的研究。

一开始，我们的研究思路仅限于清代道光年间山西省太原府和汾州府的价格与市场问题，但是石涛老师看过初步的书稿框架之后建议我们扩大研究范围，以整个山西省的价格与市场为研究对象，并且为我们提供了有关的粮价资料。这对我们能够完成该研究打下了至关重要的基础，我们的研究视野由一开始单一的两府间价格相关性研究延伸到省内市场整合上，并且能够进一步讨论全省粮食运输的问题。但是这个思维扩展的过程无疑是艰辛的，但也是充实的。在这个过程中我们的团队也出现过碰撞与争执，但最终都为了完成这项研究而一起努力。

当然，也离不开石涛老师的大力帮助和指导，以及石老师的学生李志芳、王斐、梁娜、马烈、董晓汾等人对本书的修改，他们专业的视野和规范的写作经验给予了我们相当大的帮助。同时也要感谢蒋庚华老师和崔海燕老师在计量方面的热情指导。在这里，特别要提出感谢的是山西大学历史与文化学院 2013 级的谢啸天同学，他在我们后期将粮食贸易路径与地理信息系统相结合时帮助完成了大部分 GIS 图的制作，使本书从整体上看更加完整。

本书的出版，写作固然重要，但后续运作工作同样功不可没。另外还要感谢山西大学的各部门，特别是教务处本科科研项目训练的大力资助和支持，以及社会科学文献出版社在本书成书过程中一直以来的鼎力支持。有了他们的帮助，我们的研究成果才能以这样的方式呈现在读者面前。

但是，由于资料收集的局限性，加之作者水平有限，本书一定存在不少缺点甚至谬误，敬请读者批评指正。

图书在版编目（CIP）数据

清代道光年间山西粮价与市场 / 李鹏等著. -- 北京：
社会科学文献出版社，2018.3
ISBN 978 - 7 - 5201 - 1435 - 6

Ⅰ.①清…　Ⅱ.①李…　Ⅲ.①粮食 - 商品价格 - 研究
- 山西 - 清代　Ⅳ.①F729.49②F724.721

中国版本图书馆 CIP 数据核字（2017）第 233110 号

清代道光年间山西粮价与市场

著　　者 / 李　鹏　等

出 版 人 / 谢寿光
项目统筹 / 高　雁
责任编辑 / 黄　丹　高　雁

出　　版 / 社会科学文献出版社·经济与管理分社（010）59367226
　　　　　　地址：北京市北三环中路甲 29 号院华龙大厦　邮编：100029
　　　　　　网址：www.ssap.com.cn
发　　行 / 市场营销中心（010）59367081　59367018
印　　装 / 北京季蜂印刷有限公司

规　　格 / 开　本：787mm × 1092mm　1/16
　　　　　　印　张：18.25　字　数：300 千字
版　　次 / 2018 年 3 月第 1 版　2018 年 3 月第 1 次印刷
书　　号 / ISBN 978 - 7 - 5201 - 1435 - 6
定　　价 / 89.00 元